経済安全保障と技術優位

Economic Security and Technological Superiority

鈴木一人・西脇 修 編著

鈴木一人・佐藤丙午・石川正樹・西脇 修・土屋貴裕
中山智弘・鈴木和泉・長島 純・齊藤孝祐・北場 林 著

勁草書房

『経済安全保障と技術優位』によせて

政策研究大学院大学名誉教授　白石　隆

本書『経済安全保障と技術優位』は，2020-22年，政策研究大学院大学（GRIPS）政策研究院にて，白石隆（政策研究大学院大学名誉教授）と西脇修（政策研究大学院大学政策研究院参与・特任教授）を世話人として実施した「安全保障と科学技術に関する研究会」の研究成果の一部である。研究会の主要メンバーによって，ここに一書が出版されることになったことを大いに嬉しく思う。以下，そのお祝いも兼ね，本研究会の背景をごく簡単に記しておきたい。

「安全保障と科学技術」をテーマとする研究会の必要性はすでに2010年代半ばから認識されていた。それには大きく3つの理由がある。その一つは，2015年，中国が「中国製造2025」を発表し，次世代情報技術産業，AI（人工知能），新素材等を重点分野と設定し，軍事と産業の両分野で世界的優位を達成する意思を明らかにしたことである。米国は2017年の国家安全保障戦略で中国を「修正主義国」と定義し，2019年度の国防権限法では，海外企業による米企業の買収や合併を審査する対米外国投資委員会（CFIUS）の権限を強化，重要技術，社会基盤（インフラ）に関わる投資も審査対象とした。米政府機関が中国通信大手「華為技術（ファーウェイ）」などのサービス，機器を利用することも禁止した。欧州諸国も安全保障上の重要技術に対する外資の投資規制に動いた。ドイツは2017年から軍用設計品，サイバー技術，重要インフラなどを重点審査の対象とし，英国とフランスも量子技術，コンピューターなどへの投資規制を強化した。日本も2019年，国家安全保障局（NSS）に「経済班」準備室を設置した。また臨時国会に安全保障上，重要な特定の日本企業に対する外資の出資規制を強化する外国為替及び外国貿易法（外為法）の改正案を提出した。

もう一つの理由は，21世紀に入り，ネットワークで繋がれたサイバー空間が成長する中，戦争と平和の境界が曖昧になったことである。ネットワーク中心の戦争は1991年の湾岸戦争で初めて登場し，21世紀には日本でも「ソサエティー5・0」にみるように，サイバー空間でネットワークで緊密に繋がれた社会が生まれるようになった。その結果，電気，ガス，水道，鉄道，航空，通信，金融など，ネットワークで繋がれたインフラをサイバー攻撃から守ることが喫緊の課題となった。また，戦争のあり方そのものが変化しつつあることも明らかだった（これについては，Christian Brose, *The Kill Chain: Defending America in the Future of High-Tech Warfare*, Hachette Books, 2020参照）。

さらにもう一つの理由は，新しい技術の進歩の速さ，特にAI，バイオテクノロジー，先端半導体といった新興技術の特性にある。「新興」は英語のemergingの翻訳であるので，新興技術とはいままさに「出現しつつある」技術という意味である。技術は常に誰かが何かのために使うものであるが，いま「出現しつつある」技術は，それが実際に出てきた時に誰が何のために使うか，はっきりとはわからない。また，基礎科学の知見が技術の発展に直結するので，進歩はきわめて速い。さらに，研究は日本でも欧米でも，大学，研究所と並んで，民間企業部門が大きな役割を果たしている。

こうした事情を考えれば，政府がマルティ・ユースの機微技術の安全保障管理を厳格化し，重要な技術を守り，脆弱な技術を強化しようとするのはあたりまえだろう。しかし，この目的達成のためやるべきことも多い。「科学技術と安全保障」研究会はこれを考えるために，まず産官学横断的な小さなコミュニティを作り，特に2つの政策テーマについて理解の共有を図ることから始めることにした。

機微技術の安全保障管理には，日本のどの機関で，誰が，どのような機微技術について研究開発を実施しているか，国のどこかの機関が「知って」いなければならない。この情報があれば，国は外資の対日投資も適切に管理できるし，米国とその同盟国との先端新興技術についての情報交換もできる。では，そのためにはどのようなミッションの下，どのような体制を作ればよいのか。

さらに，機微技術管理には「守り」と「攻め」が必要である。基礎科学と先端新興・基盤技術が将来の安全保障と産業発展の鍵であることを考えれば，「守り」と同時に，技術を育てなければならない。米国，中国，欧州諸国はすべてその方向に動いている。AI，新素材，量子技術，バイオテクノロジー，新エネルギーなど，日本の安全と産業の根幹に関わる科学と技術に重点的に資源投入しないという選択肢はない。では，その分野をどう同定するのか。どのくらいの資源をどう投資するのか。シーズとニーズのマッチングというが，新興技術は誰が何のために使うか，わからないことも多い。

米国における「新自由主義秩序（Neo-Liberal Order）」の終焉と政治の分極化，中国の大国化と大国主義化，ロシアのウクライナ侵略等，急速に変化する国際情勢の下，安全保障と科学技術，特に先端新興技術をどう守り，どう育てるか。日本のどこで，どんなグループがどんな研究を行っているか。研究開発における外国政府等の影響へどう対応するか，先端技術の流出をいかに防止するか，安全保障と科学技術に関する諸問題について，有識者，政府関係者の参加を得て，米欧等で先行する議論，研究に関する文献調査も踏まえて，率直な意見交換を行ない，政府へのインプットも試みる，それが研究会の目的となり，また，そのプロセスで，研究会では互いの信頼に基づくコミュニティも形成されていった。

幸い，経済安全保障推進法は昨年（2022年），成立した。しかし，課題はまだまだある。経済安全保障推進法は日本の安全を守るための政策手段を整備するためのものであるが，これから先，日本が新しい経済安全保障上の脅威に直面すれば，それに応じて政策手段の道具箱はさらに充実させる必要がある。また，先端新興技術は「エンドユース」，「エンドユーザー」のわからない技術であることを考えれば，その開発においては，国家的課題について，「こんなものいいな，できたらいいな」が基本である。さらに，自由主義的国際秩序が信頼という基盤の上に成立していること，また，日本一国では自らの経済的安全を確保することはできないことを考えれば，サプライチェーン再編においても，共同研究においても，他国からの投資，技術協力においても，信頼できる国，信頼できる企業，信頼できる研究チームとの連携が基本であり，また，その前提として，他の国々，企業，研究チームが一緒にやりたいと思うものをこちらが持っていることである。そして最後に，日本にはまだ，どの研究機関で，どんな研究チームが，どこから，どのくらいの研究資金を得て，先端新興技術の研究を行っているか，どの国の，どの研究機関の，どの研究チームと共同研究をしているか，そうした研究の安全保障上の意味合いはどれほど大きいか，日本の経済安全保障には，どんな技術があればよいか，こうした調査研究も必要である。科学技術政策でも産業政策でも「知る」「守る」「育てる」が基本である。まずはできるだけ体系的に「知る」ところから経済安全保障政策は出発する必要がある。

はしがき

米中対立の深刻化やロシアのウクライナへの侵攻等，国際秩序の大きな変化を受けて，経済安全保障と技術優位について，日本においても，国際的にも，大きな注目が集まっている。日本において，2022年5月には，経済安全保障推進法が成立し，米国や欧州においても，半導体等の先端技術に関する輸出管理や投資管理規制が強化されている。背景には，中国の急速な台頭による，米国を中心とする国際秩序への挑戦があり，その中核には技術優位性をめぐる争いがあるといえる。

本書は，近年，注目されているこの経済安全保障とその中核にある技術優位性について，国際政治，安全保障，経済安全保障，科学技術の専門家と政策実務経験者が，それぞれの観点から独自の視点で論じ，これらのテーマについて関心がある，ビジネスパーソン，研究者，学生等の方々の理解を深める一助になることを目的としている。

第1章「米中の技術覇権をめぐる問題」では，鈴木（一人）が，「技術覇権」とは何かについて定義した上で，宇宙，5G，半導体その他新興技術（人工知能（AI），量子技術，バイオテクノロジー等）をめぐる，米国と中国の間の技術覇権競争の本質を論じている。その上で，このような米中の技術覇権競争の中での，日本の経済安全保障のあり方について論じている。

第2章「経済制裁研究の視座について」では，佐藤が，経済安全保障と技術優位とも密接に関係する，経済制裁について，経済制裁研究の対象，外交・安全保障政策としての経済制裁，国内政治と経済制裁，経済制裁の手段等の視点で，考察を加えている。その上で，急速に変化する現下の国際環境において，国際主義から各国独自へと，経済制裁の特徴が変化しつつあることを指摘している。

第3章「輸出管理と自由貿易体制」では，石川が，グローバリゼーションの下で技術優位の維持は可能かという問い立ての下，技術優位の確保の手段としての輸出管理と国際輸出管理レジームについてその歴史的な変遷，効果，自由貿易体制との関係について論じている。冷戦期およびポスト冷戦期に有効だった輸出管理も，中国の台頭という新しい状況の下でグローバリゼーションとの矛盾を露呈しており，米国を中心とした西側諸国の新たな政策の構築が必要と指摘している。

第 4 章「経済安全保障と通商政策：技術優位への影響」では，西脇が，技術優位の確保における，経済安全保障と通商政策との関係性について論じている。経済安全保障を自律性の追求，通商政策を相互依存の増大と捉えると，両者は緊張関係にあり，安定したグローバリゼーションの時期が終焉した今，新たな通商政策が必要とされていると指摘している。

第 5 章「権威主義体制下のイノベーション・エコシステムと技術優位」では，土屋が，米国と技術優位性を争う中国のイノベーション・エコシステムを取り上げ，権威主義体制下における，軍民融合型イノベーション等の特徴を有する，新興技術の研究開発・社会実装をめぐる戦略と課題について論じる。

第 6 章「経済安全保障から見た重要技術」では，中山と鈴木（和泉）が，経済安全保障から見て注目される人口知能（AI），量子技術，合成生物学等の新興技術と，その研究開発を進めるイノベーション・エコシステムについて，米国での取り組みを中心に論じている。

第 7 章「新領域の防衛と技術イノベーション」では，長島が，ロシアによるウクライナ侵攻におけるサイバー攻撃等も組み合わせたハイブリッド戦争等の分析と，そこから得られる教訓も踏まえつつ，先進技術の進化等に伴い，戦闘領域化するサイバー空間等の新領域における防衛と技術イノベーションについて論じている。

第 8 章「拡大するイノベーション・エコシステムとコンセンサス形成」では，齊藤が，安全保障領域における技術優位性の確保にあたって米国が直面する課題の一例として，人工知能（AI）分野における取り組みを取り上げている。AI の安全保障上の活用に関する国内コンセンサスをめぐる議論，同盟国・友好国間のコンセンサス形成と枠組みの多重化をめぐる取り組みを論じている。

第 9 章「研究インテグリティと研究セキュリティに関する米国の動向」では，北場が，米中対立の激化等，厳しくなる安全保障環境を受けて，米国で注目される研究インテグリティの問題について，米国の最新の動向に触れつつ，何が問題の本質となっているかを取り上げ，論じている。

以上のように，本書は，第一線で活躍する気鋭の研究者，実務家が執筆陣に参加し，経済安全保障と技術優位に関し，それぞれの専門の観点から考察したものである。個々のテーマについての自己の主張を自由に論じ，執筆者の意見の調整等は一切行っていない。

本書は，2020 年から，政策研究大学院大学政策研究院にて行っている，安全保障と科学技術に関する研究会（座長：白石隆政策研究大学院大学名誉教授）での発表を基に各自が大幅に加筆したものである。文責はすべて執筆者たちが負うものである。またこのような政策研究活動に対する政策研究院の渡辺修院長，白石隆名誉教授をはじめとする政策研究大学院大学の関係者の方々のご理解に厚く御礼申し上げたい。

最後に，本書の刊行を快諾し，辛抱強く，編集の労を執っていただいた勁草書房の宮本詳三氏に，執筆者一同心からお礼を申し上げたい。

2023 年 5 月

編著者

目　次

第3章　輸出管理と自由貿易体制
――グローバリゼーション下で技術優位の維持は可能か――　47

石川正樹

第4章　経済安全保障と通商政策：技術優位への影響　81

西脇　修

経済安全保障と技術優位

第1章

米中の技術覇権をめぐる問題

鈴木一人

はじめに

現代の国際政治において，技術が持つ重みは一層大きくなっている。これまでも技術の発展は，その技術を持つ国が国際政治において優位に立つ歴史を繰り返してきた。最先端の技術を持つ国は経済的な競争力を持つだけでなく，軍事的な能力で他国に対して優位に立ち，その力によって他国の支配や影響力の強化を持つことになる。とりわけ，第1次，第2次世界大戦において，戦争が工業生産力や技術的優位性によって勝敗を決したことで，覇権国は技術的優位性を持つことと同義となっていた。

また，人類の歴史において，新たな技術をいち早く軍事や産業に取り込んだ国は，国際政治において影響力を持つことが一般的であった。直接兵器に転用された航空機や自動車の技術だけでなく，医療や農業生産にかかわるものも国家権力を強化するものであった。第2次世界大戦後の世界では，原子力や宇宙にかかわる技術が新たに軍事的な能力を強化し，覇権を得るために不可欠な技術となったが，こうした軍事目的で開発された技術がのちに民生向けに使われるようになり，産業競争力に転化するという傾向も強まってきた。

現代においては，いわゆる「新興技術」と呼ばれる人工知能（AI）や量子技術，ロボティクスや無人化技術など，民間部門で発達した技術が軍事システムの中に取り入れられ，その技術をめぐる能力が覇権国を支えるという形となっている。しかも，グローバル化が進展する中で，企業は容易に国境を越えて生産ネットワークを広げ，サプライチェーンをグローバル化するだけでなく，技術者もかつてのように国籍のある国にとどまるとは限らず，流動的に国境を越えるようになっている。企業自身も多国籍化し，企業経営者がさまざまな国籍を持つようになり，株主が世界中に散らばっているという状況が当たり前になっている。このような状況の中で，誰が技術覇権を握っているのかを国家単位で考えることが難しくなりつつある。

本章では，グローバル化が進む中で，経済の相互依存が高まる一方，国家間関係において米中対立が激しくなっている現状において，技術をめぐる国際関係がどのように変化しているのかを理解するため，「技術覇権」をキーワードに分析を進めてみたい。

1.「技術覇権」とは何か

こうした議論を始める前に，「技術覇権」とは何かを定義しなければならない。「覇権」の定義はさまざまあるが，ここでは他国を圧倒する力を保持し，国際秩序を形成する能力とする。この「覇権」の概念を敷衍（ふえん）すれば「技術覇権」とは「特定の技術を保有し，他国が長期にわたってその技術を得られない状態を作り，その技術を用いて国際秩序を形成する力」といえよう。

こうした「技術覇権」は単に科学技術的なイノベーションや研究開発力だけでは達成することができない。技術覇権を持つ国にとって開発した技術を特許などで知財として守り，他国によるアクセスを制限することは重要である。しかし重要となるのは，その技術を用いた社会システムや兵器などを作り社会実装していくことであり，そうした技術を国際秩序形成能力に転化できるかどうかにかかっている。

しばしば「技術覇権」を論じる際，さまざまな科学雑誌に掲載された論文の数や引用数，または特許の数などで測られることがある。確かに，これらの科学技術力ないしは研究開発力は技術覇権を確立していく上で必要な条件ではある。しかし，これらだけでは本当の意味で技術覇権を持っていることにはならない。それらを具体的な製品や社会システムに応用することこそが十分条件となってくる。逆に，他国が開発した技術であっても，その技術を応用し，いち早く社会実装に成功すれば，その国は技術覇権を握ることができる。しばしば，日本は基礎研究で他国にリードを許しつつ，自らのイノベーションによって，他国の技術を社会実装し，新たな社会システムやサービスに転換していくことで，いくつかの分野においては技術覇権を持つことができていた。

さらに，そうした「技術覇権」を持つ国が，自らの技術覇権を維持し，それを国際社会において伝播していくためには，国際的なルール作りが重要となる。その国が持つ技術と，その技術によって提供されるサービスを国際標準として設定し，それ以外の技術をその分野から排除することができれば，技術覇権は長期的に維持することができる。さらに，他国が自国の技術に基づいて社会システムを構築することになれば，その技術を持つ企業の製品は圧倒的な競争力を持つことになり，他国企業を競争から排除することが可能になる。

こうした点から考えると，米国が「技術覇権」を持つことができるかどうか，という点は怪しくなってくる。米国は確かに新しい技術を開発し，それを実用化する能力を持つが，それを社会実装し，国際秩序を形成するだけの能力があるとは言い切れない。米国はすでにグローバル経済に深く組み込まれ，付加価値の高い研究開発やサービス産業への集中が進み，大量生産を可能とする製造業がすでに衰退しているため，新たなイノベーションを起こすことができても，それを社会実装させ，普及させるとなると，一国内では実現できない。ゆえに米国が「技術覇権」を握るためには同盟国や友好国との関係を強化し，中国との戦略的なデカップリングを進めつつも，サプライチェーンを途切れさせないための仕掛けが必要となる。

逆に中国は自らが持つ生産能力でグローバル市場におけるシェアを拡大し，新たな技術をもって国際秩序に影響力を与えることが可能となりつつある。中国もグローバルサプライチェーンの中に組み込まれ，とりわけ高度な半導体や素材などに関しては自国で生産することはできないが，新しい技術を開発し，それを大量生産し，社会システムとして普及させることができる産業基盤は十分に整っている。現代の「技術覇権」をめぐる議論は単なる技術開発力だけでなく，それに伴う産業基盤や工業生産力，グローバルシェアを獲得する能力と強く連動しているといえる。

2. 米中宇宙競争は技術覇権競争なのか

こうした技術覇権をめぐる問題として，しばしば取り上げられる「米中宇宙競争」を取り上げてみよう。米国は米ソ冷戦時代から宇宙開発を推し進め，1960年代には月面着陸を成功させた国である。他方で中国は有人宇宙飛行を実現し，米ソがなしえなかった月の「裏側」への軟着陸を成功させたという点では，今や宇宙大国であることは間違いないが，しかし，米中は同じ「ゲームのルール」で競争しているわけではない。

中国は現在，宇宙ステーションを建設することを優先としており，ようやく火星に軟着陸するための探査機を打ち上げたところである。米国は国際宇宙ステーションを1990年代から建設・運用しており，2030年には運用を停止するほどの経験を積んでいる。火星の軟着陸もすでにオポチュニティという設計寿命をはるかに超えた無人探査車を運用し，また現在運用中のパーシビアランスというさらに高度な探査車には，火星の大気の中で活動できるヘリコプターであるインジュイニティが搭載されており，さらに活動の範囲を広げている。米国は火星探査においては他の追随を許さない水準にあり，この点から見ると，中国はまだまだ米国を追いかける立場にある。

また，中国は国家主導の宇宙開発を進めるのに対し，米国は民間企業に宇宙ステーションまでの宇宙飛行士の輸送を任せており，国家は次第に後景に退くような宇宙開発を行っている。NASAは段階的に地球軌道における活動を民間に移管し，国家としての活動を月および深宇宙の探査および気候変動などの地球科学の研究に集中しようとしている。このように，米国は中国よりもはるかに先を行っており，米中が「宇宙競争」をしているというイメージは必ずしも適切ではない。

しかしながら，米中が競争している分野が2つある。一つは月の資源をめぐる競争である。月の極域の地下には水が氷の状態で埋蔵されていると見られており，その資源に多くの国が強い関心を持っている。米国はアルテミス計画を打ち立て，日本や欧州とともに大規模な月面探査を進めるとともに，将来的には月を拠点にしながら火星にも有人探査が可能になるような仕組みを作ろうとしている。さらに宇宙条約によって月およびあらゆる天体の国家による領有が認められないため，月面における領有も認められない。ゆえに，月の水資源探査の中心は民間企業が担うこととなり，国家はそうした民間企業を支援し，企業が獲得した資源の所有権を保護し，それらの資源を買い取る顧客となる役割が期待されている。すでに米国はこうした民間企業が獲得した資源を保護する「2015年宇宙法」を成立させ，アルテミス計画に参加しない国も含む20を超える国との間で，月面での活動のルールとなる「アルテミス合意」を結んでいる。これらは米国の同盟国・同志国が中心であるため，国際標準となっているわけではないが，将来的に月面空間のガバナンスの一つの形を作るものとなるだろう。

これに対し，中国も月の資源探査に関心を持っている。まだ具体的な案が明らかにされているわけではないが，すでに述べた月の「裏側」に探査機を送るだけでなく，月の土壌を採取し，地球に持ち帰るというサンプルリターンのミッションも成功させている。さらに，将来構想としてロシアと協力し，月面に恒久的な科学探査機地を作る計画であるILRS（International Lunar Research Station）を提唱している。さらに米国のアルテミス合意に対抗する位置付けとして，中ロのILRSを共同利用する国々をまとめる組織としてILRSCO（ILRS Cooperation Organization）を立ち上げている。

こうした月面の競争はまだ将来の話ではあるとはいえ，すでに米中両国とも限られた月の資源をめぐる競争を開始し，その競争をともに戦う仲間を募っている状態である。月資源競争の結果，その資源を獲得した方が，その後の宇宙活動の長期的な優位性を確保できることもあり，今後さらに米中宇宙競争が激しくなることは予想される。こうした月資源獲得競争は，地球周回軌道における競争と大きく異なるのは，地球周回軌道は技術と資金があればだれでも参加でき，他国を排除することができないグローバルコモンズであるのに対し，月資源はどちらかが獲得すれば，他国を排除して資源を独占することが可能となり，ゼロサムの関係にある。ゆえに月資源競争は激しいものになるだろう。

もう一つの米中宇宙競争が起きているのが宇宙の軍事利用に関してである。現代の軍事力は宇宙インフラによる支援なくしては成り立たなくなっている。偵察衛星や全地球測位システム（GPS）に誘導されたミサイルやドローン，それらを運用するための通信衛星など宇宙における能力は軍事能力に直結する。ロシアのウクライナ侵攻によって大きく取り上げられた民間企業であるSpaceXによって運営されている，小型衛星コンスタレーションのStarlinkも宇宙インフラを持たないウクライナにとって大きな戦力を提供しており，宇宙による情報収集や通信は現代の軍事作戦において不可欠な存在となっている。

しかし，それらの宇宙インフラを物理的に防護することは難しい。宇宙空間では隠れるところがなく，衛星が動く軌道は物理の法則に従って動くため，それを追跡し，攻撃することは十分に可能である。また，宇宙空間のインフラは地上と無線で通信しているため，その電波を妨害すれば衛星の機能を奪うこともできる。そのため，武力衝突が起こるような状況になれば，宇宙インフラに対して物理的・非物理的攻撃を行い，その能力を奪うことで敵の軍事的能力を容易に低下させることができる。

そのため，米中は宇宙空間におけるインフラを構築する一方，相手のインフラを無力化する対宇宙攻撃（Counterspace）能力を強化する競争を展開している。これらの攻撃の手段として，地上からミサイルによって衛星を破壊するDA-ASATだけでなく，「キラー衛星」と呼ばれる相手の衛星に近接接近し，妨害電波を発したり，衛星を捕獲して機能を失わせるといった方法があるが，これらの技術に関しても米中がともに民間で開発した技術を活用して，社会実装しようとしている。さらには，そうした対宇宙攻撃を避けるために，宇宙空間の状況を監視するSSAないしSDA能力を向上させ，攻撃を未然に回避する技術の開発も米中で進められている。また，攻撃を受けた際に，いかにして宇宙インフラの能力を回復するか，その機能を維持するかということ（Mission Assurance）が問われている。米中における「宇宙での技術覇権競争」はまさにこの次元で起きているといえよう。

3. 5Gは米中技術覇権競争なのか

また米中の「技術覇権」をめぐる問題としてよく取り上げられる5Gだが，この分野における技術覇権競争のあり方についても注意が必要である。技術的に見れば5Gはすでに確立された技術であり，中国企業だけでなく，欧州のノキアやエリクソン，また日本も NEC や富士通などがその技術を持ち，華為技術（ファーウェイ）製品などと類似のものを提供することはできる。その意味で，他国からのアクセスを拒否したり，その技術を独占して，それを覇権的な権力に使ったりという問題ではない。言い換えれば，5G をめぐる争いは新しい技術が対象にはなっているが，技術覇権をめぐる争いではなく，米中対立の一環として位置付けられる問題として見ることができる。

では 5G をめぐる争いをどのように見るべきなのか。ファーウェイをはじめとする中国企業がグローバル市場において急速な勢いで拡大しており，その市場における競争力が西側諸国の企業をしのぐものとなっている，という点がポイントである。つまり，これは一方で市場シェアをめぐる競争であり，企業の国際競争力の問題である。

しかし，注意しなければならないのは，中国企業を市場から排除しようと最も躍起になっているのは米国であるが，その米国にはファーウェイに対抗できるような企業が存在していないという点である。その意味では，自国の企業が持つ技術を守り，その技術による国際秩序の形成ということを考えることができない。つまり，ファーウェイを排除したところで，米国にとって技術的，産業的な優位性を持つことも，政治的な優位性を形成することもできない，ということである。

では，ここで問題になるのはどういうことであろうか。それは，市場原理に任せて競争力のある製品を受け入れ続ければ中国企業の製品に依存し続けることになる，という点である。そして中国製品に依存していれば，中国政府の影響を受けた製品を管理できない状態で受け入れるということになる。中国政府は 2017 年に「国家情報法」を制定し，「国の情報活動を強化，保障し，国の安全と利益を守ること」が義務付けられることとなった。つまり，中国の管轄権の中にある企業は，中国の情報活動に協力する義務があり，中国が求めればその企業が持つデータや個人情報などを吸い上げることができる。これは米中対立の文脈で考えれば大きなリスクとなる。ファーウェイをはじめとする中国企業の 5G スマートフォンや 5G のインフラを経由する通信に関する情報がすべて中国の「国家情報法」の対象となるのであれば，そのリスクをとってまで中国製品を使うわけにはいかない。

つまり，5Gをめぐる問題は「技術覇権」をめぐる問題ではなく，価格が安い中国製品を使うことで得られる経済的メリットと，中国の「国家情報法」によって管理される企業の製品を使うことで情報が中国政府に筒抜けになってしまうというリスクの間のバランスで，米国はリスクの問題を大きくとらえ，経済的なメリットを犠牲にしてでも中国製品を排除するほうが適切である，と判断した事案である。

こうしたリスク認識は，米国とその他の国では違うであろう。特に5Gのインフラ整備を急ぐ途上国などは，仮に中国政府に情報が吸い上げられるとわかっていても，そのリスクを負って安い中国製品を使って早急に5G網を整備することを優先するかもしれない。つまり，中国企業の製品を排除するという選択は，米中対立の中で高まるリスク認識の産物であり，経済的なメリットを犠牲にしてでも，リスクを避けようとする，という米国特有の事情によるものである。日本は米国と中国の脅威認識を共有するが，欧州各国はこれらのリスク認識を必ずしも米国と共有していないこともあり，5Gの問題についてはさまざまな対応が見られる。しかし，欧州各国も中国のリスクに対する認識が高まっており，次第に米国と同様の立場をとるようになってきているという点も留意しておくべきであろう。

4. 半導体をめぐる技術覇権

米中対立のもっぱらの焦点となっているのは半導体をめぐる問題である。米国は2022年10月に対中半導体輸出規制の強化を発表したが，これは米中対立の潮目を変える大きな出来事としてとらえられ，輸出管理の世界では米国同時多発テロの「9.11」に匹敵する転換点として「10.7」として記憶されることになる出来事であった。なぜ半導体は問題とされ，米国は何を目指しているのだろうか。

半導体は「産業のコメ」と呼ばれ，コンピュータやスマートフォンなどの電機産業はもちろんのこと，電子部品による制御が一般的となった自動車産業，航空機産業，建築物などにも広範に使われる部品である。脱炭素が叫ばれる現在，電気自動車や再生可能エネルギーなどの高成長分野においても，半導体は大量に使われており，半導体産業を制する者はあらゆる産業を制するといわれるほどの部品でもある。しかし，米中対立の文脈では，最先端の半導体を作る能力は，たとえば弾道ミサイルの軌道計算や戦場における最適な兵器の選択，兵站部門における物資の調整など複雑な計算を必要とする軍事行動において，その違いを生み出すことができるようになる。ウクライナにおける戦争でも，火力で劣勢に立つウクライナ軍がロシア軍と互角以上の戦い方ができるのは，「戦場のウーバー」と呼ばれるGIS Artaと呼ばれる兵器運用システムによって瞬時に最適な兵器を用いて敵を攻撃するというソフトウェアが提供されたことが一因となっている。このGIS Artaの運用にも高性能の半導体が不可欠である。つまり，先端半導体を作ることができる能力は，そのまま軍事的優位性に直結する問題であり，ゆえに半導体の製造能力をめぐる問題は国際政治上の問題として認識されているのである。

ここで重要になるのが，最先端の半導体を作る能力を中国は持っていない，という点である。中国にその技術が存在しておらず，西側諸国のサプライチェーンに依存しているという状態は，西側諸国にとって中国に対する軍事的優位性を維持していることを意味し，その状態を固定化することで，国際政治上の優位性を保つことができる。そのためには，先端半導体を作るのに必要な半導体製造装置や，そのための技術やノウハウの移転を阻止することが有効となる。つまり，経済的・技術的な手段を使って中国への製品や技術の移転を阻止することで，地政学的な優位性を保つことができるという，まさに「地経学」的な問題なのである。

こうした地経学的な考え方が，「10.7」と呼ばれる米国の対中半導体輸出規制の強化の背景にある。この規制で導入された措置は主なものとして，第一に規制品目リストに，特定の先端半導体やそれらを含むコンピュータ関連の汎用品を追加する。また，特定の先端半導体製造装置の輸出も規制する。これらの規制は中国に対する輸出の場合「原則不許可」とする。さらに，米国の技術や装置を使って製造した製品などの輸出は第三国で製造されたものであっても米国の規制が適用される（再輸出規制）。また，この規制は米国人（米国籍を持つ個人や米国に登記する法人）に適用される。

米国からすれば，半導体の設計やソフトウェアの部門では圧倒的な強みがあるため，その輸出を規制することで中国が先端半導体を作ることは困難になることが見込まれていた。また，多くの半導体製造装置や機器に関しても米国の技術や装置を使わなければできないものが多いため，再輸出規制を適用することで，多くの先端半導体製品の中国への輸出は止められるという計算があった。

しかし，日本とオランダに関しては，米国の規制が直接適用できないという問題を抱えていた。日本企業である東京エレクトロンをはじめとする半導体製造装置メーカーは米国の技術に頼らず，独自の技術で装置を作っており，オランダもASMLという企業がEUV露光装置と呼ばれる先端半導体を作るのに不可欠な装置を世界で唯一作っている。これらの装置が中国に輸出されてしまうと，仮に米国が設計やソフトウェアの輸出を止めていても，時間がたてば中国もそうした設計能力を身につけることになった場合，先端半導体を作ることができてしまう。

そのため，米国は日本とオランダに対し，半導体製造装置を中国に向けて輸出しないよう働きかけることとなった。日蘭両国は米国の同盟国であり，米国と同様，中国が先端半導体を手にすることで，その軍事的能力を高めることは望ましいとは考えていない。しかし，中国の半導体市場は急成長を遂げており，日蘭の企業からすれば，最も稼げる市場をみすみす失うことになることは大きな痛手となる。米国はあくまでも中国に対して規制するのは先端半導体であるとして，汎用半導体は対象にならないことを強調していたが，政治的な目的のために企業の利益を制限することは，日蘭ともに躊躇していた。

つまり，米中対立における半導体をめぐる技術覇権競争は確かに存在しているが，それは米国一国と中国が争うのではなく，米国の同盟国・同志国を含めた「西側諸国」と中国の争いであり，米国と脅威認識は共有していても，自国の経済的利益を犠牲にしてまで中国と対立すべきかどうかの判断は国によって異なる。中国に輸出する経済的メリットと中国が先端半導体を手にするリスクとの間でどのようにバランスするのかは，日蘭両国と米国とでは一致しているとはいいがたく，それゆえに技術覇権をめぐる問題でありつつも，米国も十分に覇権を持っているとはいえない状況なのである。

5. 新興技術をめぐる攻防

「技術覇権」をめぐる争いは一般にいわれているように宇宙開発や5Gをめぐる争いで起きているわけではない。半導体分野では技術覇権競争は起きているといえるが，米国が一国で覇権を握っているわけではない。では，米中の技術覇権をめぐる争いはどこで起きているのであろうか。それは今後の経済社会活動に大きな影響を与え，さらには軍事的な能力にも貢献しうる新興技術（Emerging Technologies）が生み出す新たな技術分野である。

具体的には，米国が輸出管理改革法（Export Control Reform Act: ECRA）で示した14分野，すなわち，(1) バイオテクノロジー，(2) 人工知能および機械学習技術，(3) 測位，(4) マイクロプロセッサー技術，(5) 先進的計算技術，(6) データ分析技術，(7) 量子情報およびセンシング技術，(8) ロジスティクス技術，(9) 3D プリンティング，(10) ロボティクス，(11) 脳・コンピューター・インターフェース，(12) 超音速，(13) 先進的材料，(14) 先進的サーベイランス技術――の各分野，ないしはこれに加え，米国が「死活的新興技術（Critical and Emerging Technologies)」と呼ぶ20の分野――ECRAに含まれていないものとして，(a) 先端ガスタービンエンジン，(b) 先端原子力技術，(c) 指向性エネルギー，(d) 金融技術（Fintech)，(e) 再生可能エネルギー生産と蓄電，(f) 宇宙技術と宇宙システム――も含まれるだろう。

これらの分野では，米国とその同盟国が技術的な優位性を持っている分野もあるが，中国は急速に技術力を伸ばしており，いくつかの分野では中国が優勢となっているものもある。ここで挙げられた新興技術の分野は，経済社会活動に大きな影響を与えることは間違いないが，これらの技術が軍事的に応用されれば，その軍事能力も変化させ，安全保障秩序も変化させうる可能性のあるものである。

これらの分野において，豪州のシンクタンクである豪州戦略政策研究所（ASPI）は**図表 1-1** のような評価を示している。

ここで示されるのは，すでに中国は多くの分野において優位な立場にあり，技術覇権競争で米国を凌駕しようとしているという姿である。しかし，この

図表 1-1　死活的新興技術の国際ランキング米中比較

技術	米国	中国
バイオテクノロジー（ワクチン）	1位	2位
バイオテクノロジー（合成生物学）	2位	1位
バイオテクノロジー（バイオものづくり）	2位	1位
人工知能および機械学習技術（アルゴリズム）	2位	1位
人工知能および機械学習技術（機械学習）	2位	1位
量子技術（量子コンピューティング）	1位	2位
量子技術（量子暗号）	2位	1位
宇宙（小型衛星）	1位	2位
無人化技術（ドローン・群運用）	2位	1位
先端素材（重要鉱物プロセシング）	2位	1位

出典：ASPI, Critical Technology Tracker（https://techtracker.aspi.org.au/，2023年6月12日アクセス）.

ASPIのランキングはあくまでも科学的・技術的分野における高いインパクトを持つ研究のランキングであり，大学や企業で行われている研究開発を対象としているものである。すでに述べたように，技術の有無だけで技術覇権が決まるわけではない。研究開発で新たな技術が開発されても，それを実用化するまでの過程で「死の谷」と呼ばれるギャップがあり，実用化された技術が社会システムや軍事システムとして組み込まれていくには，まだいくつものハードルがある。現在，新興技術と呼ばれているものは，まだ実用化，社会実装の段階に至っていないために「新興（Emerging）」といわれているわけだが，この時点で米中のどちらが技術的に優位に立ち，どちらが先に社会システムや軍事システムに応用できるかという競争が起きている。これこそが「技術覇権」をめぐる競争だといって間違いはないだろう。

6. 新興技術が生み出す政策上の変化

新興技術が社会実装され，社会システムとして定着してくることで，軍事・安全保障の分野においても大きな変化が生まれる可能性は高い。それは必ずしも核兵器のような「ゲームチェンジャー」になるとは限らないが，少なくとも，情報収集能力の飛躍的な向上や情報処理能力の向上による意思決定速度の加速化など，その技術の有無が戦闘の方法や軍事的優位性を得るための手段の変化をもたらす可能性は高い。

そうなると問題になるのは，いかにして技術覇権を確立するために，その技術を管理し，技術の流出を阻止するかという問題となってくる。冷戦時代から大量兵器の不拡散といった観点から輸出管理レジームを通じて技術移転を管理し，対共産圏輸出統制委員会（COCOM）やワッセナー・アレンジメントなどの枠組みを通じて兵器となりうる技術を管理してきた。しかし，これらの技術管理は主として軍事技術になりうるハイスペックな軍民両用の製品や，兵器に直接適用される技術を管理し，そのスペック以下のものであれば原則としてグローバル市場で流通する汎用品として認めることで，グローバルなビジネスと安全保障の両立を図ってきた。

しかし，米国における「10.7」で輸出管理のあり方も大きく変化してきた。これまで輸出管理は国際レジームによって決められた大量破壊兵器や特定の通常兵器の開発・製造にかかわる品目を規制し，国際社会における核などの不拡散のために存在するものとして考えられてきた。しかし，半導体の輸出管理を行う国際レジームであるワッセナー・アレンジメント（The Wassenaar Arrangement on Export Controls for Conventional Arms and Dual-Use Goods and Technologies: WA）にはロシアを含む42か国が参加しており，42か国すべてが合意する決定でなければ採択されない。ただでさえ意思決定に時間がかかる上，ロシアのウクライナ侵攻によって合意形成が事実上不可能になってしまった中で，WAを通じて中国に対する軍事的優位性を維持する目的で半導体の輸出規制を強化することは現実的ではない。そのため，米国は国際平和のための拡散防止という輸出管理の目的を書き換え，自国の国家安全保障のために輸出管理を強化する，という政策に転換したのである。これが「10.7」が9.11と同様の衝撃をもって受け止められた理由である。

ただし，新興技術はもともと民間で汎用性のある技術として開発され，かつてのようにスペックに基づいて軍事技術と民生技術を切り分けることが難しく，民生技術として開発され，発展してきた技術が軍事的に開発されたものよりもはるかにスペックが高くなり，逆に民生技術を軍事技術に取り入れるような状況となっている。それは人工知能（AI）のように，より多くのデータを学習させることで能力を高めるためには，より広範にデータを集め，それを応用していくことで技術が進歩するという特性を持っているため，民生技術として幅広く使われる必要がある。すなわち，これまで軍事転用されないように高いスペックのものを管理することが安全保障を確保する上で重要と考えられていたが，民生向けの製品やプログラムの方が軍事用のものより先行する形となり，スペックに基づいて輸出管理を行うことは，民間企業の活動を強く規制することになる。しかも，技術覇権競争が起きている新興技術分野において，民間企業の活動を制限することは，必然的に技術覇権を中国に奪われる可能性が高まる。とりわけAI分野においては，データの量が重要になるが，中国は国家が主導する形でデータを収集し，個人情報であってもプライバシーの保護の水準が低いため，民間企業が使えるデータの量が飛躍的に大きくなる。そんな中で米国ないし西側諸国が「10.7」のような形で国家安全保障を目的に輸出管理を強化した場合，みすみす技術覇権を失うことになる。

また，新興技術はグローバルサプライチェーンの中に位置付けられ，さまざまな国で生産される部品やコンポーネントを使って開発され，製造されるものでもある。量子コンピューティングなどは，量子チップの製造そのものはまだ量産体制にあるわけではないが，超電導を実現するために必要な機材や，量子ビットのエラーを補正するためにスーパーコンピュータを使うため，これらの周辺機器のサプライチェーンが多国籍にわたっている場合，その供給が止められるというリスクを抱えることになる。加えて，こうした新興技術の開発は一国の研究者だけで達成されることはなく，留学生や外国からの研究者との共同研究によって生み出されることも多い。そのため，技術を管理するとしても，グローバル市場を通じて流通する製品を管理し，グローバルサプライチェーンを管理し，研究者の人の移動を管理しなければならないという複雑な状況にある。

これまでの大量破壊兵器関連の技術は，軍事技術と民生技術が明確に区別できたため，国家が高いスペックの技術を開発し，それを「軍事技術」の名の下に管理することができたが，現在ではそれが困難になっている。その意味では，国家主導型の経済体制を持つ中国においては技術管理が相対的に容易であるのに対し，米国やその同盟国のように民主主義的で開放的な経済体制を持つ国では，国家が強権的に技術管理をすることが難しいのである。

7. 中国は技術覇権を握るのか

では，今後中国が技術覇権を握るようになるのであろうか。中国はこれまで技術的なキャッチアップを行う国であり，外国から資本を導入して経済発展をするというモデルで経済を運営してきた国である。しかし，中国は生産コストの低さを武器にした経済発展は困難になりつつあり，高付加価値産業へのシフトが求められる状況の中で技術開発に力を入れてきた。しかも，中国で深刻となる少子高齢化社会の問題を解決するため，ロボティクスやAIなどの分野に力を入れ，無人化・省力化を図ってきた。要するに労働人口が少なくなる中で，人間の労働を機械に代替させるための技術開発を軸に研究開発を進めている。

そんな中で，米中技術覇権競争が起き，米国が中国に対して技術移転を制約し，これまで中国が享受していたグローバルサプライチェーンからの恩恵，すなわち先端的な素材や半導体製造装置などを米国や西側諸国に依存することができなくなってきた。そのため，これまでは生産過程の上流にあたる高付加価値製品の開発製造も可能になるような技術開発を進めていかなければならない状況になっている。2015年には「中国製造2025」を発表し，これまで中国が他国に依存する度合いの大きかった10の重点分野（次世代情報技術（半導体，5G），デジタル制御工作機械・ロボット，航空宇宙，海洋技術・ハイテク船舶，先端鉄道設備，新エネ自動車，新型原発，農業機材，先端素材，バイオ医薬・医療機器など）を指定し，2025年の第一段階で世界の「強国」の仲間入りをすることが目指されている。

さらに，中国は経済安全保障の重要性を認識し始め，また，中国が持つ技術が世界をリードするものになりつつあるという自覚が芽生えてきた。それは，2020年4月に中央財経委員会で行われた習近平国家主席による講話で「キラー技術」を育成し，それによって他国が「中国の技術に依存する」状況を作り出すことを目指すという目標が語られたことにみられる。つまり，中国は他国への依存を避け，自国の技術やサプライチェーンを国内に構築することで，

「戦略的自律性」を獲得するだけでなく，自国の技術や製品に他国が依存せざるをえないような状況，すなわち「戦略的不可欠性」を獲得することで，他国に対して経済的威圧を実施する能力を高め，経済的な手段を使って国際秩序を形成していくこと，すなわち技術覇権の獲得を目指しているのである。

また，中国が立て続けに国家情報法や輸出管理法などを制定し，自国の技術を他国に移転することによるリスクを懸念すると同時に，米国をはじめとする西側諸国が何らかの技術管理によって輸出を制限するようなことがあれば，対抗措置をとれるようにしていると見られている。技術覇権を確立する上で，自国の技術が他国に窃取されることは，その優位性や不可欠性を失わせることになるため，こうした法制度を整備することで自らの技術保護を徹底するという姿勢を見せている。加えて，中国は国防法を改正し，サイバーや宇宙空間を戦闘領域と定め，これらの分野での軍事能力の強化を目指すとともに，サイバー攻撃や宇宙インフラに対する攻撃に対しても人民解放軍を動員して対抗する姿勢が示されている。

このように，中国は自らの技術管理を進めることで経済安全保障を確立し，技術覇権を握ろうとする態勢に移りつつある。技術を守るだけでなく，その技術を使って他国に対して攻撃的な措置もとりうることを明らかにすることで，米中の技術覇権における競争の俎上に上ってきたと見ることができるだろう。

しかし，半導体をめぐる問題に見られるように，中国の強みは生産過程の下流，すなわち汎用半導体のような大量生産品を作るところにあり，半導体製造装置のように市場の規模は大きくないが，戦略的に重要な技術分野においてはまだ競争力を十分持っておらず，これからキャッチアップしていく段階にある。ただ，米国が技術覇権競争を仕掛け，中国への技術移転を制限することで，中国は否が応でも自律的な技術力を高めなければならない状況に追い込まれている。こうした中で中国は国家主導で資源を動員して急速にキャッチアップしてくるであろう。そうなると中国に対して厳しい措置をとることが逆に中国の能力を高めることになるという「制裁のジレンマ」が引き起こされる可能性も高い。

ただ，技術覇権が「覇権」である以上，中国の技術力の向上だけで技術覇権を握ることは難しいであろう。その技術が魅力的であると同時に，その技術を使った社会システムが魅力的でなければ，いくら優れた技術であってもそれを導入するインセンティブは高まらない。たとえばかつてフランスがインターネットの前身ともいえるミニテルという付加価値情報サービスを展開したが，その仕組みは技術的な問題よりも，その技術が生み出す社会システムに十分魅力がなかったため，国際的に広がることなく潰えてしまった。また日本の携帯電話も「ガラパゴス携帯（ガラケー）」などと呼ばれるが，その技術の高さはほかの製品よりも高かったが，国際的に普及したのはよりシンプルなノキアなどの携帯電話であった。技術が単に優れているというだけでは覇権を握ることはできず，その技術に伴うさまざまな価値がどのように他の国や文化に受け入れられるかということが重要になる。

その点で，懸念されるのが，中国の技術は，中国型の統治システムに適合した技術であるということである。たとえば顔認証システムは，体制に対して不満を持つ人たちのデータを防犯カメラなどから収集し，彼らの動きを常に監視し，いつでも逮捕できる状態を作ることができる。こうした技術は権威主義的な政治体制をとる国にとっては魅力的な技術であり，中国からの技術導入をすることで，中国型の統治システムが世界に広がっていく可能性は否定できない。バイデン政権が強力に推し進める「民主主義対権威主義」の図式で見れば，中国の技術覇権が民主主義を後退させ，権威主義を拡張するという結果になるという恐れもある。

8. 日本の経済安全保障

最後に米中の技術覇権競争の中で日本の立ち位置を考えておきたい。日本は米国の同盟国として米中の技術覇権競争においては，中国と対立し，米国と協力する関係にある。しかし同時に日本は中国との間に深い経済関係があり，中国とのビジネスを阻害することも望ましくなく，また中国が技術管理を強化して日本とのビジネスを難しくするようなことも望ましくない。

2022年5月に成立した経済安全保障推進法では，サプライチェーンの強靭化などを軸とする4つの柱が設定され，その中でも先端技術の研究開発推進が含まれたことは重要なポイントである。経済安全保障は，他国が経済的な手段を使って政治的な圧力をかけることに対処できる能力を向上させることが目的であり，そのため「戦略的自律性」，つまり特定の国家に過度に依存することのないような状況を作ることが中心に据えられている。しかし，他国からの影響を回避するための自律性の向上だけでは，相手の行動を抑止することはできない。そのため，「戦略的不可欠性」，すなわち日本の技術や製品が唯一無二のものであり，日本に圧力をかければ，逆に日本から報復を受ける恐れがある，という状況を作ることで，相手を抑止するということが重要となる。

その「戦略的不可欠性」を実現するために必要なのは，日本にとって何が重要な技術であり，どのような技術を推進すれば不可欠な存在になれるのかを判断しなければならない。そこで，経済安全保障推進法では，シンクタンクを設立し，日本の技術の強みや弱みを分析し，不可欠性を獲得するための戦略を立てることが期待されている。こうした不可欠性を獲得すべき技術として，すでに 20 分野の技術が示されており，これらの分野に絞って調査を進めることが期待されている。しかし，これらの 20 分野はほとんどが米国がすでに示している死活的新興技術国家戦略で取り上げられた 20 の技術分野と重複しており，本当の意味での「不可欠性」を追求するのか，それとも米国が注力する技術を後追いすることで，技術的に突き放されないようにすることが目的なのかがはっきりしない（**図表 1-1** 参照）。

また，これらの分野を見ても，「宇宙関連技術」や「海洋関連技術」など，大きな括りしか示されておらず，具体的にどのような技術を追求するのか（たとえば宇宙であれば衛星なのかロケットなのか，ロケットだとすれば流体力学なのか，推進剤の技術なのか）がはっきりしていない。これら分野における絞り込みは今後，新たに設立されるシンクタンクの提言で定められることとなると思うが，宇宙にしてもその他の分野にしても，他国，特に中国がすでに技術的に進んでおり，大きな差ができている技術も含まれている。

これらの重要技術分野の中でも，日米の間で大きく取り上げられているのが半導体関連技術である。米国は 2022 年 10 月 7 日に対中半導体輸出規制を強化し，中国が安全保障に活用しようとしている人工知能（AI）技術やスーパーコンピュータ関連の技術を進めないために，先端半導体はもちろんのこと，半導体製造関連技術などの輸出も規制もしており，非米国企業も先端半導体の輸出や再輸出を禁じるといったものである。米国のこれまでの輸出管理は，「軍事エンドユーザ」と呼ばれる，軍事活動に直接従事する企業や団体に対する輸出を制限するものであったが，この輸出規制の強化は，これまで中国とのビジネスで業績を伸ばしてきた企業にとっても大きな打撃となっており，軍民両用技術である半導体の民生向けのビジネスにまで影響が及んでいる。

この半導体の事例のように，今後，米中の技術覇権をめぐる競争に日本が巻き込まれる可能性もあり，死活的新興技術に指定されている分野においては，こうした経済合理性を犠牲にしてでも，中国の軍事能力の向上を食い止めるということが重要視されている。確かに中国の軍事的台頭を妨げ，東アジアにおける地域の安定を図ることは重要であろう。しかし，問題は中国の軍事的台頭は単なる技術開発の結果ではなく，さまざまな要因の組み合わせであるため，半導体の輸出や他の新興技術の輸出を止めても問題がすぐに解決するわけではない。

そうした中で，日本はどのような選択をすれば良いのだろうか。米国の信頼できるパートナーとして，半導体の輸出規制強化に協力しつつ，それをきっかけに同盟内での協議をより緊密に行うことを求めていくことが重要である。日米の間には「経済版2+2」やIPEF（インド太平洋経済枠組み）など複数の協議チャンネルがあり，それらを通じて，日本の不利益にならないような働きかけが重要である。半導体に関しては米国が規制しようとしている先端半導体は日本での生産が限られているため，そもそも大きな影響はなかったが，今後，さまざまな戦略技術分野において同様の措置をとるようなことになれば，日本の経済にも大きな打撃となることは間違いない。

経済安全保障における重要技術は，一方で「戦略的不可欠性」を高めるために，中国が手にしていない技術の開発を進め，その能力を高める一方，そうした技術を使った製品を積極的に中国に輸出し，日本に依存する状況を作ることが肝要である。もし技術移転を恐れて，取引すら止めてしまうと，中国は自ら技術を開発するインセンティブが高まり，結果的に輸出規制強化の効果が薄れてしまう。中国に対する経済安全保障は，デカップリングで切り離すのではなく，技術移転の可能性を限りなく小さくしつつ，その技術を使った製品を積極的に使って相手に依存させることで，いざというときに「戦略的不可欠性」を活かして，経済的な圧力をかけることで実現する。相互依存の状況がなければ相手に対して圧力をかけるテコを得ることはできない。感情的に中国を遠ざけるだけが経済安全保障ではない。

おわりに

米中の技術覇権をめぐる争いは，まだ始まったばかりである。これから長期化する両国の覇権競争の中で日本がどのような立ち位置をとり，どのように振る舞うかで今後の日本の経済安全保障のあり方も決まってくる。同盟国である米国との協力はもちろんだが，価値を同じくし，技術的な水準も類似する欧州と協力することは，日本の技術がレバレッジとなって地経学的なパワーとして活用する有力な方法であるといえる。こうした広い戦略的な視野をもって，米中技術覇権競争時代を生き抜く知恵が求められている。

【参考文献】

Drezner, Daniel (2001), "State Structure, Technological Leadership and the Maintenance of Hegemony," *Review of International Studies*, vol. 27, no. 1, pp. 3–25, JSTOR, www.jstor.org/stable/20079588（2023年6月12日アクセス）.

Glawe, Linda and Helmut Wagner (June 2017), *The People's Republic of China in the Middle-Income Trap?*, ADBI Working Paper, No. 749, https://www.adb.org/sites/default/files/publication/322961/adbi-wp749.pdf（2023年6月12日アクセス）.

Gurtov, Mel and Mark Selden (1 Aug 2019), "The Dangerous New US Consensus on China and the Future of US-China Relations," *The Asia-Pacific Journal*, vol. 17, Issue 15, no. 5, https://apjjf.org/-Mel-Gurtov--Mark-Selden/5299/article.pdf（2023年6月12日アクセス）.

Huawei Cyber Security Evaluation Centre Oversight Board Annual Report 2019: A report to the National Security Adviser of the United Kingdom (March 2019), United Kingdom, https://assets.publishing.service.gov.uk/government/uploads/system/uploads/attachment_data/file/790270/HCSEC_OversightBoardReport-2019.pdf（2023年6月12日アクセス）.

Lee, Nicol Turner (April 2020), *Navigating the US-China 5G competition*, Brookings Institution, https://www.brookings.edu/research/navigating-the-us-china-5g-competition/（2023年6月12日アクセス）.

Patterson, John (March/April 1994), "The Sanctions Dilemma," *Middle East Report*, no. 187–188, https://merip.org/1994/03/the-sanctions-dilemma/（2023 年 6 月 12 日アクセス）.

Pollpeter, Kevin（2016）, "Space, the New Domain: Space Operations and Chinese Military Reforms," *Journal of Strategic Studies*, vol. 39, no. 5–6, pp. 709–727.

Sayler, Kelley M.（10 November 2020）, "Emerging Military Technologies: Background and Issues for Congress," *Congressional Research Service Report*, https://fas.org/sgp/crs/natsec/R46458.pdf（2023 年 6 月 12 日アクセス）.

Tellis, Ashley J., Alison Szalwinski, and Michael Wills（eds.）（2019）, *U.S.-China Competition for Global Influence*, The National Bureau of Asian Research, https://carnegieendowment.org/files/SA_20_Tellis.pdf（2023 年 6 月 12 日アクセス）

Weeden, Brian and Xiao He（2016）, "U.S.-China Strategic Relations in Space," *NBR Special Report*, no. 57, The National Bureau of Asian Research, https://www.nbr.org/publication/u-s-china-strategic-relations-in-space/（2023 年 6 月 12 日アクセス）.

Wu, Xiangning（June 2020）, "Technology, power, and uncontrolled great power strategic competition between China and the United States," *China International Strategy Review*, no. 2, pp. 99–119, https://link.springer.com/article/10.1007/s42533-020-00040-0（2023 年 6 月 12 日アクセス）.

第 2 章

経済制裁研究の視座について

佐藤丙午

はじめに

経済制裁（economic sanction）に，一定で明確な定義は存在しない[1]。経済制裁を広義に解釈するとすれば，国家が経済的手段を利用してその対外政策に関する姿勢を具現化するものであり，狭義な解釈としては，相手の政策変更を達成する経済的圧力と理解される。この 2 つの解釈の元に，経済制裁で実現が想定される政策目標が広範に分布している。しかし，経済制裁で採用される政策手段は，具体的な政策措置として規定可能な実体である。このため，政策論として経済制裁を議論する際には，その解釈の幅を要因として，その手段がもたらす結果と政策目標との間に明確な因果関係を実証することが困難であるという問題を抱える。

これは，経済制裁と名付けられた措置が，それを課す際に意図した政策目標の実現を目的としない事例が多く存在するために必然的に出現する現象である。実例を俯瞰すると，経済制裁における政策目標は，それを発動する際の国家の説明を額面通り理解することが適当ではない場合が多い。たとえば，政治的，軍事的，経済的，あるいは規範的な理由で経済制裁が課される場合があるが，それら目的の実現を期待しない形の制裁も存在する。さらには，時間の経過とともに政策目標が変化し，国際秩序構想を促進する効果を期待して手段が維持され，組織化される場合もある[2]。

従来の経済制裁研究では，経済政策を目的とした経済制裁を対象から除外し，一定の政治目標を実現する（経済的圧力によって相手国の政策が変更される）手段と規定する場合が多い[3]。しかし，経済と政治が密接に関連する状況を踏まえると，それらを明確に区別できるとは限らない。政治目標の内容に軍事安全保障に関連した争点が含まれる場合，その区別は容易かもしれない。しかし，2022年に注目された半導体をめぐるサプライチェーンの管理強化などは，規制強化の政策目標において，経済と軍事安全保障の両方の意味合いが強かった。そして，この問題は，管理強化の対象国である中国との「競争」における自国側の体制強化が目的であり，中国の政策変更を求めるものではなかった。つまり，政策変更ではなく，競争を「仕掛け」，相対的優位を維持発展させるために懲罰的な措置を採用する場合，それが経済制裁なのか安全保障貿易管理（経済制裁の手段の１つ）だけなのかが判別不可能になる。

半導体をめぐる対中技術競争の問題は，経済制裁における手段の問題も焦点であった[4]。経済制裁は軍事力行使とは異なり，何らかの経済的な圧力を仕掛けることが想定されている。安全保障貿易管理による輸出規制は最も可視化しやすい手段であるが，それ以外にも多様な手段が存在する。後述するが，経済制裁には貿易制裁に加え，金融制裁，外交制裁などの手段の存在が知られ，経済的圧力を構成する手段の問題でも争点ごとに異なる様相が見られる。それぞれの政策手段では，制裁対象の政治指導者等に圧力を加えるが，手段そのものは経済政策面での政策的措置と明確に区別することはできない。

このように，経済制裁を定義することは極めて困難である。しかし，外交安全保障政策上，相手国に対して政策変更の圧力を加える場合，今日の国際社会の下では，経済的手段は各国が唯一自由に行使しうるパワーの反映させる方法でもある。軍事力行使の法制度および実体的な面での困難さを考えると，経済制裁は「選択される」政策となっている。ただし，経済制裁が政策目標の実現に決定的な役割を果たせない場合，経済的圧力として選択される国内の制限対象となった経済主体は，政策の妥当性を疑うことになる[5]。つまり，経済制裁では，その有効性をめぐる評価が，制裁の維持もしくは緩和の局面において，重要な意味を持っているのである。

本章では，以上の問題設定の下に，経済制裁研究の現在地を模索するものとする。

1. 経済制裁研究の対象について

政策論として経済制裁を研究する際には，二つの局面と一つの環境に注目する必要がある。それぞれの局面における政策の評価基準は異なる。政策措置としての経済制裁に対して向けられる批判の多くは，この局面の違いを混同したものである場合が多い。環境要因は，経済制裁を実施するにあたって，国家の選択肢を規定するものである。

第 1 の局面は，経済的圧力の内容自体とその強度である。経済制裁が経済的なパワーの行使である以上，相手国側に圧力として伝わる必要がある。そこに正の因果関係を想定するのであれば，制裁の強度が大きいほど相手への圧力は強くなると考えるのが自然である[6]。このため，経済制裁の各種手段（貿易制裁，金融制裁，資産凍結，武器禁輸，出入国禁止等）において，その経済関係を完全にもしくは一部の制限が徹底されることが，「強く効果的な」経済制裁であると理解される。教条的に考えると，このような経済戦争（economic warfare）的なアプローチは，経済制裁の基本的な定義理解（相手国との経済関係を遮断することで政治的目的を達成する）に合致するものであり，経済関係の断絶の程度を制裁の成否とする主張が出現するのも理解できる[7]。

経済制裁研究では，制裁の有効性を実現する上で，全面的な包括制裁が必要なのか，それとも標的を絞った部分制裁で十分なのかという議論が展開されてきた。この議論は経済制裁がもたらす人道的被害に対する懸念から出発し，湾岸戦争後の 1990 年代にスマート制裁（smart sanction）の導入が検討された際には，国連などにより，政策決定に直接関係する対象者に標的を絞った制裁の方が，制裁対象国全体を標的にして人道被害を出すよりは好ましいとの結論に至った。そして，国連の制裁では，その後スマート制裁が導入され，各国もそれに続いている[8]。

国連主導のスマート制裁は，主に制裁対象国の人道被害に対する考慮から導入されたが，制裁を課す側の国内からも，相手に対する制裁の効率と，自国側の負担の最適化の観点からも対象と内容を限定することが望ましいとの主張が行われてきた。経済戦争的アプローチは，相手国等の経済活動を全面的に破壊して政治的譲歩を強いるものであるが，後述の理由により，たとえ制裁対象国との間に大規模に経済的格差が存在し，あるいは特定の戦略物資等に関して完全な従属関係にあったとしても，経済制裁により政策変更が実現する蓋然性は低い。経済制裁は相手国内で，圧力を加えられたことに対する政治的反発を生みやすく，政治指導者はそれを政治的に利用して支持の結集を行う。このため，制裁国側にすると，制裁を課すコストが必要以上に高くなる。

ただし，たとえ標的制裁を採用したとしても，どのような主体を制裁の対象にし，それに対してどの程度強固な制裁を課すかという問題は残る。この問題は，最終的には経済制裁の事例ごとに判断されるのが適切であり，一般的な原則やパターンがあるわけではない。つまり，措置として強固である制裁や，経済関係の遮断の程度によって判断されるものが，「適切」な制裁というわけではない。たとえば，2022年のウクライナ侵攻に際しての対ロシア制裁は，金融制裁などを中心に極めて包括的な措置が採用されたが，それでも貿易が完全に遮断されたわけではない[9]。ロシアと日本や欧米諸国との間には，天然資源を含む通常の貿易関係は存在しており，そのための金融システムなどを中心に，一定以上の経済関係は維持された。

経済制裁をめぐる政治を考察すると，特定の争点で対立関係にある国と，制裁を課しながら経済関係を維持するということに対して，国内では違和感が持たれる場合がある。経済制裁を課される側の政治的結集について前述したが，制裁を課す側にも政治的結集効果が生まれ，二元論的な思考に陥るリスクがある。これは，制裁を受けるべき政策を実施している国（もしくは制裁を受けるような政治指導者を擁いている国）と経済関係を持つことに対する道義的な抵抗感と理解すべきであろう。このように，標的制裁の導入は，人道被害の軽減や，制裁の効率および国内政治上の最適化措置を目的に活用が進むが，制裁を課す側の国内政治にも複雑な影響を及ぼすことには留意する必要がある。

経済制裁をめぐる第2の局面は，制裁を受けた標的国側で，その圧力が政策変更につながるプロセスである。経済制裁では圧倒的に第1の局面の問題が注目を集める。これは，制裁における政策措置が制裁国内で経済的な影響を持つためであることに加え，パワーの行使がもたらす政治的効果に関心が向くためである。経済的手段の多くは，制裁国内の企業の利益構造に影響を与える。その手段がポジティブなインセンティブを供与するものでない限り，経済制裁では通商活動等を制限することを意味するので，それを正当化する論理と制裁の内容について，多くの国内アクターの関心が集まるのは当然といえる。

第2の局面をめぐる問題で重要なことは，制裁の規模と内容は，第2の局面に適切な影響を与えない限り，経済制裁を実施する上で，重要な問題ではないということである。経済的圧力が政策変更につながると想定する概念的な整理の枠組みとして，経済制裁の普遍理論（orthodox theory）がある[10]。これは，民主主義国に対する包括的制裁をモデルにしているものであり，制裁国による経済的圧力が被制裁国側の経済運営に影響を与え，政策決定者の政治的正当性が失われ（経済的苦境の原因となる政策を実施したことに対する責任が問われる），選挙などの手段を通じて政権交代が実現し，新政策決定者が争点となった政策を変更する，というものである（もともとの決定者が政策変更を受け入れる場合もある）。

普遍理論の重要な点は，経済制裁が国際連盟の憲章第16条において政策措置として規定されて以降，制裁を課すことを正当化する際，この理論に基づいた因果関係が用いられてきたことである。普遍理論は，その適用対象が軍事衝突発生後の戦時の措置の一部としても有効なのかどうか，あるいは軍事対立発生前の平時の国家間関係などにおいて，シグナリングによる効果などを期待して制裁を実施した場合に有効なのかを明確に説明していない。にもかかわらず，この理論は，経済制裁が相手国内に及ぼす影響と効果を概念的に説明したものとして，政策決定者を含め，社会的に共有された枠組みとしての位置付けが与えられている。

実際には，経済制裁を課す際に制裁国はさまざまな計算を行うが，どれだけ被制裁国側の国内政治に影響が及ぶかを，事前に判断することは困難である。その理由は，経済制裁を課された国家側が，圧力をどのように受け止めるかは，それぞれの国内政治問題なので，制裁国による政治的操作に限界があるということだけではない。標的制裁などでは，政策決定者の経済利益構造に直接影響を与えることが可能であり，意思決定過程に近い部分に影響を及ぼすことが可能である。しかし，政策決定者がどれだけ経済的な損失に耐えうるか，その損失をどのように国家全体に転嫁するか，さらには，ナショナリズムなどを喚起して国家全体に受忍を強いるかなど，経済制裁が課された後の被制裁国の国内政治過程にはそれぞれの国家固有の特徴がある。

第2の局面問題の研究では，制裁を課される側の政治過程を分析する必要がある。ただそれが政策研究においても，また学術研究においても考慮すべき変数が多く，経済制裁の効果を実証的に研究することには限界がある[11]。そして，この制約があるため，経済制裁実施において，相手側にどれだけの経済的な損失を与えるかという，課す側の政策が注目されるため，その問題への研究や分析が中心となる。結果的に，経済制裁を課す側の政策と実際の効果について，因果関係ではなく相関関係で評価される傾向が生まれる。

つまり経済制裁では，それがどのような政治環境の下で実施されるかも重要な意味を持つ。1990年代以降の経済制裁では，大きく分類して3つの方式が存在した。それらは，第1に国連安保理決議や国連に関係する諸機関の授権によるもの，第2に地域機構などの国際機関による多国間で実施されるもの(EUによる経済制裁を含む)，そして第3に単独の国家によるものである。一般的に経済制裁は，制裁への協力国が多い場合には，制裁の「抜け道」を塞ぐことが可能であるため，有効性は高くなるとされる。ただ場合によっては，経済制裁の効果を考慮し，多国間協調以外の措置を想定しない場合も存在する[12]。

多国間協力による経済制裁の有効性の向上というのは，政治的な意味合いが込められた言説であり，制裁に積極的に協力する国の数の多さが不可欠な条件というわけではない。もし，制裁国が制裁対象の製品や技術を独占し，被制裁国に代替入手可能性がない場合，やはり強固な制裁を課すことが可能になる。この場合の独占とは，当該製品や技術の生産，保有，移転するなどの手段を排他的に所有する場合や，そのような独占状態を維持することが可能な場合を指す。独占状態の維持は，自国の国境内から製品や技術が外に移転されない状態を作り出す，あるいは，自国が国際的な流通を完全な管理下に置くことにより可能になる。つまり，被制裁国による当該製品や技術へのアクセスを遮断することが可能な場合，経済制裁における多国間協力は必要条件にはならない。

ここで，制裁対象の製品や技術の独占状態が強固な経済制裁を可能にするとしたが，これは供給者管理（supplier control）のアプローチによる措置を意味する。経済制裁では貿易制裁以外の措置も存在するため，対象となる品目の特質に応じたアプローチが存在する。たとえば，ロシアやイランの第一次エネルギー輸出を制限したように，市場管理（market access）のアプローチも存在する。2018年の米国輸出管理改革法（ECRA）における対中技術制裁のように，安全保障政策上の考慮に基づき，特定の性能を持つ製品や技術の入手を制限する，拒否的（denial）アプローチも存在する[13]。供給者管理アプローチは，制裁国側が高性能な製品や技術を保有していることが前提となるため，技術力等が平準化された状態の下では有効に機能しない。

最後に，経済制裁を実施する政治環境の問題では，国内政治要因も考慮する必要がある。制裁国側の国内政治も複雑な事情を抱える場合が多い。経済制裁は，平時の状態で，軍事的リスクを回避しつつ自国の姿勢を強固に示すことが可能になるため，国際的な正当性が担保されない状態であっても，国内政治上の考慮に基づいて実施される場合がある。米国は，人権問題や麻薬問題，「血のダイアモンド」問題などで，国際社会で合意された内容以上の経済制裁を課したことがある[14]。

2. 外交・安全保障政策としての経済制裁

国際連盟憲章に経済的手段が規定されて以降，経済制裁は平時の外交・安全保障政策上の措置としての位置付けが与えられてきた。国際連合憲章では，第41条において，安保理が「兵力の使用を伴わないいかなる措置」の決定を行う権限が付与され，「経済関係及び鉄道，航海，航空，郵便，電信，無線通信その他の運輸通信の手段の全部又は一部の中断並びに外交関係の断絶を含むことができる」としている[15]。これは，第7章の「平和に対する脅威，平和の破壊及び侵略行為に関する行動」の中で国連安保理として実施する措置を規定したものであり，安保理決議がない状態で，これら措置を各国が採用することを禁止するものではない。

現実に各国は，それぞれの国内法上の規定に従って，独自の措置として経済制裁を実施している。ただし，国家安全保障上の重大な利益の保護を目的とする経済規制は，国際経済に関する国際法上の規範との整合性が問題となる。たとえばトランプ政権の下では，通商拡大法第232条に基づいて，鉄鋼とアルミニウムの輸入に対して追加関税措置が発動されるなど，ECRAに基づいて，中国を念頭に対米投資規制と輸出管理規則の強化が図られている[16]。しかしこれら措置が，WTO協定の，いわゆる安全保障例外（GATT第21条，GATS第14条2項，TRIPS協定第73条）の対象に該当するかどうかが問われる事態が生じている[17]。

GATT第21条では，特に（b）において「締約国が自国の安全保障上の重大な利益の保護のために必要であると認める次のいずれかの措置を執ることを妨げること」を採用すべきではないと規定している。それらは，（i）核分裂性物質又はその生産原料である物質に関する措置，（ii）武器，弾薬及び軍需品の取引並びに軍事施設に供給するため直接又は間接に行なわれるその他の貨物及び原料の取引に関する措置，（iii）戦時その他の国際関係の緊急時に執る措置，としている。これら要件を満たす場合は，WTO協定の義務違反が免除されることになる。ただし，要件該当性の判断を各国が独自で行うため，安全保障例外が拡大解釈され，経済目的での規制が安全保障の名目で実施されているとの指摘が絶えない。WTOでは紛争処理手続きを規定しているが，安全保障例外の妥当性の判断についての最適な解決策は出されていない。

したがって，平時において，なおかつ国連安保理の議決がない状態の下で，個別の外交・安全保障政策目的に実施される経済制裁は，法的な安定性を欠く状態にある。ただし，安保理が具体的な行動をとる前の段階の措置として，各国の個別的および集団的自衛権に関連する行為として，もしくは国連の他の決議等の内容や趣旨に基づいて，経済制裁や制裁措置の実質的な履行措置である輸出管理の強化については，正当化が可能になるだろう。

制裁を課す際の正当性の問題には，実務的な側面と政治的な側面がある。個別の判断による単独制裁を各国が回避したいと願う理由として，制裁の効力に及ぼす影響をあげる意見は多い。従来の研究でも，制裁対象製品や技術の対外入手可能性（foreign availability）を封じるためには，供給する能力がある者をすべて取り込む必要があると指摘されており，そのためには可能な限り多くの国の参加が必要となる[18]。特に自由貿易体制の下では，可能な限り制裁が普遍化されることが，対外入手可能性を封じる最適な方法となる。

制裁の第1の局面では，製品や技術の寡占度に応じて，多国間主義に基づいて経済制裁を課すことが合理的になる。しかし，第2の局面において，相手国内の政策変更を迫る場合，多国間主義は必ずしも合理的な方法ではなく，むしろ相手国に機動的に圧力を加えることを阻害する要因となる。さらに，外交安全保障政策の目標の実現において，実現を目指す内容が具体的である場合と，抽象的である場合とでは，多国間主義の機能は異なる。政策目標が物理的に指標化できる場合，制裁の強化と緩和の内容も具体的になるため，国際協力および各国との分担も明示されやすい。しかし，抽象的な場合，政策目標が実現する「状態」を定義できたとしても，それを具体的に達成することも困難になる。そして，多国間協力と政策の機動力は相反する効果を生むことになる。

この問題は，米国のカーター政権の人権外交において大きな問題となった[19]。人権問題を理由とした経済制裁を実施する場合，侵害が解決した状態を政治的に定義する必要がある。しかし，社会政策の面で人権の改善を指標化し，経済制裁をその目的に活用することには，国際政治上の問題があった。つまり，米国側から見た場合，たとえ相手国内で人権侵害事案が発生していたとしても，事案の主体国の国際政治上の立場が米国の国際戦略に沿った立場にある場合とそうでない場合とでは，同じ人権問題でも米国にとっての政治的価値が異なる。カーター政権はその差を政策として具現化できなかったが，レーガン政権の下では人権外交は相手国の特徴を「権威主義国」と「全体主義国」とに区別して実施されることになり，制裁の強化と緩和の方針が合理化され，政策としての操作可能性が向上した[20]。

この教訓は，人権問題で制裁を課すようなケースでは，その政策目標を可視化できるものに設定する場合は，制裁と相手国内の政策変更を連動させることが可能であるということであろう。そうでない場合，多国間協調ではなく単独制裁として実現可能性考慮することなく，政治的な姿勢の表明として制裁を課し，国内で不利益を分配するのが現実的となる。

経済制裁を課す場合の政治的な正当性の問題は，経済制裁の具体的措置を国内の行政執行の下に実施する場合に，法的正当性を確保する上で何に依拠して実施するかというものである。国連の枠組みにおいても，安保理の議決を国際法上の国家の義務として規定することの是非が議論されたことがある[21]。さらに，自由貿易を基調とする経済政策を前提にする場合，安全保障上の理由で国際経済活動の一部もしくは全体を規制することの法的正当性が問題とされる場合も多い。つまり，平時の経済制裁を正当化する作業は非常に困難である。

たとえば，国際的な不拡散輸出管理を国内で履行する場合，それぞれの国家が参加する国際レジームにおける合意を国際約束とみなし，国家の対外的な義務することで合理化されている。もちろん，その合理化の根拠は核兵器や生物化学兵器などの大量破壊兵器である場合と，ミサイルを含めた通常兵器や汎用技術の場合とでは異なる。大量破壊兵器の場合，国連において繰り返し禁止決議が発出されており，NPT の下で核不拡散に関する国際的な普遍性が存在すると解釈することは可能であろう。この状況は生物・化学兵器でも同様であり，メンバーシップの有無と国際法上の普遍的意義との乖離が指摘される場合もある。

ただし，国際レジームに対するコンプライアンスの程度は，国際条約やレジームの普遍性に左右されるとしても間違いではない。それら枠組みに参加し，そこで規定されるルールを順守することは国際的な義務とみなされる。したがって，そこでの規範やルールに対する不順守は，逆に経済制裁の対象とされるケースも多い。たとえば，北朝鮮の NPT からの離脱やインドとパキスタンの不参加は，それ自体一種の「違法行為」とみなされることになる。現実に，北朝鮮は国連安保理の制裁の対象にもなっている[22]。

しかし，ミサイルを含めた通常兵器や汎用技術については，高度な技術レベルを有し，それの移転にかかわる国は，国際社会の一部でしかない。したがって，それら製品の移転の規制については，ワッセナー・アレンジメントや MTCR に参加する一部の国の間には一種のコンセンサスがあるが，それは普遍性を有するものではない。これらレジームに参加しないが，技術を持っている国は存在する。特に汎用技術がかかわる場合，ワッセナーにおいてもアンダーカット・ルールは設定されておらず，各国の自発的な措置に委ねられている。もちろん，各国が政治的な理由で技術規制等を実施する場合，ワッセナー等で規定された製品や技術リストが援用されるケースはあるが，基本的には自発的措置ということになる。

大量破壊兵器や通常兵器，あるいは汎用技術の規制については，国連安保理の各種決議を援用するなど，国連の権威を活用することが可能である。9.11

同時多発テロを起点とする国際的な対テロ政策は，非国家主体であるテロ組織を支援する国家に対しても経済的な圧力を加えることにも法的な正当性が担保された。しかし，対テロ以外の政治目的での経済的な圧力については，対処する際の法的な手続きが規定されておらず，規制は必ずしも正当化されていない。

たとえば人権問題で考察しよう。人権問題は，1948年の世界人権宣言を含め，国際人権A条約とB条約で，基本的人権から経済文化権まで含まれる，自由主義陣営と共産主義陣営の双方が満足できる普遍的価値へと発展した。2000年代には「保護する責任（R2P）」の原則が導入され，人権侵害への対応は，国際社会の普遍的義務と規定されるに至った。その後，国内の少数民族の弾圧を含めさまざまな人権問題が発生したにもかかわらず，その責任を問い，関係者に対する懲罰的な制裁は各国の個別の判断で行われ，国連の制裁決議などでも第7章に基づく制裁が規定される例は稀である。

少数民族の弾圧など，国内治安に関係する問題については，一部の国際レジームや枠組みでの非難決議は存在するが，この決議が制裁の詳細な内容まで踏みこむことは少ない。被制裁国の政治指導者に対する資産凍結などの手法は，一部の国によって課される例は存在するが，その制裁内容を他国が採用する例は少ない。北朝鮮の政治指導者の金正日に対し，彼の個人口座の凍結と，その制裁の域外適用が実施され，多くの金融機関が影響を受けた事例は存在した。ただし，これは米国銀行とのドル取引が停止されることに対する各金融機関の防衛措置であり，北朝鮮の人権問題や核開発に抗議して協力したわけではない[23]。

つまり，政治的な正当化は，一部の争点に限定されており，その他多くの政治的争点では，各国は効力の限界を前提に経済制裁の実施に消極的か，あるいは一部の主導国の経済的影響に対する考慮から対処していることが多い。この問題は，外交・安全保障政策目的での経済制裁は，国連による正当化の根拠がない限り，各国が個別に実施することが極めて困難であることを示している。

3. 国内政治と経済制裁

経済制裁を実施する際の課題を説明したが，国際社会の現実として，経済制裁は国際的な争点において頻繁に使用される手段であることは否定できない。軍事制裁を実施することの困難さを考慮すると，現実問題として今後も経済制裁は採用され続けるだろう。しかし，経済制裁単独で政策変更をもたらすことが困難であるのも事実である。であるとすれば，経済制裁の目的について再考する必要がある。

困難な問題を抱えながらも経済制裁が実施される理由として，いくつの考察すべき要件が存在する。第1に，国際的な争点が生起した際の，ファースト・リスポンスとしての役割である。国際的な争点には，武力行使や侵略事態から，長期的な課題が政治的な理由から争点として注目される過程まで，さまざまな性格の問題が存在する。争点の緊急度に応じて対応の深刻度は変化するが，一般的にその対応は時間の経過の中で段階的に推移する。どの争点が政治化されるかは経路依存的な側面があるものの，争点発生のリアクションとして，あるいは争点化の起点として経済制裁は使用される。軍事的侵略が発生したときは，当該行為の不支持の表明として，あるいは緊急措置として制裁は活用される。

争点への本格的対応を考察する前の段階において，争点の悪化をもたらさないことは極めて重要である。相手の軍事行動に対して短期的な軍事対応を行う場合，第1次世界大戦におけるロシアの予備動員令の発出がスパイラル的に全面戦争へと発展したように，望まない軍事対立に至る危険性がある。それを回避するためには，対立者相互，あるいは国際社会と対立者の間で有意なコミュニケーションをとる必要がある。ただし，緊急時にコミュニケーションをとることは困難であるため，時間的な猶予が不可欠になる。そのような状況の下で経済制裁は，それを行使することの政治的インパクトの大きさ，そしてその宣伝効果，あるいは制裁の施行までの準備時間の必要性など，相手との関係の中で適度な政治的距離を確保することができる。

第2に，戦略的コミュニケーションとしての役割である[24]。これは一般的には，経済制裁の象徴的役割と指摘される内容となる。経済制裁では，相手の政治的計算に影響を及ぼすような経済的圧力であるが，政策変更につながる可能性がある手段が最初から明確に規定できるものではない。制裁の時間的進展の中で，そこで採用された措置は取捨選択され，新たな状況を踏まえて最適化されることになる。つまり，経済制裁が被制裁国の政治選択に完全かつ的確に影響を与えることが前提となっておらず，そのような結果につながる可能性が低い場合であっても，経済制裁は継続的に実施される。これは，有効性を重視する立場からは，政策としての経済制裁の意義が批判される点である。

定性主義の下では，政策と結果の間に因果関係は存在する必要があるが，経済制裁において，被非制裁国の政策変更がないまま制裁を継続することがあるとすれば，それは制裁に別の政治的意味があるためと解釈される。実際過去の研究では，経済制裁の成功率は約3割程度とされている[25]。また，経済制裁に対抗して被制裁国が対抗措置をとるケースや，経済制裁を通じた戦略的コミュニケーションに失敗し，軍事行動を過激化させるケースも存在する。このため，経済制裁の有効性に対しては，極めて厳しい評価が加えられるのも事実である。このような評価に対して，経済制裁の有効性を積極的に評価する立場から，その象徴的役割について強調される場合があるのである[26]。

この論理に従うと，経済制裁は政策変更をもたらすのではなく，被制裁国が採用した政策に対する制裁国側の不満や不快感を示すためのものであり，政策変更は二次的な効果にすぎないということになる。実際に，経済制裁が被制裁国に政治経済的にインパクトを与えるのは，制裁を課した初期の段階である場合が多い。制裁が継続すると，被制裁国は代替入手先を確保し，代替生産を進めるなど，制裁が課せられた状態を常態として行動するように変化していく。このため，制裁のインパクトは短期間で消滅する。そのような状態で経済制裁が継続されるのは，被制裁国への実質的な影響を期待するのではなく，政治的な象徴へと変化するため，と指摘されるのである。

第3に，中長期的な国際システム構造の構成（construction）である。経済制裁には実効的な影響力とともに，象徴的な役割があるとした。象徴には2つの意味がある。第1に，物理的および規範的な意味で，国際社会の現状を国家などが自己規定することを目的に，社会経済運営の方向性や枠組みを規定するという意味での象徴である。第2に，国内政治上の位置付けとして，経済制裁を実施していることが国内政治上で意味を有すると同時に，対外政策上は何か対応を実施しているという説明材料として利用するという点での象徴である。

経済制裁の国内履行では，新規に法的枠組みを構築する場合と，既存の法体系の中で最適化する，の2つの方法が考えられる。新規に輸出管理規則等を導入する国は，その設置と同時に経済制裁を最適化することが可能な措置を法体系に編入するため，厳しい内容になる傾向にある。これは，経済的圧力の行使を可能にする措置は，経済相互依存の進展の中で徐々に増加するためと考えられる。冷戦期より東西冷戦型の対決的な輸出管理制度の経験がある国は，1990年代を境に対決型から協調型（規制の部分を最小限にとどめようとする）へと輸出管理政策を移行させた経験があるので，制度改変は柔軟に行われる傾向がある。

輸出管理制度には，対決や封じ込め型（経済戦争アプローチ），国際協調重視型（国際機構等による多国間協調を制度化したもの）などがあり，戦略的手段として活用することを重視した制度設計（戦略的連携や戦術的操作を容易にする補助的制度の充実など）の下にあるものなど，多様な形態が存在する。経済制裁の運用は，それぞれの国の輸出管理制度に依拠して施行されることが多いため，その影響を受けることになる。国際協調を重視する場合，経済制裁で採用される措置は多国間のコンセンサスになるため，被制裁国に対する経済的圧力は弱くなり，政治的影響力も限定的になる。しかし，対決型になると，それぞれの国家の安全保障観を反映したものになる傾向が見られる。

第4に，国内政治上の役割である。経済制裁を実施する場合，被制裁国内に及ぼす影響に比べて，自国内の各団体への政治的および経済的影響は，制裁を課す側で強く感じられることになる。いわゆる「相互依存」を武器化して活用する場合，武器としての有効性の評価は，相互依存度に左右されるのは当然であり，敏感性と脆弱性から構成されるとされる複合的相互依存が成立している場合，経済制裁の効力が高いと期待するのも当然である。ただし，複合的相互依存が成立している場合，相互依存を政策的に活用することが可能になるとしても，その措置は自国の経済活動にも影響が及ぶことが想定される。したがって，相手国に影響を与えつつ，自国への影響を最小限にすることが理想状態になる[27]。

ただし，相互依存の持つ双方向の効果を考えるとき，自国に対する影響のみを無効化することはできないため，制裁を課す側は自国に及ぶ影響を政治的に選択することになる。その選択は，国内政治運営に極力影響が少ない分野を選択する場合，自国に対する影響を緩和する措置と併せて実施する場合，さらには影響が及ぶ分野に従事する国民に対する補償措置などを用意する場合などが想定される。被制裁国側は，制裁への対抗手段として，制裁国内の脆弱な政策分野を標的に対抗措置を採用することも考えられるため，制裁国側はその分野への対応も考慮して経済制裁を課すことになる。

このような要因を考慮した上で実施される経済制裁は，被制裁国に対する経済的損失を合理的に計算して実施するものではなく，さまざまな要因を取捨選択した結果として実施されることになる。前述のように，制裁国は自国内における経済制裁の影響を感じることになるため，国内の政治的受忍度を考慮せざるを得なくなる。したがって，経済制裁は国内政治上の考慮が優先されているように見えるのである。経済制裁を否定的に見る評者は，その問題を深刻にとらえる傾向があり，経済制裁が国内政治に左右されると批判する理由の一つになっているのである。

以上の理由から，経済制裁研究では，国内政治問題が研究の中心に置かれることになるのである。

4. 経済制裁の手段について

経済制裁研究におけるもう一つの大きな問題は，採用される手段によって制裁の有効性は変化するのかというものである。この問題は各国にとっても重要な問題であり，たとえばトランプ政権以降積極的に採用されてきた経済制裁においても，制裁を課す側への各種影響を無効化し，相手に対する効果を最大にするための方策は何かが検討されてきた。

経済制裁研究では，政策の目的として，懲罰，抑止（政策の採用の中止を求める），強制（政策変更を求める），将来に対する警鐘など，さまざまな役割が想定されている。政策手段としては，それら目的に最適な措置を採用することになるが，国連憲章で規定された経済的手段の内容は概略的であり，現実には被制裁国との経済関係や，政治関係などを考慮して最適な措置が採用される。

しばしば，経済戦争アプローチの単純明快さや，戦時における通商遮断などの歴史的な先例を参考に，平時における経済制裁でも貿易制裁が中心的な手段とされることが多い。貿易制裁は，スマート制裁が一般化する前までは主要な手段と位置付けられてきた。ただし，貿易制裁は包括的な経済交流の遮断となる場合が多く，湾岸戦争の際にイラクに対して課せられた経済制裁などでは，広範な人道被害が発生している。経済的圧力が被制裁国の経済活動全般に及ぶ場合，政治指導者と被制裁国の一般国民とを区別することが困難になるため，国家全体が懲罰の対象になることになる。

しかし，被制裁国の政策変更を目的とする場合，政策決定に直接関係する人物や団体等に対して経済的圧力を加え，それら制裁対象者が自身被る経済的被害を国民に転嫁しないようにする措置が有効と考えられてきた。これはスマート制裁が導入された際の大原則であるが，このアイディアを現実化するには大きな課題が存在した。

それらは第1に，政策決定者は被制裁国内で多様な経済的利権を掌握している場合が多く，標的を絞った制裁を試みたとしても，不可避的に包括制裁へと規模が拡大してしまうことがあった。第2に，標的を極めて限定的に絞った場合，制裁の規模自体も小さくなるため，制裁国内で制裁の政治的インパクトが希薄化したと受け止められるリスクがあった。第3に，被制裁国の政策決定者の政治的立場を強固にしてしまう可能性があった。被制裁国の政治プロセスの中で，制裁対象者は諸外国より標的攻撃される「殉教者」となり，ナショナリズムが喚起されて彼らを支援するインセンティブが高まる。つまり，貿易制裁におけるスマート制裁は必ずしも効果的な手法とは考えられないだろう。

経済制裁の複雑な構造を背景に，各国は制裁の手法の精緻化を図ってきた。EUでは経済制裁の対象をEU外の第三国，企業などの非国家主体，そしてテロリストなどの個人に分類している[28]。それらに対する制裁の大部分は，資産凍結と旅行規制となっており，部分的に銀行サービスの利用停止，輸出入禁止や，武器禁輸（EUの共通軍事リストに記載されている製品等）を実施することが可能になっている。EUでは，過去の経験を踏まえ，経済制裁実施にあたり，制裁の対象は政策であり被制裁国の個人ではないと明記し，人権や人道規範の順守も明確に打ち出している。

経済制裁において金融制裁が重視される理由は，標的の資産凍結などを限定的に実施し，銀行口座を凍結して決済機能を阻害するなど，国際経済に深刻な影響を及ぼすことなく安全保障政策目的の制裁を課すことが可能になるためである。さらに，産業政策等との組み合わせの中でWTOの紛争処理過程などの国際経済紛争を回避できる可能性が生じるためである。経済制裁研究において指摘されることであるが，相互に連接した国際経済において軍事を含めた技術開発が，制裁の手段を複雑化させている。特に中国のように，軍民融合政策を進めている場合，産業政策と経済制裁政策とが連関するため，経済制裁の実施を公言しない場合であっても，短期的な政策的考慮を経済的圧力という形で対外政策に反映させることが容易になる。

産業政策に連動した経済的圧力は，国際機関や地域機構の授権を受けないケースが多く，国家の単独の措置として実施される。この措置は，国際法上の正当性を説明することは難しい。もっとも，国家の単独による制裁の有効性は低く，多国間協力による制裁圧力の強化が必要不可欠となる。しかし，産業政策に関連した経済的圧力措置は，自国の市場等へのアクセスを制限する場合や，相手国の経済活動に対し，自国の措置を通じて制約や制限を課す場合が多く，自国市場の規模が比較的大きな国によって実施される。経済活動に対し，外交安全保障政策上の外部性を加えることは，それ自体に政治的に耐えうる理由や，経済的な代替措置を準備できる国である必要がある。制裁国側の内部で，代替技術を開発する技術投資が可能な国であることも一つの条件になろう。

これまで採用された手段としては，産業政策の基幹部分の国家管理を強化するものが知られる。たとえば，ドイツなどによって問題提起されたように，人工知能（AI）や自動運転，自律性生産，デジタル技術など特定の産業技術分野において，非EU国家による域内の関連企業のM&Aを禁止する措置などは，この代表的な措置といえるだろう。これ以外にも，軍事安全保障に関係する分野や，新興技術に関する分野，さらには重要産業のサプライチェーンの安全保障の確保策などは，その措置の一部となる。

ただし，産業政策と連動した経済的圧力は，産業政策と外交安全保障政策のどちらが主目的かを判別するのが困難である。したがって，これらを経済制裁の一部と規定するには，反対論が多いのも事実である。むしろ注目されるのは，通商政策措置の部分改変による，関税の操作や非関税障壁を，国際ルールに沿った形で設置するなど，セクター別の対応である。WTOの紛争処理手続きをあえて活用し，その決定が出ない間，緊急措置として関税を上昇させ，輸入制限を行うなど，現行の国際ルールの下であっても一定の経済的圧力を行使することが可能である。さらに，対内直接投資の制限等で，対立関係にある国の企業の自国市場への参入を阻止および制限することが可能である。米国が対外投資リスク検証近代化法（FIRRMA）の下で米国外国投資委員会（CIFIUS）の監督機能の強化を掲げたのは，この代表的な例といえる。

これらが意味するものは，経済制裁では，国際機関等での合意に基づく措置に加え，明示的に制裁の一部と宣言されずに実施される国家の単独措置が経済制裁の主要な手段として浮上していることであろう。国際機関等での合意は，参加国の同意が前提となる。国連安保理決議にしても，ロシアや中国の同意が必要である。重要な点は，2022年以降のロシアのウクライナ侵攻に伴う国際機関の機能不全，そして米中技術戦争などによる米中関係の悪化など，国際社会の総意を規定する機会が少なくなっているという点である。もし可能であったとしても，これら諸国の抱える戦略問題での対立を背景に，機動的な運用を期待することができないだろう。したがって，経済制裁に関する国際主義の活性化は期待できず，もしこれを政策手段として活用するのであれば，各国が独自の制裁を展開することが現実的になっている。

この問題は，経済制裁の特徴が変化しつつあることを示唆するものである。この手段により，それぞれの外交安全保障政策上の有用性と有効性を維持するためには，国際的な規範に基づき，多国間主義に基づいてスマート制裁を加えるのではなく，産業政策を活用し，セクターごとの戦術として活用する傾向が生まれている。可能であれば，それを国際レジーム化することで，国際の正当性の確保と多国間協力の確保が望ましいのかもしれない。しかし，国際環境が対立的な様相を示す中，短期的に経済制裁レジームを再構成することは困難であろう。つまり，中長期的に経済制裁の再構成が必要な事態に直面しているということが，国際秩序の危機の本質なのである。

おわりに：日本の政策と経済制裁

日本の経済制裁は，外国為替・外国貿易法（外為法）の下で実施されている。外為法では，第16条などで経済活動に対して制限を加えることができるとしており，それらは，「我が国が締結した条約その他の国際約束を誠実に履行するため必要があると認めるとき」，「国際平和のための国際的な努力に我が国として寄与するため特に必要があると認めるとき」，そして「第十条第一項の閣議決定が行われたとき」の 3 つを規定している[29]。

このうち，国際約束等の意味するところは，国連等の措置や日本が参加する国際レジームでの合意となる。第 2 の正当化の内容は，人権問題など国連が明確に経済制裁を規定していないが，国家として実施の必要性があると認識されたものが含まれる。外為法第 10 条の規定は，日本の単独制裁を意味する。ただし 3 番目の制裁に基づいて，これまで実施された例は少ない。このように日本は，国際合意の存在や，多国間主義による経済制裁の有効性を重視する傾向が強い。

しかし 2000 年代以降，日本も国際社会の動向に合わせて経済制裁を機動的に実施するようになっている。たとえば，2002 年にはテロリストに対する金融制裁が規定され，2017 年と 2019 年には対内直接投資等規制の強化が，そして 2022 年には「暗号資産に関する取引を資本取引規制の対象とするとともに，暗号資産交換業者に資産凍結措置に係る確認義務を課す等の措置を講ずる」こととしている。

ただし，日本は産業政策に基づいた市場アクセスの制限にまで踏み込んだ措置を規定していない。韓国に対してホワイト国認定を取り消し，ライセンス方式の変更を実施したものが，徴用工裁判の判決に対する制裁と指摘されることがある。ただしこれは，安全保障貿易管理の不備を理由にしたもので，政治的争点に絡めた産業政策上の措置を活用した経済的圧力と証明することはできないだろう[30]。しかし 2023 年には日韓関係の改善を求める圧力に呼応し，認定は元に戻されることになった。

日本は，自国への市場アクセスを活用した単独制裁を活用するだけの経済力はなく，半導体など自国が相対的優位を持つ商品や技術等を，有志国との協調を模索しつつ，その政治力を醸成する段階にある。このような段階にある国は多く，それらにとって経済制裁は，いまだに国際協調の下に行われる政策手段の一つなのである。このように，経済制裁の政策的な意義の変化が国際社会において一様に感じられていない点に多くの特徴があり，それに合わせた研究の進展が見られるのであろう。

【注】

1 Nicholas Mulder, *The Economic Weapon: The Rise of Sanctions as a Tool of Modern War*, Yale University Press, 2022など参照。

2 David Baldwin, *Economic Statecraft*, Columbia University Press, 1985など多数。

3 Gary Clyde Hufbauer, *Economic Sanctions Reconsidered*, Peterson Institute for International Economics, 3rd ed., 2009

4 https://www.brookings.edu/essay/u-s-china-technology-competition/（2023年6月1日アクセス）.

5 Susan Hannah Allen, "The Domestic Political Costs of Economic Sanctions," *The Journal of Conflict Resolution*, Vol. 52, No. 6（Dec., 2008）, pp. 916–944.

6 Bryan R. Early, *Busted Sanctions: Explaining Why Economic Sanctions Fail*, Stanford University Press, 2015.

7 Tor Egil Førland, "The History of Economic Warfare: International Law, Effectiveness, Strategies," *Journal of Peace Research*, Vol. 30, No. 2（May, 1993）, pp. 151–162.

8 Smart Sanctionに否定的な議論としては，Joy Gordon, "Revisiting Smart Sanctions," *Ethics & International Affairs*, Vol. 25, No. 3, 2011, pp. 315–335が詳しく，肯定的な議論としては，George A. Lopez, "In Defense of Smart Sanctions: A Response to Joy Gordon," *Ethics & International Affairs*, Vo. 26, No. 1, 2012, pp135–146がある。

9 米財務省がロシアに対する制裁をまとめている。https://ofac.treasury.gov/sanctions-programs-and-country-information/ukraine-russia-related-sanctions（2023年6月1日アクセス）.

10 佐藤丙午「エコノミック・ステートクラフト（Economic Statecraft）の理論と現実」『国際政治』第205号（2022年），14–28頁。

11 この問題は，冷戦期にも議論されており，1990年代における論点の一つであった。GAO, *Economic Sanctions: Effectiveness as Tools of Foreign Policy*, NSIAD–92–106, 1992.

12 William H. Kaempfer and Anton D. Lowenberg, "Unilateral Versus Multilateral International Sanctions: A Public Choice Perspective," *International Studies Quarterly*, Vol. 43, No. 1（Mar., 1999）, pp. 37–58.

13 CRS, "U.S. Export Controls and China," in Focus, IF11627, March 24, 2023, Update.

14 Edward R. Fluet, "Conflict Diamonds: U.S. Responsibility and Response," *San Diego International Law Journal*, Vol. 7, 2005, pp. 103–124.

15 https://www.un.org/securitycouncil/content/un-sc-consolidated-list（2023年6月

1日アクセス）.

16 https://www.commerce.gov/issues/trade-enforcement/section-23 Patterson, John（March/April 1994）, “The Sanctions Dilemma,” *Middle East Report*, no. 187–188, https://merip.org/1994/03/the-sanctions-dilemma/（2023年6月1日アクセス）.

17 安全保障上の例外措置問題については，川瀬剛志「日韓紛争にみるWTO体制と安全保障貿易管理制度の緊張関係」『JIIA研究レポート』2021年3月2日，https://www.jiia.or.jp/research-report/post-44.html（2023年6月1日アクセス）参照。

18 Ian F. Fergusson, “The Export Administration Act: Evolution, Provisions, and Debate,” *CRS Report to Congress*, RL31832, July 15, 2009など参照。

19 David F. Schmitz and Vanessa Walker, “Jimmy Carter and the Foreign Policy of Human Rights: The Development of a Post-Cold War Foreign Policy,” *Diplomatic History*, Vol. 28, No. 1（January 2004）, pp. 113–143.

20 Aryeh Neier, “Human Rights in the Reagan Era: Acceptance in Principle,” *The Annals of the American Academy of Political and Social Science*, Vol. 506, Human Rights around the World（Nov., 1989）, pp. 30–41.

21 Masahiko Asada, “Security Council Resolution 1540 and International Legislation,” in eruo Komori and Karel Wellens, eds., *Public Interest Rules of International Law: Towards Effective Implementation*, Ashgate, 2009, pp. 141–164.

22 https://www.cfr.org/backgrounder/north-korea-sanctions-un-nuclear-weapons（2023年6月1日アクセス）.

23 Daniel Wertz, “The Evolution of Financial Sanctions on North Korea,” *North Korean Review*, Vol. 9, No. 2（Fall 2013）, pp. 69–82.

24 Stuart Davis, “Economic Sanctions, Communication Infrastructures, and the Destruction of Communicative Sovereignty,” in Stuart Davis and Immanuel Ness, *Sanctions as War: Anti-Imperialist Perspectives on American Geo-Economic Strategy*, Brill, 2022, pp. 63–76.

25 Haubauer, *op.cit.*

26 Dawid Walentek, “Instrumental or Symbolic? The Role of Multilateral Economics Sanctions,” https://www.peio.me/wp-content/uploads/2019/01/PEIO12_paper_19.pdf（2023年6月1日アクセス）.

27 Daniel W. Drezner and Henry Farrell, eds., *The Uses and Abuses of Weaponized Interdependence*, Brookings Institution Press, 2021.

28 https://www.eeas.europa.eu/eeas/european-union-sanctions_en（2023年6月1日アクセス）.

29 https://www.cistec.or.jp/export/keizaiseisai/saikin_keizaiseisai/index.html（2023年6月1日アクセス）.

30 ただし，安倍晋三『安倍晋三回顧録』中央公論社，2023年には，制裁的な側面があったことが示唆されている。

第3章

輸出管理と自由貿易体制*
――グローバリゼーション下で技術優位の維持は可能か――

石川正樹

はじめに

第2次世界大戦の米国の勝利はその技術力の優位が大きな要因であり，戦後の米国は，共産主義諸国をはじめとする敵対国に対し技術優位を維持することを安全保障政策上の最重要の課題として位置付けてきた。同時に米国は，自ら主導する自由主義国際秩序の優位を強化するため，その主柱であるGATTやWTOによる自由貿易体制の拡大を推進してきた。

一方，技術優位の維持と自由貿易体制の間には大きな矛盾が存在している。自由貿易体制は第2次世界大戦により傷ついた日本や欧州の同盟国の経済復興を助けるという大きな戦略的役割を果たしたが，多くの国が米国の高度技術にアクセスすることにより敵対国への技術流出の可能性が高まり，また各国に米国企業のライバルとなるハイテク企業を生み出すことにもなった。米国は，こうした矛盾に対処する戦略として，自由貿易の例外としての輸出管理の実施，およびココム（Coordinating Committee for Multilateral Export Controls: COCOM）などの国際輸出管理レジームによる同盟国との協調に取り組んだ。それは，ソ連の崩壊をもっていったんは大きな成功を収めたものと見えた。

しかし，近年経済的，軍事的に急速に台頭した中国は，WTOなどの自由主義の国際枠組みの参加国でありつつ，自由主義国際秩序や西側諸国の安全保障に挑戦する存在とみなされている。覇権国の米国にとって戦後最大の戦略的競争相手の出現であり，米国の「技術優位の維持」が最も重要な対応策として議論されている。しかし，冷戦終了後に世界をおおったグローバリゼーションの下で，それは決して容易なことではないであろう。この困難な問題への対応のため，現在米国バイデン政権や日本を含めた同盟国は，輸出管理を改めて最も重要な手段として位置付ける動きを見せている。

本章では，「グローバリゼーション下で技術優位の維持は可能か」との観点から，西側諸国の主要な技術移転防止措置である輸出管理制度と国際輸出管理レジームの機能，および自由貿易体制の拡大による影響について考察する[1]。第1節で考察のための視点について整理し，第2節で冷戦期の，第3節でポスト冷戦期の米国と同盟国の輸出管理および国際輸出管理レジームの変化について考察する。第4節で米国のトランプ政権以降の輸出管理政策について整理し，第5節で米国の政策の行方について，おわりにで日本への政策的インプリケーションについて述べる。

1. 各国の輸出管理と国際輸出管理レジームの機能に関する視点

国家にとって，安全保障上の脅威と認識される国に対し，自国の兵器や高度な民生技術の移転によりその国の軍事力・国力の向上を助けてしまうことは厳に避けるべきと考えられてきた。輸出管理制度は，そうした目的のため，外国の組織・人に対し，兵器やデュアルユース製品（民生と軍事の両方の用途に利用が可能な汎用品）の輸出，およびその開発・製造・使用等に使われる技術の移転を行う場合に，事前に政府からの許可（ライセンス）の取得を義務付けるという法規制である。輸出管理は自由な貿易を制限する制度であるが，GATTや WTO による自由貿易ルールの「安全保障例外」に該当すると考えられてきている[2]。

輸出管理制度は，戦後，米国とほぼすべての同盟国が導入しており，その規制対象となる製品・技術が明確にリスト化されそれらの国に共有されてきたこと，罰則により強制力があることから，西側諸国の技術移転規制の中でも中心的な役割を果たしてきたといえる。また輸出管理を一国だけで行うことは，対象国が他国から技術を獲得してしまえば何の効果も生み出さないため，米国は輸出管理制度の導入と同時に，輸出管理に関する同盟国との協調枠組みとしてココムを設立した。こうした枠組みは現在まで形を変えて存続しており，「国際輸出管理レジーム」と呼ばれている。

なお，輸出管理制度は規制対象製品・技術の移転を永久に阻止できるものではないことに注意が必要である。特にデュアルユースの製品・技術は，企業によるビジネスの対象であり，時間の経過とともに海外への移転が生じることは避けられない。輸出管理の役割は，対象国への技術移転を遅らせ，自国の技術優位をできるだけ長く維持すること，それにより次世代の技術を開発する時間的余裕を確保することにある。

次に，米国と同盟国の輸出管理および国際輸出管理レジームの機能を検討する上で重要となる2つの視点について整理する。

1.1 輸出管理の対象国に対する脅威認識と商業的競争の相反

一つ目は，「輸出管理の対象国に対する脅威認識」と「商業的競争」という2つの要因が輸出管理にどのような影響を与えるか，という視点である。

国家において，輸出管理の対象国に対する安全保障上の脅威認識が高いほど，厳格な輸出管理の必要性が強く認識される。また国際輸出管理レジームの参加国の間で脅威認識が強く共有されるほど，高い水準の国際協調を達成することが可能となる。一方，対象国は輸出や投資といった経済活動の対象にもなりうるため，その利益が大きいほど国際的に激しい商業的競争が生じる。そうした競争は各国の輸出管理に対する緩和の圧力として働き，国際輸出管理レジームの協調をより困難なものとする。こうした脅威認識と商業的競争の相反は，**図表3-1**のように示すことができる。第2節，第3節で述べるが，冷戦期の西側諸国は「脅威認識が高く商業的競争が低い」状況にあり，ポスト冷戦期にはそれが逆の状況にあったと考えられる。

また脅威認識は，その内容によって輸出管理の運用に大きな影響を与える。対象国との関係が異なるイデオロギーや政治経済体制の間の対立と位置付けられる場合，対象国の軍事力のみならず国力全般の増大も自国の存続に対する脅威とみなされるため，対象国に対する戦略はその経済発展自体を阻害することが目的となる。Mastanduno は，こうした戦略について「経済戦争」（Economic Warfare）と呼んでいる[3]。その下での輸出管理は，対象国の軍事力強化

図表 3-1 対象国に対する脅威認識と商業的競争が輸出管理に与える影響

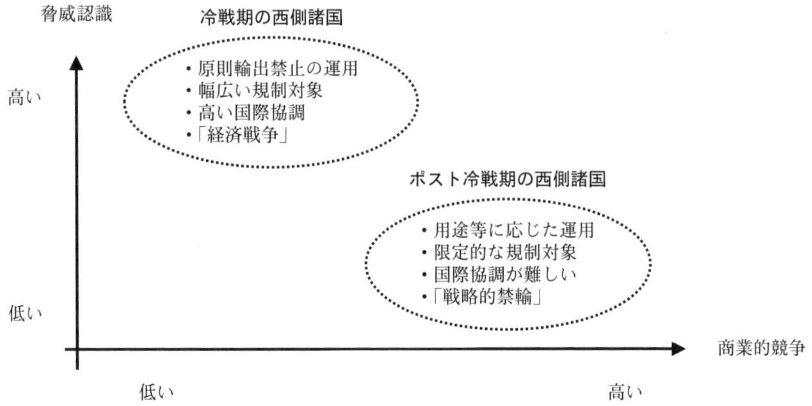

だけでなく経済発展に貢献する製品・技術について広く規制対象とすることとなり，また運用方針は全面的な輸出禁止となりやすい。

一方，脅威認識が地域的な軍事力の増強やテロなどの限定的な懸念である場合には，輸出管理の対象はそれらの活動に直接用いられる製品・技術に限定され，輸出ライセンスも民生利用が確認できれば供与されうるという運用となる。Mastanduno は，こうした輸出管理について「戦略的禁輸」（Strategic Embargo）と呼んでいる[4]。

「経済戦争」と「戦略的禁輸」は，実際の輸出管理政策ではその両方を含んだ形で実施されることが多いが，政策の変化の方向を理解する上で重要な類型化であると考えられる。

1.2 自由貿易の拡大による商業的競争の激化と技術移転の高度化

二つ目は，自由貿易の拡大が民間企業の輸出や技術移転を活発化させることにより，輸出管理にどのような影響を与えるか，という視点である。

自由貿易の拡大は，1.1 項で述べた商業的競争をより激しいものとする効果を持つ。戦後，米国の同盟国や途上国が自由貿易体制に参加したことにともない，輸出先市場の獲得に向けた各国企業の競争はより激しいものとなり，また米国から高度技術が徐々に移転し，米国企業の技術的ライバルとなる企業が多数出現する結果となった。さらに，安全保障上の懸念がある国が自由貿易体制に参加した場合，その市場の獲得に向けて米国と同盟国の企業が激しく競争することとなった。こうした商業的競争の激化により，米国や同盟国の政府は，輸出管理の実施に際して自国企業の商業的利益をより強く考慮せざるをえなくなる。

さらに，自由貿易の拡大は，国際的な企業活動の高度化を通じて安全保障上のより重要な技術の移転を拡大する効果を持つ。1976年に米国防省の諮問委員会が輸出管理制度の改革のためにとりまとめた報告書（委員長の名前から「ブシーレポート」と呼ばれている）は，多数のハイテク企業からのヒアリングに基づき，安全保障上の重要技術やその移転につながる企業活動，それに対応するための輸出管理のあり方について以下のような点を指摘している[5]。

①米国の輸出管理において，「設計技術と生産ノウハウ」の管理が米国の技術優位の維持にとって絶対的に重要である。これに比べれば，他のすべての問題は二次的なものである。

②企業の活動がより「積極的」（Active）な形態であるほど，「設計技術と生産ノウハウ」などの重要な技術の移転につながるため，厳格な輸出管理を行う必要がある（**図表3-2**）。たとえばターンキーの生産工場建設やジョイントベンチャーは技術移転について非常に効果的だが，単なる製品の輸出の技術移転効果は低い。

③受け手の国が技術移転の受入れについて明確な目標，優れた技術者，必要な部品や製造装置の生産能力などを持つ場合，より効果的に技術移転が生じる。

「設計技術と生産ノウハウ」は，単なる技術というより，「製品の開発から生産までのプロセス全体を稼働させる能力」といえるだろう。その移転は，単体製品の輸出では実現せず，設計から生産までの設備の移転およびそれを稼働させる現地エンジニア・従業員への体系的教育といった条件を満たしてはじめて実現される。**図表3-2**に示された生産工場建設やジョイントベンチャーはこうした条件を最もよく満たすものである。また，こうした活動は企業の直接投資により実施されることが多い。

受け手の国が自由貿易体制に参加した場合，外国企業による直接投資などを通じた「積極的」な活動が拡大し，重要な技術の移転が進みやすくなる。さらにその場合には，受け手の国の産業全般が国際的なサプライチェーンに組み込

図表 3-2　企業の経済活動の内容と技術移転の効果

技術移転の効果	経済活動の内容
極めて高い（厳格な輸出管理）	ターンキーの生産工場の提供
	技術ライセンスの提供（広範な人材教育を伴う）
	ジョイントベンチャー
	特定の相手との継続的な技術情報交換
	ハイテク分野の人材トレーニング
	生産装置の提供（ノウハウ移転を伴う）
高い	エンジニアリングの書類および技術データの提供
	技術コンサルティング
	技術ライセンスの提供（ノウハウ移転を伴う）
中程度	書類化された技術提案
	生産設備の提供（ノウハウ移転を伴わない）
	商業上の訪問
低い（輸出管理から除外）	技術ライセンスの提供（ノウハウの移転を伴わない）
	製品の販売（メンテナンスと操作に関するデータの提供を伴わない）
	書類化されていない技術提案
	商業用のブローシャ，パンフ
	見本市への出展

積極的活動（Active）↑
受動的活動（Passive）

注：ブシーレポートの “EFFECTIVENESS OF TECHNOLOGY TRANSFER ACCORDING TO INDUSTRY AND TRANSFER MECHANISM” から筆者作成。

まれることにより，多数の技術者や部品産業などが育成されるが，これにあわせて政府の技術移転拡大の政策が実施された場合，③の条件が満たされ，海外の技術を吸収し産業化する能力が飛躍的に高まることとなる。これらは自由貿易による重要な技術の移転拡大効果であるが，輸出管理を行う国にとっては急速に高度化する企業活動を管理するとう難問に直面することとなる。

2. 冷戦期（1949～1991年）の輸出管理と自由貿易体制

2.1　米国の輸出管理の制度化とココムの成立

米国の平時における輸出管理の制度化は，東西冷戦の開始と密接に関連していた。米国は，1947 年に「対ソ封じ込め政策」を提唱し，1949 年には米国と同盟国による対ソ連の集団安全保障組織である北大西洋条約機構（NATO）を設立した。これと軌を一にして，同年，平時では初めての包括的な輸出管理法規として「1949 年輸出管理法」が米国で成立した。その背景には，米議会の中に「技術力の向上が国防戦略において傑出した役割を果たす中，輸出管理は外交政策および安全保障の観点から重要な政策手段になる」との認識があった[6]。このため上記法律は，輸出管理の 3 つの目的として，国家安全保障，外交政策，物資の供給不足への対応をあげている。

当時米国では，欧州復興のために軍民両方の技術移転を行う必要がある一方，技術の共産圏への流出は阻止することが不可欠であったため，欧州諸国との協調による輸出管理の必要性が強く認識されていた。このため米国は，輸出管理制度の導入直後の 1949 年 11 月，NATO 加盟国を主導して共産圏に対する輸出管理の協調組織であるココムを設立した。ここで注意する必要があるのは，兵器やハイテク製品をどの国に輸出するかは，その国の安全保障政策や外交政策に密接に関係するため，政府はそうした輸出に関する国際的な制限を避けるのが通常である，ということがある。そのため，ココムの対象国は，当初ソ連と東欧諸国であったが，1950 年に勃発した朝鮮戦争への中国の参戦を受けて，1952 年以降中国も明確に対象となった。ココムは，国際条約ではなく参加国政府間の非公式な合意を根拠としており，輸出管理の実行は基本的に参加国の裁量に任せられていたが，それを制限するメカニズムも組み込まれていた。ココム参加国は，1952 年に日本が参加し，その後スペイン，豪州が参加して最終的に 17 か国となった。

ココムの機能を見た場合，参加国間で輸出禁止対象の製品・技術に関する共通リストを設定したことは，協調実現のために最も重要な枠組みであった。たとえば 1980 年代のリストは，原子力関連品リスト，軍需品リスト，産業リスト（デュアルユース製品・技術）から構成されていた。産業リストは先端材料，コンピュータなど 10 程度の技術カテゴリーを設定し，その下に規制対象となる完成品，部品，関連技術などをリストアップしており，約 3 年ごとに技術進歩などを踏まえた見直しが行われていた。

さらにココムでは，輸出管理の運用面での協調として，参加国が特定の輸出案件について禁止の例外（つまり輸出）を求める場合には，原則として事前に全参加国の承認を得ることが必要とされていた[7]。これは，西側諸国間の高い脅威認識の共有と米国の圧倒的影響力を背景として，参加国の輸出管理の裁量権を強く制限するものであり，参加国間の商業的競争の水準を低下させる効果があった。また，拒否権の行使にはその根拠を示す必要があり，共産圏について優れた情報収集能力を有する米国にとって活用しやすい枠組みであったといえる。

ココムの国際協調については，1970年代に東西雪解け（デタント）が進展すると，対共産圏貿易による商業的利益に高い関心を持つ欧州の同盟国および日本と，ソ連との軍拡競争に直面する米国との間で大きな意見の対立が生じていた[8]。欧州と日本は，デタントの下で対ソ連の脅威認識を低下させる一方，戦後の経済復興により米国に対する経済的自立性を高め，自国のハイテク産業も発展してきていた。このため，欧州および日本は，ココムリストの製品・技術は直接的な軍事利用が想定されるものに限定するべき，輸出禁止の例外はより広く認められるべき，といった主張を行うようになった。

一方米国は，1979年のソ連のアフガニスタン侵攻以降，対ソ連の脅威認識を高めていた。1981年に始まったレーガン政権は，ソ連に対する「経済戦争」というべき新たな戦略を採用し，ココム参加国の政府高官による協議の枠組みを新設して米国の戦略への同調を求めた[9]。同政権は，ココムリストについてエレクトロニクスなどの新技術の大幅な追加を主導し，輸出禁止の例外については一切認めないとの立場をとった。欧州や日本は米国に完全に同調したわけではなく，米国はココムリストの拡大などについて妥協せざるをえない場合もあったが，自国の輸出管理では一貫してココムリストよりも幅広い対象製品・技術リストを設定し厳格な執行をしていた。

2.2　GATTによる自由貿易体制の拡大とソ連，中国の不参加

戦後の米国は，自由主義国際秩序を国家戦略（statecraft）として推進しており，その主要な柱の一つが自由貿易体制である[10]。1947年に署名されたGATT（関税および貿易に関する一般協定）は自由貿易体制の基盤となる国際機関であり，戦前のブロック経済化の反省に立ち，輸出入制限の廃止，関税の

軽減，内外無差別の原則（最恵国待遇，内国民待遇など）を規定することにより，多国間の自由貿易を推進した。

特に GATT が，最恵国待遇（締約国が関税引下げを無差別にすべての締約国に波及させる）の原則の下，すべての締約国の参加による多角的貿易交渉（ラウンド）を実施した結果，各締約国は自国の輸出入全体を考慮しながら比較優位を目指して関税引下げ交渉を行うことが可能となった。これにより締約国全体による関税の大幅な引下げが実現し，1994 年に終了したウルグアイ・ラウンド後には，米国と欧州主要国の平均関税率は 3% 台，日本は 1% 台にまで低下した[11]。GATT が貿易自由化に大きな成果をあげる中，GATT の締約国数は発足時の 23 か国から 1994 年には 128 か国にまで拡大し，ほぼすべての西側諸国と多数の途上国が含まれることとなった。こうした動きに呼応して，世界貿易額は，1970 年の 0.6 兆ドルから 1980 年 3.7 兆ドル，1990 年 6.9 兆ドルと急速に拡大した[12]。

一方，共産圏の大国であるソ連と中国は冷戦期間中に GATT に加盟することはなかったが，1980 年代には両国とも GATT への参加意図を表明していた。ソ連は，1949 年に米国主導による「欧州経済協力機構」が成立したため，これに対抗する経済協力組織として，東欧諸国とともにコメコン（Council for Mutual Economic Assistance: COMECON）を発足させた。コメコンは，社会主義的国際分業を目指して各国の経済計画の調整などを行ったが，関税引下げなどの貿易自由化を推進することはなかった。その後，共産圏経済の停滞が明らかとなる中で，ソ連は 1980 年代前半に GATT への参加の意思を表明したが，西側諸国は「GATT の自由で開放的な市場システムとソ連のシステムは全く適合しない。ソ連の政府補助金は GATT の理念に貢献しない」という強い懸念を示していた[13]。1990 年，ゴルバチョフ大統領によるペレストロイカなどの政治経済改革の進展が明らかとなって，ようやくソ連はオブザーバーの地位を与えられた。

中国については，1947 年の GATT 発足時には中華民国が原加盟国として参加していたが，1949 年の中華人民共和国成立とともに大陸から台湾に移動し，1950 年には GATT から脱退した。その後 GATT には中国，台湾ともに参加していない状態が続いたが，中国は 1978 年に打ち出した改革開放政策の下で

GATT 加盟に意欲を示し，1986 年にはオブザーバーの地位を与えられた。しかし，1989 年に発生した天安門事件により米欧との関係が大きく悪化することとなり，GATT 加盟交渉を長期にわたり停滞させることとなった。

当時，「共産主義国は GATT に加盟できない」とされていたわけではなく，1970 年代までにポーランド，ルーマニア，ハンガリーなどの加盟が一定の貿易自由化の約束を行った上で認められている。しかしソ連と中国の加盟については，締約国の間に，両国は過去に加盟した東欧諸国とは比較にならない大国であり，GATT により適切に規律できるかわからない，という大きな懸念が存在していた[14]。さらに東西のイデオロギー対立がある中，両国の加盟の動機が自由貿易体制を搾取すること，あるいは破壊することなのではないかとの懐疑的な見方も存在し，西側諸国が両国の加盟について本格的検討に入ることはなかったのである。

1980 年代，自由貿易体制に参加している西側諸国は，共産圏諸国を大きく上回る貿易拡大を達成している。1980 年から 1988 年の間，世界全体の輸出に占める西側先進国のシェアは 63.1% から 70.5% にまで拡大したが，共産圏のそれは 8.9% から 9.7% とはるかに低い水準にとどまっていた[15]。また，共産圏の輸出市場としての規模は小さく，1980 年から 1987 年の間，西側先進国の輸出先に占める共産圏のシェアは 4% 前後で推移し，米国にとってはわずか 1% 台にとどまっていた。

2.3 小括

ココムは，さまざまな安全保障環境の変化や米国と同盟国の対立に直面したが，40 年以上にわたって機能し続けた。輸出市場について激しい競争関係にある米国と同盟国の間で，これほど長期にわたり輸出を強く制限する制度についての協調枠組みが維持されたことは注目に値する。

ココム存続の理由について，脅威認識の観点からは，米国と同盟国が対ソ連で高い脅威認識を共有し続けたことが最も重要な原因であった。ソ連は，冷戦当初から核戦力，通常兵力とも米国や同盟国に対抗する規模を保有し，また政治経済体制についても 1980 年代後半まで大きな見直しの動きはなかった。このため米国と同盟国は，国により程度の違いはあるものの，共産圏に対して総じて高い脅威認識を持ち続け，さらにソ連のアフガニスタン侵攻以降は，米国が「経済戦争」的な対ソ戦略を導入して同盟国に強く働きかけたため，ココムでの協調も強化された。特にココム参加国の多数を占める欧州諸国については，地理的にソ連と直接対峙する位置にあったことも脅威認識を維持する上で大きな役割を果たしたと考えられる。

一方，米国と同盟国の間の商業的競争を見ると，共産圏市場を獲得しようという競争は相対的に低い水準にあったといえる。ソ連，中国ともに自由貿易体制には組み込まれておらず，貿易自由化や外国投資の受入れを通じて経済成長を加速させることができなかった。このため，米国と同盟国にとって，共産圏市場は先進国や途上国の市場に比べてはるかに魅力が低いままであった。高い脅威認識の共有と低い商業的競争は，米国と同盟国がココムでの協調について高い水準の合意点を見つけることを容易にした。

次に，ココムによる技術移転規制の効果について考えたい。ココムの効果を数量的に評価することは，個別の製品・技術の移転に関する輸出管理や国際協調の実施状況が公表されていないため困難である。他方，米ソの技術水準を見ると，冷戦末期の時点でソ連のコンピュータや半導体製造の技術は米国に約 10 年遅れていると評価されており，またソ連の人口当たりのコンピュータの台数は米国の 100 分の 1 以下であった[16]。ソ連が多数の欺瞞工作などにより西側技術の獲得を狙ったにもかかわらず，米ソ間の技術格差が縮小しなかったことをもって，ココムは「総じて成功だった」と評価する見方がある[17]。

ここで，ブシーレポートに照らしてココムの効果を考えると，西側企業による共産圏での「積極的」な活動の程度が重要になる。これについては，冷戦末期にソ連での米ソ企業によるジョイントベンチャーは数十件程度であり，ハイテク分野では 1 件もなかったと指摘されている[18]。共産圏での「積極的」な活動は非常に少なかったと考えられるが，これは米国がブシーレポートに沿った輸出管理を厳格に実施し，かつココムを通じて他の参加国の輸出案件に対し拒否権を発動することができたことが大きな原因であったと考えられる。これらを考慮すれば，ココムによる協調は，「設計技術や生産ノウハウ」といった安全保障上の重要技術の移転を防止する上で，大きな成功を収めていたと考えられる。

また，ソ連と中国が自由貿易体制の枠外にいたことは，西側企業の活動が「積極的」なものにならなかった大きな要因であったが，加えて両国で技術者や部品産業の育成が進まず，西側の技術に対する学習能力およびそれを産業化する能力が向上しなかったという重要な効果を生じさせた。1987年の東芝機械事件をはじめ，ソ連がココム規制をかいくぐって規制対象の製品・技術を入手した事例は多数報道されており，それらについてリバースエンジニアリング（機械の分解等によって技術や製造方法を理解すること）が行われたことは確実である。しかし，十分な数のエンジニアや部品企業を保有していない状況では，技術を理解できても自国産業による量産化にまで結びつけることは非常に難しく，軍事力向上への寄与は小さかったものと考えられる。

3. ポスト冷戦期（1992〜2016年）の輸出管理と自由貿易体制

3.1　ワッセナー・アレンジメントによる不拡散型輸出管理の開始

1991年にソ連が解体され共産圏が消滅したことにより，ココムもそのターゲットを失うこととなり，1994年には解散が合意された。一方，1990年にイラクのクウェート侵攻による湾岸戦争が勃発したが，その背景には米ソや欧州諸国がイラクに大量の兵器を輸出していたことがあった。また北朝鮮や中東諸国では，核兵器や生物・化学兵器といった大量破壊兵器の開発・保有の動きが明らかとなっていた。

米国をはじめとするココム参加国は，通常兵器の過剰な蓄積や大量破壊兵器の拡散という新たな脅威の出現により，輸出管理の国際協調枠組みは引き続き必要と判断し，1996年にワッセナー・アレンジメント（The Wassenaar Arrangement on Export Controls for Conventional Arms and Dual-Use Goods and Technologies: WA）を創設した[19]。WAは，その設立文書で「地域的および国際的な安全と安定への貢献」を目的として掲げ，「通常兵器とデュアルユース製品・技術の移転について，メンバー国間の透明性とより大きな責任を推進し，地域を不安定化させる蓄積を防ぐ」としている[20]。その後，2011年の9.11同時多発テロ事件以降は，テロ防止もWAの目的として強く意識されることとなった。またWAは，対象国について「特定の国家，または国家グループを対象にしない」と明記しており，世界全体を対象にした「不拡散型輸出管理」と呼ばれている。

WAの参加国は設立当初は33か国であり，ロシア，ウクライナ，東欧諸国といった旧共産圏諸国も参加していた。その後参加国は拡大し，2017年にはインドが参加して42か国となっている。一方中国は，WAが自国への技術移転を阻害すると考えて参加希望をたびたび表明したが，米国が中国のパキスタン，イランなどへの兵器輸出や中国の脆弱な輸出管理制度を問題視した結果，中国の参加は認められずに今日に至っている[21]。

WAの主な機能としては，輸出管理の対象となる製品・技術リストの策定，および移転に関する参加国間の情報共有があげられる[22]。WAで合意されていた規制対象リストは，兵器関連品目リストとデュアルユース製品・技術リスト（その中で特に注意を必要とする品目は機微品目リストとして掲載）であり，大枠はココムリストを引き継いだものである。また情報共有に関して，デュアルユース製品・技術については拒否通報（参加国が輸出を認めなかった案件の通報）だけが行われており，実行された移転に関する情報は事後も含めて共有されなかった（機微品目リストについては拒否通報に加え，事後の移転通報が必要とされた）[23]。

WAが対象国を設定しなかった一方，1990年代後半から，米国では，中国が米国の軍事技術やデュアルユース技術の獲得を国家的に行っているという懸念が深刻化し，米国の輸出管理やWAの有効性について疑問が呈されるようになった。1999年に米議会に設置された「米国の安全保障と中国に対する軍事的・商業的懸念に関する特別委員会」の報告書では，中国が米国の先進的技術を獲得するため合法，非合法のあらゆる手段を用いていること，ココムの消滅により米国は輸出管理に関する効果的な多国間協調の手段を失ったことなどが指摘されている[24]。

また2002年，米国会計検査院は，中国の半導体産業の急速な発展に関する報告書を議会に提出したが，その内容はWA下での輸出管理の問題点を明確に示すものであった。同報告書は，中国の半導体製造技術の急速な向上により米国との格差は一世代以下に縮小しており，中国の軍事的近代化に貢献していること，米国の輸出管理は半導体製造装置の中国向け輸出のほとんどを許可していること，WA参加国の中で米国だけが中国向け輸出に関し懸念を持っており，米国が中国向け輸出を認めなかった半導体関連装置についてドイツや日本が輸出しているケースが多数見つかっていること，といった事実を指摘し輸出管理制度の見直しを求めている[25]。

3.2　中国のWTO加盟と技術移転の拡大

1995年，WTO（世界貿易機関）はGATTを発展解消する形で設立された。WTO協定のカバーする範囲は，物品の貿易に加え，サービス貿易，貿易に関連する知的所有権などに拡大され，紛争解決手続も強化された。WTOには2001年に中国，翌年に台湾，2012年にロシアが加盟し，現在締約国は164か国・地域にまで拡大しており，まさに冷戦後の世界経済のグローバリゼーションを推進する役割を果たしてきた。

中国はGATT加盟申請を1986年に行っており，最終的にWTO加盟を果たすまでに15年という長期間を要している。米国は，中国のWTO加盟交渉の鍵を握る立場であったが，1989年の天安門事件による人権問題により慎重な立場となり，また従来から重要産業支援の産業政策を行っている共産党政権が市場開放を実行できるのか，という懸念が強く意識されたことが交渉長期化の要因となった[26]。

しかし，1993年に就任したクリントン大統領は中国に対する戦略を大きく転換して「建設的関与政策」を打ち出し，中国のWTO加盟について明確な支持を表明した。米国は，中国とのWTO加盟交渉の中で最大限の自由化措置を約束させるべく取り組み，WTO協定本体に含まれない国有企業などに関する義務を定めた加盟議定書，中国に対するアンチダンピングなどの貿易救済措置の要件緩和などを合意した。

クリントン大統領は，1997年の演説の中で「中国が自由市場，政治的多元主義，法による支配を支持し，米国とともに安全な国際秩序を建設する大国として出現することは，米国民にとって大きな利益となる」と述べている[27]。米国の政策転換は，冷戦終了後の朝鮮半島危機，台湾海峡危機といったアジアの安全保障環境の変化の中で，中国を自由貿易体制に統合してその改革を推進することにより，アジアの信頼できるパートナーとすることを意図していた。その背景には，米国が敵国だった日本やドイツを自由主義国際秩序に取り込むことにより民主主義国に変貌させたという成功体験があったであろう。

一方中国は，WTO 加盟時から「社会主義市場経済」を目指すという立場を明確にとっていたと主張している。しかし，中国の改革について楽観的な見通しを持っていた西側諸国がその言葉の意味するところを理解していたとは考えられない。当時の中国の WTO 加盟に関する首席交渉官は，「他国は，なぜ市場経済に社会主義という言葉を加えることが必要か，それがどのような違いを生み出すかについて理解できなかった」と述べている[28]。また，WTO 加盟時に中国は「途上国」であることを強調しており，途上国は経済発展の進捗と段階に応じて市場開放を行うことが必要だと主張している。

こうして WTO 加盟を達成した中国の経済は，その後驚くべき経済成長の加速や貿易額の拡大を実現しており，加盟が与えたインパクトが極めて大きかったことがわかる。GDP 成長率は加盟後急上昇して 2007 年に 14.2% を記録し，2010 年代を通じて 6% 以上の成長率を維持した。その結果，世界の GDP に占める中国のシェアは，2001 年の 4% から 2017 年には 15% にまで拡大し，世界の輸入額に占めるシェアも同期間に 5% から 13% にまで拡大している[29]。

また，技術移転の観点から注目すべきは，西側諸国からの中国向け直接投資が急速に拡大したことである。冷戦後のグローバリゼーションの下，西側企業は海外への直接投資による現地生産を積極的に展開しており，中国は最も重要な投資先国となった。たとえば米国と日本の対中直接投資残高は，2000 年から 2020 年の間に両国とも 10 倍以上に拡大している（**図表 3-3**）。直接投資の拡大は，生産工場建設やジョイントベンチャー設立をともなうことから，ブシーレポートで指摘された「設計技術と生産ノウハウ」の移転が大幅に拡大したと考えられる。

一方中国は，WTO 加盟により外国企業との競争が激しくなる中，自国の技術力向上を国家目標として打ち出した。2006 年に発表された「国家中長期科学技術発展計画」では，中国が国際競争で主導権を握るには技術力のある企業を育成することが必要であるとし，「自主創新」（中国固有のイノベーション）を国家戦略として打ち出した[30]。ただし同計画は，外国企業からの技術の取り込みの重要性も指摘し，輸入した技術の模倣や吸収を強調しており，外国企業

図表 3-3 米国，日本の中国向け直接投資残高の推移

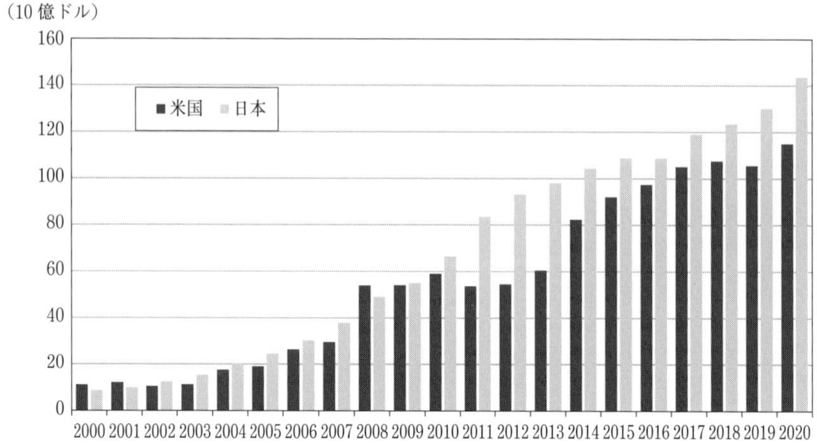

注：米国は投資時の金額による。日本は円建てで公表された数値を日銀インターバンク・期末レートによりドル換算。

出典：米国は商務省経済分析局，日本は「本邦対外資産負債残高統計」(財務省，日本銀行)，「外国為替相場」(日本銀行) よりジェトロ作成。

に技術窃盗の懸念を抱かせている[31]。さらに 2010 年に公表した第 12 次 5 か年計画で次世代 IT など 7 分野の戦略的新興産業の育成方針を公表するとともに，「外資を一層適切に利用するための国務院の意見」として，外国からの先端製造業などへの投資を奨励する方針を示した。自主創新の政策は，外国企業には「技術ナショナリズム」の出現とも見えるものであり[32]，現在の技術優位をめぐる米中競争に向かうターニングポイントであったと評価できる。

イノベーション能力強化の政府方針の下，中国では，外国企業の中国市場への参入に関し，現地企業とのジョイントベンチャー設立の義務化や投資比率の制限，政府調達における技術移転要求，政府の技術基準に関連した技術情報開示義務など，技術移転の拡大に向けた幅広い措置が導入された[33]。

たとえば中国の鉄道システム市場について見ると，2000 年代前半までは欧州企業が市場の約 2/3 を占めていたが，2009 年に高速鉄道システムの入札が行われる際，中国政府は外国企業に対し，国営の鉄道システム企業とのジョイントベンチャー設立 (外国企業の出資比率は 49% 以下)，最新のシステム設計の提供，70% のローカルコンテントなどを条件として求めた[34]。外国企業はこの条件の下で入札に参加したが，その後の国営企業の技術水準に相当な上昇が見られたことから，外国企業からの技術移転が大きく寄与したと考えられる。また多くの西側企業は，中国に「イノベーションセンター」を設置して研究開発や設計を行っているが，これは各種の中国製品優先の規制への対応のために必要となった面も大きいと考えられる。こうした拠点の設置はまさに「積極的」な活動であり，中国企業や大学との共同研究や人材育成を通じて高度な技術・ノウハウの移転につながったであろう。

中国の技術移転政策の強化に直面して西側企業の懸念は急速に高まった。2010年には，北京の米国商工会議所が自主創新政策に関し強い懸念を示す報告書を公表し，技術移転を強制するために幅広い産業政策が用いられていること，外国企業は中国市場での利益獲得のために中国政府に抗議できないこと，この問題の背景には米中の間のパワーシフトがあり今までの通商問題と違うことなど，広範な懸念点を指摘している[35]。

3.3 小括

ポスト冷戦期の輸出管理について，脅威認識の観点から見ると，イデオロギーによる体制間競争が消滅したとの認識により，米国を含めた西側諸国の中国に対する脅威認識は大幅に低下し，各国の輸出管理を緩やかなものにしたと考えられる。

また，WAはココムと比較して3つの点で大きな違いがあり，国際協調を実現する機能は大きく低下していると考えられる。一つ目の違いは，WAでは，ココムと異なり参加国共通の対象国が合意されていないことである。いうまでもなく，対象国が特定されない国際協調は低い水準にとどまらざるをえないが，「不拡散」という目的の下で多様な安全保障上の利害を持つ参加国がコンセンサスを作ることは困難であった。

二つ目は，WAの参加国（42か国）がココム（17か国）よりはるかに多いことである。「WAの国連化」とも呼ばれる状況の下，新技術の追加などの規制対象リストの見直しについて，参加国の利害が錯綜してしまい，技術革新にあわせて迅速なリスト見直しを行っていくことが困難となった。

三つ目は，WAでは，輸出管理に関する参加国の裁量について制限がなくなったことである。ココムでは，参加国が輸出禁止の例外を求める案件について事前の通報および拒否の手続が定められていたが，WAには設定されていない。高い情報収集能力を持つ米国が他国の輸出案件に介入ができなくなったわけであり，輸出管理の実行面での協調水準は大幅に低下した。

また，WAでは，輸出管理実施のベストプラクティスとして，最終需要者や最終用途のチェック，およびそれらを確認する保証書の取得などが示されている[36]。これは，ソ連のような国家主導の経済体制の国が消滅したため，輸出先が私企業で，かつ用途が民生であれば輸出を認められるとの運用方針によるものであり，「戦略的禁輸」に近い考え方といえる。しかし中国が民間産業のイノベーションの成果を中国軍と軍需産業に取り込むという「軍民融合」政策を推進していることを考慮すると，最終用途が軍用か民生かを輸出管理の判断基準とすることは，軍事転用防止の観点から実効性に大きな疑問が生じざるをえない。

一方，商業的競争の観点からは，中国市場に関し西側企業は激しい競争にさらされることとなった。中国は，経済成長により市場としての重要性を急速に高めるとともに，生産拠点としても「世界の工場」と呼ばれ西側企業のサプライチェーンの中で中核的な役割を果たすようになった。またG7以外の西側諸国や韓国，台湾，イスラエルなどの国にも高い技術力を持つ企業が生まれ，商業的競争の圧力をさらに高めることとなった。西側企業が競争に打ち勝つためには，直接投資などによる「積極的」な活動を中国で拡大する必要があり，それに必要な製品・技術については，輸出管理の対象であっても西側政府は移転を容認せざるをえない場合が多かったと考えられる。

さらに中国の自由貿易体制への参加は，その技術学習能力と産業化能力を飛躍的に高めた。特に西側企業の直接投資の大幅な拡大により技術力ある企業や優れたエンジニアが多数育成された結果，学習した海外技術による製品を短期間で国産化し，軍事分野などに活用していくことが可能となった。中国は多くの産業分野で部品・素材から完成品までを自国企業により生産することに成功している。この点は，自由貿易体制へ参加せず技術学習能力や産業化能力を高められなかったソ連との決定的な違いといえるだろう。

中国の軍事面，経済面での影響力が拡大する中で，中国の多岐にわたる技術移転政策は，西側諸国から「強制技術移転」（Forced Technology Transfer）と呼ばれ，市場歪曲的な措置として強く批判されるようになった[37]。一方，中国政府は，外国企業からの技術移転はあくまで自主的な経営判断によるものだと主張している[38]。

自由市場への参入を求める外国企業に対し技術移転を求める政策は「市場と技術の交換」といわれ，経済発展の戦略として中国以外の国でも多くの例が見られる。これについて，従来から WTO ルールとの整合性が議論されてきたが，WTO は GATT 同様，物品に関する貿易制限を禁止することを中心としており，技術移転や投資に関する措置は明示的なルール違反とならない場合が多い。たとえば，製造業分野でのジョイントベンチャー設立義務，出資比率制限などの措置は，WTO に規律するルールがないと指摘されている[39]。また政府調達に関連する技術移転要求は，WTO 政府調達協定により規律されているが，中国などの国は同協定を受諾していないためルールに拘束されない[40]。

しかし，西側諸国は，中国の経済・貿易が世界最大規模となっていることを考慮すれば，WTO に明文の規定がない分野でも「内国民待遇」などの基本原則に基づいて政策を WTO に整合的に規律するべきと考える。米国の経営学者である Hout と Ghemawat は，2010 年の論文で，中国の技術移転政策の問題は，米国の関与と相互依存により資本主義と社会主義が統合するという楽観的前提に疑問を投げかけており，中国の規制が WTO などの多国間合意の（文言でなくとも）精神に巧みに違反していることは驚くべきことだと指摘している[41]。

強制技術移転の問題は，貿易について「WTO ルール」と「国際戦略」のどちらを優先するのかという，自由主義国際秩序にも深く関係する問題を浮き彫りにすることとなり，トランプ政権以降の米中間の最大の争点となる。

4. 米中の技術覇権競争のはじまり（2017 年〜）とその影響

4.1　米国の対中脅威認識の高まりと経済政策の見直し

2010 年代後半に入り，多くの専門家により，中国が経済力，軍事力で米国に迫りつつあることが指摘された。中国の GDP は 2030 年代前半には米国を追い抜くとの予想が示され，軍事力でも東アジアでは米国に拮抗しつつあると評価されている[42]。「冷戦の終わり」は完全に終わりを告げ，2017年に始まった米国トランプ政権と続くバイデン政権では，中国の急速な技術力向上や南シナ海での大胆な軍事的活動などに直面し，従来の対中関与政策の失敗と新たな戦略の必要性が明確に認識された[43]。

トランプ政権が2017年12月に公表した「国家安全保障戦略」では，中露は国際秩序を自分たちに有利なように変更しようとしていると指摘し，「前世紀のものと考えられていた大国間競争が帰ってきた」と明言している[44]。さらにバイデン大統領は，就任後初めての記者会見で，中国の目標は世界で最も強力な国家となることであると指摘し，米中関係を「民主主義と専制主義の闘争」と形容している[45]。こうした対中国の脅威認識の高まりの下，米国の覇権的地位を支える上で最も重要な「技術優位」の維持が安全保障政策上の最重要の課題として位置付けられた[46]。

また中国との貿易関係について，トランプ政権はWTOへの不信を明確に表明した。2018年，米通商代表部（USTR）は中国に関する年次報告書の中で，WTOルールは中国の市場歪曲的な行為を制限するために十分でないとし，「中国に自由貿易を受け入れさせることができない条件の下で，中国のWTO加盟を支持したことは誤りだった」と述べている[47]。その後米国は，中国の技術移転や知的財産権に関する政策に関し，WTOルールではなく自国の単独措置である通商法301条に基づく調査を行った。同調査は中国の政策を「不公正」，「差別的」と結論付け，広範な中国製品の輸入に対し追加関税を課すにいたっている[48]。

続くバイデン政権においては，中国に対し一方的に不利益措置をとるといった動きは見られなくなったが，中国の台頭へのより本質的な対応として，米国自身の経済政策を根本的に見直そうとする動きが顕著になっている。2023年4月，サリバン安全保障担当大統領補佐官は，「米国の経済的リーダーシップの刷新」に関する演説の中で，中国を現在の国際経済秩序に統合したことが米国への深刻な挑戦を提起していると指摘し，「米国の数十年にわたる自由化により生じた外国への経済依存は，他国により経済的あるいは地政学的な梃子として悪用されうる」，「米国の国際経済政策は，貿易自由化にとどまらず，多様化した強靭なサプライチェーンの構築という現在の問題に対処する必要があり，貿易政策はそうした経済戦略に完全に統合されたものであることが必要である」と主張している[49]。こうした主張は，WTO をはじめとする自由主義国際秩序に中国を統合したことがその行動変化につながらなかったことから，むしろ米国自身が，経済政策の重点を伝統的な「自由貿易」や「市場メカニズムの重視」から，「安全保障重視の産業政策」に大きく変化させざるをえなくなったものと見ることができる。

4.2 米国の輸出管理政策の新しい重点：新興技術とチョークポイント技術

米国はトランプ政権以降，輸出管理政策についても大きな見直しを行っているが，これには，2013 年に始まった習近平体制の下で中国が「中国製造 2025」や「軍民融合」といった国家戦略により，産業，軍事の両面で技術力向上を強力に推進してきていることが大きな影響を与えている[50]。「中国製造 2025」は 2015 年から開始され，技術・イノベーション力の獲得・強化により，2025 年に戦略的な製造業セクターで国際競争力のある企業と産業集積を創出することを目指すものである。「軍民融合」は，技術水準の向上により中国軍を世界レベルの軍隊とすることを目的として，急速に進展する企業・大学のイノベーションと中国軍や軍需産業を連携させることにより，経済と軍事の発展を同時に達成しようとするものである。

一方，近年，米国においては，研究開発費の 70% を民間セクターが支出するなど，イノベーションの中心が政府から企業や大学に移っており，そこから生み出される AI，量子コンピュータなどの独創的な新技術（新興技術（Emerging Technology））は「ゲームチェンジャー」として産業，軍事の両面で国家の競争力を一変させる力を持つとみなされている。中国の「中国製造 2025」などの国家戦略も競争力の鍵として新興技術の開発・活用に力点を置いている。米国は，中国の戦略が自国や同盟国の技術の獲得を目指すものとして強い危機感を抱くこととなり，新興技術を厳格な輸出管理や対内投資規制の対象とすることの必要性が強く叫ばれるようになった[51]。さらに，米国の安全保障専門家からは，開放性を重視する米国の企業や大学が中国と交流すれば技術や研究成果の一方的な流出につながるとの懸念から，米中間の技術面での交流を遮断する「技術デカップリング（分離）」（Technology Decoupling）が必要と

図表 3-4　国際輸出管理レジームの規制品目と新興技術・基盤的技術の比較

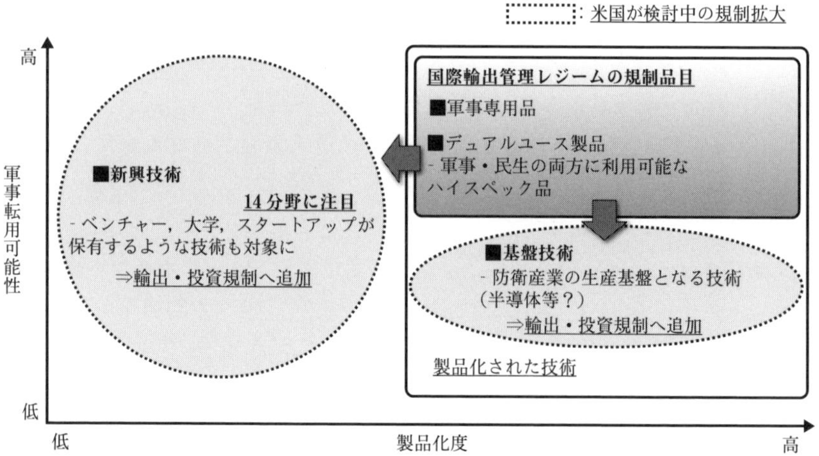

出典：経済産業省産業構造審議会通商・貿易分科会安全保障貿易管理小委員会中間報告（概要）2019 年 10 月 8 日。

の主張が頻繁に行われている[52]。

米国政府は公式に「技術デカップリング」への支持を表明していないが，中国への技術移転規制の強化を極めて重視し，輸出管理，対内投資規制，大学・研究機関の国際共同研究の管理などの幅広い分野で強力な規制の導入を行ってきている。特に新興技術の管理は最重要課題として位置付けられており，2018 年に成立した「輸出管理改革法（ECRA）」は，米国政府に対し「米国の安全保障に不可欠な新興技術および基盤的技術」について特定を行い，輸出管理の対象に追加することを求めている。

しかし，米国政府内でさまざまな検討が行われたが，現時点で特定された新興技術はわずかであり，基盤的技術についてはゼロである[53]。特定が進まない理由については，新興技術および基盤的技術と従来の輸出管理の対象技術との違いに関し，経済産業省の審議会において示された資料（**図表 3-4**）が参考になる。これによれば，新興技術は製品化や特許化される以前の研究成果も含んだ概念であり，また基盤的技術は「防衛産業の生産基盤となる技術」というあいまいな定義となっていることから，具体的な製品や技術の特定は非常に難しいことがわかる。

こうした状況の中で，米国の「人工知能に関する国家安全保障委員会」は，2021年の報告書で，新興技術の代表例と考えられるAI技術，およびその高度化に不可欠なスーパーコンピュータと先進半導体について，その決定的な重要性と輸出管理の新しい戦略を指摘している[54]。報告書は，AI技術について，「最も典型的なデュアルユース技術」であり，それにより民生と軍事の両方で大きな競争優位が生み出されること，中国が急速にAI技術の研究開発を進めており米国の安全保障にとっての深刻な懸念となっていることを指摘している。その上で報告書は，AI技術に関する米国の優位性を確保する観点から，輸出管理を使って競争相手国のAI関連産業（スーパーコンピュータ，半導体等）の育成を遅らせるべきこと，それによる米国のコストを最小限にするため「チョークポイント技術」（その製品・技術がないとAI開発全体が阻害される技術）について同盟国と連携して輸出管理のターゲットとするべきこと，特に半導体製造装置の技術はAIに不可欠でありかつ中国はそれを米国と同盟国に依存しているため重要なチョークポイント技術になること，といった点を指摘している。

さらに2022年9月には，サリバン安全保障担当大統領補佐官が米国の技術戦略に関する演説の中で，輸出管理政策について，「今日の戦略的環境の下では，先進半導体のような基盤的な技術に関しては，競争相手国より数世代先をいくという従来の輸出管理の目標では不十分であり，今後は可能な限り大きなリードを維持することを目標とすることが不可欠だ」と述べている[55]。

この演説の直後である2022年10月，米国は，中国のAI開発における米国のデュアルユース製品・技術の活用を阻止するため，その開発に不可欠な先進半導体，スーパーコンピュータ，半導体製造装置などの幅広い製品・技術の中国向け輸出について，前例のない多様な規制措置を導入しそれを厳格に実施するという新しい輸出管理制度を導入した[56]。これは「人工知能に関する国家安全保障委員会」やサリバン大統領補佐官の演説において示された方針を最大限具体化したものと考えられる。新規制の内容については極めて多岐にわたりかつ複雑であるため，ここでは特に従来の「不拡散型輸出管理」と比較した場合の大きな変化のポイントについて以下の点をあげておくこととする。

①製品化よりも相当手前の段階にある新興技術について，その規制について

は国際輸出管理レジームでは議論途上であるにもかかわらず，米国単独で幅広い製品・技術について厳格な規制を導入している。

②規制対象国について，中国だけに限定して明示している。

③規制の運用について，広く「原則輸出禁止」という方針が明示されており，輸出先が民間企業，用途が純粋民生用といった場合でも輸出禁止となる。

④ AI関連技術という特定の分野について，前例のない網羅的な規制措置が導入されている。従来の規制措置（リスト規制，エンドユース規制，外国直接製品ルール（Foreign Direct Product Rule）など）が総動員されているだけでなく，「米国籍の個人・法人による中国の先進半導体の開発・生産への関与に関する規制」（提供する技術の水準に関係なく規制対象となる）といった，全く新しい規制方法が導入されている。

⑤半導体の製造に直接関係しない製品・技術についても，中国の先進半導体の製造施設で使われる場合には幅広く規制対象としており，上記の米国籍に着目した規制とあわせ中国の半導体産業との接触がほとんど禁止となる。

米国政府は，新規制の導入の理由として，中国政府が膨大な支援により民間セクターのイノベーションを推進し，それを軍民融合戦略により軍事力強化に結びつけようとしており，その結果中国の民間セクターへの輸出が軍事転用されるか否かの見極めが困難となっていることをあげている[57]。これを踏まえれば，今回の新規制は，「AIのような重要な新興技術について，中国の民間産業が関連する製品・技術の開発・製造能力を獲得し向上させること自体が米国の安全保障上の脅威となる」という，中国に対する新たな脅威認識に基づいて作られており，その結果規制内容は「中国の半導体産業などの発展自体を阻止すること」を目的としたものになっていると考えられる。これは「不拡散型輸出管理」とは，脅威認識，規制内容の両面で大きく異なるものであり，特に幅広い製品・技術について全面的に輸出禁止とすることから「冷戦時代の戦略が戻ってきた」と形容されている[58]。

さらに，AI関連の新規制は米国独自の措置として導入されたが，その実効性を高めるためには，半導体製造装置などについて高度な技術を持つ同盟国との協調的行動が必要であることが認識されていた。このため米国は主要な半導体製造装置メーカーを持つ日本とオランダに対し同調的な規制実施を求めており，これを踏まえた両国は2023年4月には輸出管理強化の方針を公表している[59]。

5. 今後の米国の輸出管理政策の行方

本節では，米国がグローバリゼーションの下で技術優位を維持しようとする場合に必要となる政策の方向性について3点を指摘したい。いずれについても，安全保障の確保とグローバリゼーションとの間にある矛盾を浮き彫りにするものであることに注意が必要と考える。

1点目は，新興技術に関する厳格な輸出管理が拡大していくことが予想される。AI関連の新規制の導入により今後の輸出管理強化の方向は明らかになっているが，サリバン大統領補佐官は，新規制について「基盤的技術に関し狭い庭を高いフェンスで守る」と述べている[60]。これは，グローバリゼーションの下で規制対象分野の単純な拡大は米国経済への悪影響が大きいため，AIなどの決定的に重要な技術分野に限定して輸出の全面禁止という厳しい輸出管理を実施していく，という方針を述べたものと考えられる。これは，中国との関係で高い脅威認識を持ちつつ，高い商業的競争にもさらされているという現在の米国が置かれた状況への対応として編み出されたものであり，「グローバリゼーションの下での冷戦型輸出管理」と呼ぶことができるだろう。

ここで米国の技術優位の維持の観点からは，AI関連の新規制が，今後「狭い庭」を対象にしたものにとどまるのか，それとも対象技術分野を拡大させていくのか，が注目される。これについては，中国の軍事力強化に貢献する新興技術はAIに限らず多数あり，中国がその開発・製造能力を育成する戦略を近い将来に変更するとは考えられないため，米国は輸出管理強化の対象技術分野を広げる方向に向かわざるをえないと考えられる。

こうした方向は，米国の技術優位の維持には相当程度貢献すると考えられるが，他方で2つの大きな問題を発生させる。1つ目は，米国企業の対中国ビジネスが大きく阻害される可能性である。新興技術は非常に幅広い技術の複合体であるため，規制対象に追加された場合，実際に規制される個別の製品・技術が際限なく広がってしまいかねない。この問題を緩和する一つの方策は，追加される技術分野に関するチョークポイント技術を特定（AI関連であれば先進半導体技術）し，それに焦点を当てた規制を行うことにより「最小の規制で最大の効果」を実現することである。このため，今後米国にとって各技術分野のチョークポイント技術をいちはやく特定することが技術優位の維持のための重要課題となるであろう。2つ目は，WTOルールとの整合性の問題である。冷戦時と異なって中国が自由貿易体制に参加している今日，中国への全面禁輸措置を含めたAI関連の新規制はWTOルール（安全保障例外）の範囲内なのか，が論点となる。すでに2022年12月，中国は米国の措置を不当としてWTOの紛争処理手続きを開始している[60]。現時点でこの手続きの中で行われる議論の内容は予想できないが，米国においては，WTOルールが中国を適切に規律できないことこそが，米国の安全保障に対する深刻な脅威を生み出しているとの認識がある。このため，「安全保障例外」に関する議論は，単なるルールの当てはめの問題を超えて，「不完全なWTOルールの下で，安全保障のためどの程度貿易を制限できるか」という，現在の自由貿易体制と安全保障の間の矛盾に直接関係する問題を提起することになるだろう。

2点目は，輸出管理に関する同盟国との新しい協調枠組みの構築である。多国間の輸出管理レジームであるWAについては，2022年に参加国のロシアが同じく参加国のウクライナに侵攻しており，国際協調の場として機能しなくなっていることは明白である。こうした中，米国は中国向けの輸出管理について，同盟国との間で脅威認識の共有と商業的競争の制限を行うための新たな枠組みを必要としている。そのため，米国は，まずチョークポイント技術を有する少数の同志国（like-minded countries）による協調枠組みの構築を目指すであろう。そうした枠組みは参加国が少なく，かつ対象技術が絞られているため，高い水準の協調を実現することが可能となる。すでに米国は，AI関連の輸出管理について，半導体製造装置というチョークポイント技術を持つ日本とオランダとの間で協調的な輸出管理の実施を実現しており，これが今後の同志国間協調のモデルとなる可能性が高い。一方，同志国が協調行動をとる場合，米国同様にWTOルールとの整合性の問題が生じるため，これについても米国と同志国が足並みをそろえて対応を行っていく必要がある。

さらに，WAの機能不全が続けば，米国と同盟国による新たな多国間の枠組みの必要性も検討されるであろう。米国の輸出管理の専門家からはら，ウクライナ侵攻に関する対ロシア制裁の際に，米国と同盟国が広範な製品・技術について迅速に輸出禁止を合意し実行していることから，こうした協調が「新ココム」につながっていく可能性があるとの指摘がある[61]。他方，欧州の同盟国は，中国については直接軍事的に対峙する地理的位置にないため，脅威認識は米国および日本よりも相対的に低いものと考えられる。このため，新たな多国間の枠組みが検討される場合には，まず日米欧の間で脅威認識の共通化を進めることが不可欠である。2022年のNATOサミットでは中国に焦点を当てた「戦略的構想」（Strategic Concept）が合意されており，共通認識形成の取り組みが始まっているといえるだろう[62]。

3点目は，輸出管理以外の技術移転規制の導入拡大である。グローバリゼーションの下での米中関係は，物品の貿易に加え，直接投資，金融，大学・研究機関の共同研究などの幅広い分野で緊密になっている。特に新興技術に関する知識やアイディアは，従来型の貿易よりも投資，人的交流などを通じて移転される場合が多いことから，そうした活動に対する技術移転規制を導入する必要性が強く認識されるようになってきている。このため，すでにトランプ政権時代には，中国を念頭においた対内投資規制の抜本的強化，中国企業の米国資本市場への参加制限，米国の大学・研究機関の国際共同研究の審査制度などの規制が導入されている。今後，米国の脅威認識がさらに高まれば，他の分野でも新たな規制が導入されると予想される。例えばバイデン政権では，新興技術分野での対中国の投資を規制する制度の新設が検討されている[63]。これは，米国の対中投資が新興技術関連の企業に向かっていること，対中投資による工場建設などによる技術移転効果が大きいことなどが理由として考えられる。しかし，従来対外投資による技術移転は輸出管理により規制されており，対外投資自体の規制は経済制裁の対象国などにしか実施された事例がない。対外投資は現在のグローバリゼーションの原動力であり，規制が導入されれば，「技術優位の維持のためにサプライチェーンの国際化を本格的に制限する」という政策転換に向けた重要な一歩になるものと考えられる。一方，こうした新しい形の規制措置も実効性を上げるためには国際的な協調が必要であり，かつ米国産業界にとっては自分たちだけが競争上不利な立場に置かれることは受け入れ難いため，米国は同志国などによる協調行動を求めていくであろう。しかし現時点で日本や欧州にとって，中国は市場，サプライチェーンの両面で大きな役割を果たしていることから，米国にとって国際協調の実現は難しい挑戦となるであろう。

おわりに：日本への政策的インプリケーション

最後に，米国の技術優位の維持に向けた動きが日本に与える政策的インプリケーションについて述べたい。

1点目は，今後米国が少数の同志国による協調を目指す中で，日本は新たな政策的対応が必要となることである。日本は長らく国際輸出管理レジームでの合意や西側諸国の協調を輸出管理の根拠とし，対象製品・技術についても国際的に合意された規制対象リストについて忠実に実施するとの方針をとってきた。しかし，チョークポイント技術などに関する同志国間の協調は，参加国が同盟国のごく一部に限られ，規制対象はWAなどの規制対象リストの枠外の製品・技術となる。したがって，日本が同志国協調に参加する場合，輸出管理の根拠や規制対象について，新たに政策的必要性，法令上の枠組みなどについて整理し，国民や産業界に適切に説明を行っていく必要がある。

2点目は，日本として，新興技術やチョークポイント技術に関する動向を迅速に把握し分析する能力（技術インテリジェンス）を早急に構築していくことが必要となっていることである。日本の企業や大学もこれらの技術について海外と競い合って急スピードで研究開発を行っており，日本が自らの技術を守っていくためには，最新の研究開発・利用動向や安全保障政策上の重要性について把握・分析することが決定的に重要となる。また米国主導の同志国協調に参加する場合，独自の技術インテリジェンスを持っていなければ，他の参加国と対等に議論し日本の利害を反映させていくことは困難である。

米国では，国防省や政府系研究機関において多数の科学者・エンジニアが技術評価に携わっており，政府の技術インテリジェンスの中核を担っている。彼らの多くは，政府と企業・大学を行き来してキャリアを形成しており，彼らの持つ政府内外の専門家とのネットワークが，急速に進む民間のイノベーションを把握するための基盤となっている。日本においても，政府内に技術インテリジェンスを担当する部局を早急に設置し，論文や特許などの公開情報の分析，民間専門家とのネットワーク形成などを通じて，新興技術などに関する総合的な知見を蓄積できる組織体制を作ることがきわめて重要である。2022年に成立した経済安全保障推進法では，重要技術の調査研究を行うシンクタンクの設置が規定されており，これが技術インテリジェンス向上のために官民をつなぐ結節点の役割を果たすことが強く期待される。

3点目は，米国が中国との関係で貿易，投資，金融，人的交流などの幅広い分野で規制を強化する動きがある中で，日本の政府・企業は国際的なサプライチェーン戦略を再構築することが必要となることである。経済のグローバル化が継続する中，日本企業はサプライチェーンの国際化を進めていく必要があるが，米国の新しい対中規制の導入やそれへの中国の対抗措置により突然企業活動が制限されるリスクに直面している。米国政府は，対応策として，信頼できる同盟国を中心にサプライチェーンを構築する「Friend-Shoring」を提唱している[64]。しかしそうした対応は，日本企業にとって，生産コストの増大，中国市場へのアクセスの低下といった問題を引き起こす可能性がある。

日本企業は，「冷戦後のグローバリゼーション」と「冷戦的な米中対立」という矛盾した2つの国際的環境の下に立たされており，生き残りに向けて米中の二者択一でない，より広い視野に立った国際経済戦略が必要になるものと考えられる。米中以外の国々の中に信頼できるパートナーを見出し，市場や生産拠点として活用するという視点を含め，日本の官民が協力してグローバルな経済戦略を構築していくことが強く求められている。

【参考文献】

Axelrod, Robert (1984), *The Evolution of Cooperation*, Basic Books.（松田裕之訳『つきあい方の科学―バクテリアから国際関係まで』新装版，ミネルヴァ書房，1998年）

Carr, Edward H. (1940), *The Twenty Years' Crisis, 1919–1939: an introduction to the study of international relations*, Macmillan and Co., Limited London.（井上茂訳『危機の二十年―国際関係研究序説』岩波現代叢書，1952年）

Gerschenkron, Alexander (1962), "Economic backwardness in historical perspective," a book of essays, Cambridge, Massachusetts: Belknap Press of Harvard University Press.

Gilpin, Robert (1981), *War and Change in World Politics*, Cambridge University

Press.（徳川家広・納家政嗣訳『覇権国の交代―戦争と変動の国際政治学』勁草書房，2022年）

Gilpin, Robert (1987), *The Political Economy of International Relations*, Princeton University Press.（大蔵省世界システム研究会訳『世界システムの政治経済学―国際関係の新段階』東洋経済新報社，1990年）

Keohane, Robert O. (1984), *After Hegemony: cooperation and discord in the world political economy*, Princeton University Press.

Keohane, Robert O. (1986), *Neorealism and Its Critics*, Columbia University Press.（小林誠・石黒馨訳『覇権後の国際政治経済学』晃洋書房，1998年）

Mearsheimer, John J. (2014), *The Tragedy of Great Power Politics* (*Updated*), New York: W.W. Norton & Company.（奥山真司訳『大国政治の悲劇』完全版，五月書房新社，2017年）

Mearsheimer, John J. (2018), *The Great Delusion: Liberal Dreams and International Realities*, Yale University Press.

Mearsheimer, John J. (2019), "Bound to Fail: The Rise and Fall of the Liberal International Order," *International Security*, 43 (4), pp. 7–50.

Meijer, Hugo (2016), *Trading with the Enemy: the making of US export control policy toward the People's Republic of China*, Oxford; New York: Oxford University Press.

Waltz, Kenneth N. (1979), *Theory of International Politics*, Reading, MA: Addison-Wesley.（岡垣知子・河野勝訳『国際政治の理論』勁草書房，2010年）

【注】

* 本章は筆者個人の見解であり，筆者が所属する組織や過去に所属した組織とは一切関係がない。

1 技術優位の維持については，自国のイノベーション強化などさまざまな方策が必要であるが，本章では技術移転の防止策に焦点を当てて論じる。

2 GATT 第21条の「安全保障例外」に関する解釈については下記を参照。
WTO ANALYTICAL INDEX GATT 1994–Article XXI (Jurisprudence) ARTICLE XXI, https://www.WTO.org/english/res_e/publications_e/AI17_e/GATT1994_art21_jur.pdf（2023年1月15日アクセス）.

3 Mastanduno, Michael (1985), "Strategies of Economic Containment: U.S. Trade Relations with the Soviet Union," *World Politics*, Vol. 37, No. 4 (July 1985), pp. 503–531, pp. 506–510.

4 Ibid., pp. 510–514

5 The Defense Science Board Task Force on Export of US Technology (1976), AN ANALYSIS OF EXPORT CONTROL OF U.S. TECHNOLOGIES – A DOD PERSPECTIVE, 4 February 1976, pp. iii–8, https://apps.dtic.mil/sti/pdfs/ADA022029.pdf（2023年1月15日アクセス）.

6 US Congressional Research Service (2021), "The U.S. Export Control System and the Export Control Reform Act of 2018," p. 2.

7 Henshaw, John H. (1993), "The Origin of Cocom: Lessons for Contemporary Proliferation Control Regimes," Report No. 7, May 1993, The Henry L. Stimson Center, p. 6.

8 Kierzkowski, Henryk (1988), "Strategic Trade, Embargoes, and Imperfect Competition," In Robert E. Baldwin, Carl B. Hamilton and Andre Sapir (eds.), *Issues in US-EC Trade Relations*, 133–152, University of Chicago Press, pp. 137–138.

9 Ibid., pp. 138–139.

10 Hal, Brands (2016), "American Grand Strategy and the Liberal Order Continuity, Change, and Options for the Future," RAND Corporation, pp. 2–4.

11 経済産業省 (2013),「2013 年版不公正貿易白書」p. 288.

12 経済産業省 (2020),「令和 2 年版通商白書」p. 272.

13 "Soviet Seeks Status in GATT," *The New York Times*, April 7, 1986, Section D, Page 4.

14 Lori, F. Damrosch (1992), "GATT Membership in a Changing World Order: Taiwan, China, and the Former Soviet Republics," *1992 Colum. Bus. L. Rev*. 19, p. 29.

15 経済企画庁 (1989),「平成元年年次世界経済報告」第 3 章第 2 節 1。

16 Freedenberg, Paul Herman (1990), "COCOM in a period of change," MITJP (Series); 90–06, MIT Japan Program, p. 30

17 Oettinger, Philip H. (1994), "National Discretion: Choosing CoCom's Successor and the New Export Administration Act," American University, *International Law Review*, 9, no. 2 (1994): 559–595, pp. 561–562.

18 Freedenberg (1990), op. cit., p. 34.

19 ポスト冷戦期の国際輸出管理レジームは，WA 以外に原子力供給国グループ（核兵器），オーストラリア・グループ（生物・化学兵器），ミサイル技術管理レジームが存在する．本章では，技術優位の維持の観点から，ココムと同様に幅広いデュアルユース製品・技術を規制対象とする WA に絞って考察を行う．

20 PUBLIC DOCUMENTS Volume I Founding Document compiled by the Wassenaar Arrangement Secretariat, December 2019, https://www.WAssenaar.org/app/uploads/2021/12/Public-Docs-Vol-I-Founding-Documents.pdf（2023 年 1 月 15 日アクセス）．

21 Pan, Libiao (2017), "Looking In and Looking Out: Understanding China's Non-Membership of the Wassenaar Arrangement," A THESIS SUBMITTED TO THE MASTER OF ARTS IN NONPROLIFERATION AND TERRORISM STUDIES HONORS THESIS PROGRAM, Middlebury Institute of International Studies at Monterey (MIIS), December 2017.

22 WA の機能については WA のウェブサイトの How the WA works（https://www.

WAssenaar.org/about-us/（2023年1月15日アクセス））を参照。

23 Arms Control Association のウェブサイトの The Wassenaar Arrangement at a Glance（https://wwWArmscontrol.org/factsheets/WAssenaar（2023年1月15日アクセス））を参照。

24 Report of the Select Committee on U.S. National Security and Military/Commercial Concerns with the People's Republic of China, January 3, 1999, pp. xxv-xxxvii.

25 United States General Accounting Office（2002), EXPORT CONTROLS Rapid Advances in China's Semiconductor Industry Underscore Need for Fundamental U.S. Policy Review, pp. 9–30.

26 Nakatsuji, Keiji（2000), "Essence of Trade Negotiation: A Study on China's Entry for WTO,"『立命館国際研究』14巻1号，15–33, pp. 21–22.

27 REMARKS BY THE PRESIDENT IN ADDRESS ON CHINA AND THE NATIONAL INTEREST, THE WHITE HOUSE Office of the Press Secretary, October 24, 1997.

28 Ziyi, Zeng（2021), "China joined the WTO 20 years on: From the man who negotiated it," CGTN, May 15, 2021.

29 内閣府（2019),『世界経済の潮流』2018年 II，第1章。

30 【中国】国家中長期科学技術発展計画綱要（2006～2020年）(Tentative translation), APRC–FY2022–PD–CHN01,【仮訳・編集】国立研究開発法人科学技術振興機構アジア・太平洋総合研究センター，pp. 6–10.

31 McGregor, James（2010), "China's Drive for 'Indigenous Innovation' A Web of Industrial Policies," U.S. Chamber of Commerce, p. 4.

32 Ibid., p. 5.

33 Lee, Jyh-An（2020), "Forced Technology Transfer in the Case of China," *Boston University Journal of Science & Technology Law*, Vol. 26, No. 2, 2020, The Chinese University of Hong Kong Faculty of Law Research Paper No. 2020–18, pp. 328–340.

34 Hout, T. M. and Ghemawat, P.（2010), "China vs the world: Whose technology is it?," *Harvard Business Review*, 88（12).

35 McGregor（2010), op. cit., pp. 3–8.

36 "BEST PRACTICES FOR EFFECTIVE EXPORT CONTROL ENFORCEMENT (Agreed at the 2000 Plenary and amended at the 2016 Plenary)," PUBLIC DOCUMENTS Volume III Compendium of Best Practice Documents Compiled by the Wassenaar Arrangement Secretariat, December 2022, https://www.WAssenaar.org/app/uploads/2022/12/Public-Docs-Vol-III-Comp.-of-Best-Practice-Documents-Dec.-2022.pdf（2023年1月15日アクセス).

37 中国の「強制技術移転」に関する議論は多数あるが，たとえば Lee（2020), op. cit. を参照。

38 Lee（2020), op. cit., p. 346.

39 Lee (2020), op. cit., pp. 344–345.

40 Chow, Daniel C. K. (2013), "China's Indigenous Innovation Policies and the World Trade Organization," 34 *Nw. J. Int'l L. & Bus.* 81 (2013), pp. 84–87.

41 Hout, T. M. and Ghemawat, P. (2010), op. cit.

42 米国と中国の GDP，軍事力の比較については，それぞれ下記を参照。
Jennings, Ralph (2022), "China's Economy Could Overtake US Economy by 2030," Voice of America (VOA), January 04, 2022; Heginbotham, Eric et al. (2015), "The U.S.-China Military Scorecard: Forces, Geography, and the Evolving Balance of Power 1996–2017," RAND Corporation.

43 米国の対中関与政策の失敗に関する論考は多数あるが，たとえば下記を参照。
Campbell, Kurt M. and Ratner, Ely (2018), "The China Reckoning: How Beijing Defied American Expectations," *Foreign Affairs*, Vol. 97, No. 2 (MARCH/APRIL 2018), pp. 60–70.

44 The White House (2017), "National Security Strategy of the United States of America," December 2017, p. 27.

45 Remarks by President Biden in Press Conference, The White House, March 25, 2021.

46 下記のトランプ政権とバイデン政権の国家安全保障戦略では，技術優位の維持の重要性が強調され，そのための政策が多数盛り込まれている。
The White House (2017), op. cit; The White House (2022), "National security strategy," October 2022.

47 United States Trade Representative (2018), "2017 Report to Congress On China's WTO Compliance," p. 2.

48 301 条調査の内容については下記を参照。
United States Trade Representative (2018), FINDINGS OF THE INVESTIGATION INTO CHINA'S ACTS, POLICIES, AND PRACTICES RELATED TO TECHNOLOGY TRANSFER, INTELLECTUAL PROPERTY, AND INNOVATION UNDER SECTION 301 OF THE TRADE ACT OF 1974.

49 White House (2023), "Remarks by National Security Advisor Jake Sullivan on Renewing American Economic Leadership at the Brookings Institution", April 27, 2023.

50 中国の「中国製造 2025」，軍民融合の内容についてはそれぞれ下記を参照。
Congressional Research Service (2022b), "Made in China 2025," Industrial Policies: Issues for Congress, Updated December 22, 2022; Congressional Research Service (2022a), China's Military: The People's Liberation Army (PLA), June 4, 2021.

51 Jones, Scott (2020), "Disrupting Export Controls: "Emerging and Foundational Technologies" and Next Generation Controls," *Strategic Trade Review*, Volume 6, Issue 9, Winter/Spring 2020, pp. 31–52.

52 米中の技術デカップリングの必要性や方法についての論考は多数あるが，たとえば下記 2 つを参照。

Bateman, Jon (2022), U.S.-China Technological "Decoupling": A Strategy and Policy Framework, Carnegie Endowment for International Peace; Boustany, Charles W. and Friedberg, Aaron L. (2019), Partial Disengagement: A New U.S. Strategy for Economic Competition with China, The final report of the taskforce on transforming the economic dimension of U.S. China strategy, the National Bureau of Asian Research, NBR special report #82, November 2019.

53 Rafaelof, Emma (2021), Unfinished Business: Export Control and Foreign Investment Reforms, U.S.-CHINA ECONOMIC AND SECURITY REVIEW COMMISSION Issue Brief, June 1, 2021.

54 The National Security Commission on Artificial Intelligence (2021), Final Report, pp. 223–241.

55 White House (2022), Remarks by National Security Advisor Jake Sullivan at the Special Competitive Studies Project Global Emerging Technologies Summit, SEPTEMBER 16, 2022.

56 新規制導入に関する米国商務省のプレスリリースは下記であるが，規制の詳細については，実際の条文を確認していく必要がある。Beureau of Industrial Security U.S. Department of Commerce (2022), Commerce Implements New Export Controls on Advanced Computing and Semiconductor Manufacturing Items to the People's Republic of China (PRC), October 7, 2022.

57 Bureau of Industrial Security U. S. Department of Commerce (2022), The written presentation of Assistant Secretary Thea D. Rozman Kendler to an Open Session of BIS's Information Systems Technical Advisory Committee, November 2, 2022.

58 Mihm, Stephen (2022), "Restricting Chip Exports to China is a Cold-War-Era Strategy," *Bloomberg*, October 28, 2022.

59 Allen, Gregory C., Benson, Emily and Putnam, Margot (2023), "Japan and the Netherlands Announce Plans for New Export Controls on Semiconductor Equipment", Center for International and Strategic Studies, April 10, 2023.

60 Voice of America (2022), "China Launches WTO Dispute Over US Chip Export Controls," December 30, 2022.

61 Wolf, Kevin and Weinstein, Emily S. (2022), "COCOM's daughter?," *World ECR*, May 13, 2022.

62 NATO 2022 STRATEGIC CONCEPT Adopted by Heads of State and Government at the NATO Summit in Madrid 29 June 2022.

63 Benson, Emily and Putnam, Margot (2023), The United States Prepares to Screen Outbound Investment, the Center for Strategic and International Studies (CSIS), April 27, 2023.

64 Condon, Christopher et al. (2022), "Yellen Touts 'Friend-Shoring' as Global Supply Chain Fix," *Bloomberg*, July 18, 2022.

第 4 章

経済安全保障と通商政策：技術優位への影響[*]

西脇　修

はじめに

本章では，本書のテーマである，経済安全保障と技術優位の関係について，通商政策という視点を間に入れて論じたい。通商政策が，経済安全保障，そして技術優位に大きな影響を与えると考えるからである。

この議論の前提として，経済安全保障とは何かについての定義を見る必要がある。鈴木は，エコノミック・ステイトクラフト（ES）との対比において，経済安全保障を，「戦略的自律性」を確保し，対外的な変化に対して，国家の「独立と生存及び繁栄を経済面から確保すること」が目的と定義する[1]。また，通商政策については，ここでは，「相手国との間の貿易・投資の自由化・円滑化を推進するもの」と定義する。これらの定義を前提とすると，経済安全保障の「戦略的自律性」という概念と，通商政策による自由な貿易と投資の推進の結果としての他国との経済的な「相互依存の増大」という概念は，緊張関係にありうるものである。

ではこの経済安全保障と通商政策の関係については，実際にはどのように考えたらよいだろうか。また，経済安全保障と通商政策の関係は，技術優位にどのように影響を与えてきたのだろうか。

本章では，第 1 節で，まず経済安全保障と通商政策との関係について，第 2 次世界大戦以降の両者の関係を 3 つの時期に分けて概観し，その変遷を論じたい。また，第 2 節で，第 1 節での議論を前提に，通商政策の技術優位に与える

図表 4-1　経済安全保障と通商政策（概念図）

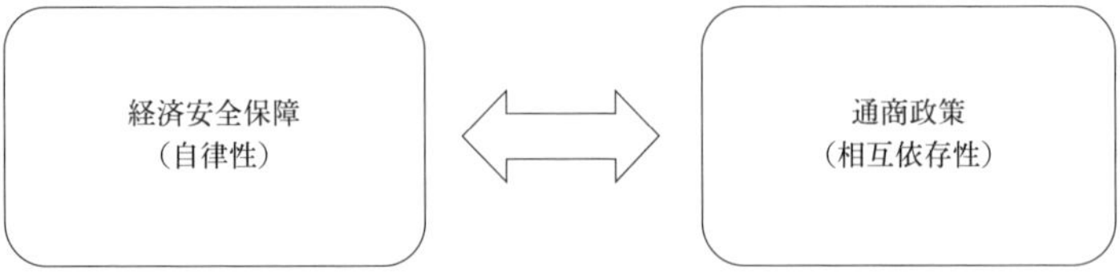

出典：筆者作成。

影響について，中国を事例に，いわゆる強制技術移転の議論も含めて論じたい。その上で，第 3 節で，第 1 節および第 2 節の議論を前提に，経済安全保障と技術優位の確保の観点から，今後の通商政策において取り組むべき課題といった，本章全体を通した政策的インプリケーションについて論じたい。

1. 経済安全保障と通商政策の関係

本節では，第 2 次世界大戦後の経済安全保障と通商政策の関係（**図表 4-1**）について，冷戦期（第 1 期），冷戦終結後のグローバリゼーション期（第 2 期），リーマン・ショック以降の中国等の新興国の急速な台頭期（第 3 期）の 3 つの時期に分け，1.1 項で，第 1 期について，冷戦期における，関税及び貿易に関する一般協定（GATT）と対共産圏輸出統制委員会（ココム，Coordinating Committee for Multilateral Export Controls: COCOM）の役割を論じる。1.2 項で，第 2 期について，冷戦終結後，中国の世界貿易機関（WTO）加盟に象徴されるグローバリゼーションが進展したことによる経済安全保障と通商政策の関係への影響を論じる。第 3 期については，1.3 項で，グローバリゼーションと安定した国際通商秩序の下，中国等の新興国が急速に台頭したことの影響を論じた上で，1.4 項で，中国等の急速な台頭の結果として，国際通商秩序が不安定化し，相互依存リスクが増大し，経済安全保障が再度前面に出てきたことを論じる。

1.1　第 1 期　冷戦期

相互依存や国際協力に懐疑的な，ウォルツらネオリアリストは，国際通商秩序のような「国際公共財」の供給は，二極なら二極に編成されたそれぞれの圏内で行われると指摘した[2]。同盟関係内に限定された国際公共財の提供であるといえる。この観点からは，第2次世界大戦後，ブレトンウッズ体制の一環として1947年に創設されたGATTは，グローバルな国際公共財というよりは，西側諸国という同盟内の国際公共財と位置付けることができる。GATTが西側諸国という自由主義陣営にとっての経済レジームであったという点は，1955年に実現した日本のGATT加盟をめぐる問題に明確に表れていた。日本のGATT加盟に英国等は，保護主義の観点等から強く反対したが，米国が強く支持した。米国は日本のGATT加盟の主たる後援者であったが，米国にとり，日本のGATT加盟は，日本を西側の経済システムに編入し，東西冷戦の文脈で日本を西側同盟につなぎとめておく，という意味を持っていた。米国は，日本が共産圏，特に中国と経済的に密接になり，ひいては政治的にも結びつくことを非常に危険視していた[3]。米国は，日本をGATTに加盟させ，自由経済秩序に結び付けるため，各国に米国が受ける2倍もの関税引き下げにおける譲歩を与え，各国の日本への譲歩を説得した，と指摘されている[4]。GATTは，非共産圏における高い水準での貿易と繁栄を意図し，米国とその同盟国の利益を調和させるものだったのである[5]。

日本がGATTという秩序，制度に加盟したことは，日本の貿易構造に大きな影響を与えた。戦前の日本貿易の地域分布は，朝鮮，台湾，中国等の近隣諸国が4割，東南アジア，北米がそれぞれ2割程度を占めていた[6]。それが第2次世界大戦を経て，近隣諸国との貿易への依存が激減し，対米，対東南アジア貿易への依存が著しく進むが，総量としては転換しきらず，1954年時点の日本の貿易水準は戦前に比べて低位と指摘された[7]。この後，日本のGATT加盟（1955年），そして1960年代半ばには英仏等欧州主要国による対日GATT35条適用の撤廃を経て，GATTの主要メンバーである米国，西ヨーロッパとの貿易が比率，量とも急拡大していく。1955年の日本のGATT加盟当初から，GATTを全面適用した米国との間では，対米輸出は，1955年には，全輸出の約22%だったのが，1965年には約29%となり，金額的にも約5倍となり，対西ヨーロッパ輸出は，1955年には，全輸出の約9%だったのが，1975年には約15%となり，金額的にも約40倍となった[8]。日本の産業構造が新たな通商秩序に合致していったのとともに，米国主導のGATT体制の下，安定的で統一的な市場が構築されたからといえる[9]。秩序と制度が貿易構造に影響を与えるのである。

同時期に，GATTと両輪で存在し，経済安全保障として機能したのが，ココム（対共産圏輸出統制委員会）である。ココムは直接的にはソ連の核実験成功を契機に，米国，英国，フランスの呼びかけにより，1949年に創設され，アイスランドを除く北大西洋条約機構（NATO）加盟諸国と日本，豪州が参加した[10]。ココムにおいては，兵器類，原子力関連品目，コマーシャル・リストの計3分野の規制対象品目リストが合意され，各国の国内制度に反映されることで実施された[11]。第3のコマーシャル・リストは，いわゆる汎用品，軍事用・民生用の両用であるデュアルユース製品を指す[12]。禁輸の対象となっている品目を共産圏諸国に輸出することを加盟国政府が許可しようとするときには，ココム加盟国の総意による「特認」が必要とされた[13]。このことにより，共産圏諸国に対する技術移転が管理された。

以上のように，冷戦期は，まずGATTという西側を中心とした国際公共財，国際通商秩序により，西側諸国間で安定した市場が提供されることで，共産圏諸国との間の経済相互依存が進展するリスク自体が管理されていた。さらにココムにより，共産圏諸国に対する個別の技術移転リスクが管理されていたといえる。いうなれば，二重のリスク管理である。そして，この二重のリスク管理により，西側は，市場規模や経済相互依存を梃子にした技術移転等のリスクに直面することなく，共産圏に対して，技術優位性を保持していったのである。

1.2　第2期　冷戦終結後のグローバリゼーション期

この元来，西側の同盟内の国際公共財という側面も有していたGATTが，1989年の冷戦終結以降，中国における鄧小平による南巡講話（1992年）に象徴される，グローバリゼーションの開始とともに，WTOへと発展した（1995年）。WTOでは，モノの貿易だけではなく，サービスの貿易や，投資，知的財産の貿易的側面も規律の対象とされた。また，紛争解決制度においては，従来の小委員会（パネル）に加えて，常設の上級委員会が設けられ，2審制が採用された。その上で，パネルおよび上級委員会の判断については，全会一致で反対がなければ採択され，加盟国が服することとなり，紛争解決機能が抜本的に強化された。

WTOは，上記のように機能が強化されるだけではなく，さらに，中国が2001年に加盟する等，加盟国も増加し，グローバルな国際公共財，国際通商秩序へと発展していった。WTO下において，加盟国は，全加盟国による交渉であるドーハ・ラウンドを2001年に開始し，さらなる自由化等の課題解決に取り組んだ。また，強化された紛争解決機能においても，米国の通商法301条や鉄鋼セーフガード等が，各国による提訴により，上級委員会の俎上に上がり，米国が敗訴し，WTOルールの規律に服することとなった。また，後には，中国によるレアアースの輸出制限が，上級委員会の俎上に上がり，中国が敗訴し，WTOルールに服することになった。WTOというレジームにおける以上のような動きは，リベラリズムがいうところの，経済相互依存により国際レジームが機能し，問題が生じてもレジームが自律的に解決する，という見本といえる[14]。

このようなWTOが提供する国際通商秩序の下，グローバル・バリュー・チェーン（GVC）が構築され，経済相互依存，グローバリゼーションがさらに進展した。この時期もココムの後継組織ともいえるワッセナー・アレンジメント等により，経済安全保障政策による貿易管理，リスク管理が行われていたが，ロシアがワッセナー・アレンジメントに参加していること等に表れているように，冷戦期のココムによるリスク管理とは性質が異なり，特定国・地域に対する目的というよりは，より普遍的な兵器・技術の不拡散を目的としていたといえる[15]。

この期間は，リベラリズムのいうところの，経済相互依存の下，国際公共財としての国際レジームが機能し，通商政策が前面に出て，経済安全保障政策が後景に退いていた時期であるといえる。

1.3　第3期①　中国の急速な台頭とパワー分布の急速な変化

2001年のWTO加盟以降，中国は急速に経済成長し，自由貿易を基調とした通商政策の前提となっていたパワー分布は，急速に変化していく。以下で，経済規模，技術優位性，中国への依存度について，概観したい。

図表 4-2　主要国・地域の GDP が世界の GDP に占める割合の変化

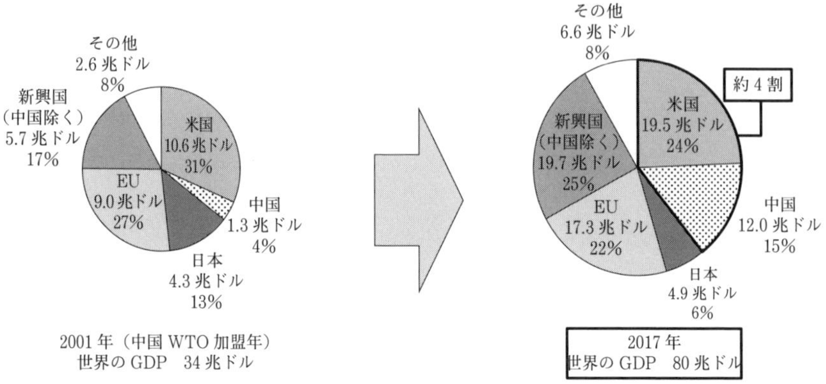

備考：IMF, "World Economic Outlook, October 2018" より作成。
出典：内閣府『世界経済の潮流　2018 年Ⅱ』2018 年。

①経済規模

2001 年の WTO 加盟当時の世界の GDP に占める中国の GDP の割合は，4% に過ぎなかったのが（**図表 4-2**），2018 年には 16% まで急拡大している[16]。米国との対比では，2001 年は 4% 対 31% であったのが，2018 年には，中国が 16%，米国が 24% となり，その差が急接近している[17]。

②技術優位性

また，経済の規模だけでなく，技術優位性についても，たとえば，世界全体の国際特許出願数に占める各国別出願数の割合は，2000 年に米国が 40% で，中国は 0.8% だったのが，2019 年には，米国が 21.8% で，中国が 22.2% と，中国が逆転した[18]。自然科学系の論文数でも，1998～2000 年の平均では，中国は世界 8 位だったのが，2018～2020 年平均では，米国を逆転し，首位に立つ[19]。引用される回数の多い Top1% 論文に絞っても，2018～2020 年平均で，中国は，米国を逆転し，首位に立つ[20]。WIPO（世界知的所有権機関）等が公表している，その国の総合的なイノベーション力を測る GII（グローバル・イノベーション・インデックス）[21] についても，中国は 2010 年から 2022 年にかけて 43 位から 11 位までランクを急速に上げてきており，主要先進国のレベルに迫りつつある[22]。

特定分野では，中国はすでに世界のトップクラスのイノベーションを起こしていると評価される。米議会の諮問機関である米中経済・安保調査委員会（USCC）は，USCC（2017）“Report to Congress of the U.S.-China Economic and Security Review Commission”においては，米中両国の技術競争力が拮抗している分野としてAI，量子情報科学，ハイパフォーマンスコンピューティングを挙げ，中国優位の分野としてエクサスケール・コンピューティング（1エクサ＝100京），商用ドローンを挙げている[23]。

また，日本経済新聞がオランダ学術情報大手エルゼビアと行った，世界の研究者が最も注目する先端技術の研究テーマ別ランキングと論文数の国別順位に関する調査では，次世代太陽電池材料の「ペロブスカイト」で始まる1位から30位までの研究テーマにおいて，中国が論文数で国別順位のトップとなったのは，ペロブスカイトやナトリウムイオン電池，光触媒等，23テーマであった[24]。

以上からは，経済規模だけではなく，技術優位の面でも，パワー分布が急速に変化し，中国が急速に米国に迫っているのが見て取れる。

③対中国依存度

さらに，WTO加盟以降の中国の台頭は，各国の貿易等における対中国依存度を急速に高めていった。2000年代初頭，貿易総額で見て米国と中国は3倍の開きがあったが，次第に米国のシェアが低下する一方で，中国のシェアが上昇し，2010年以降，両者はほぼ拮抗する（**図表4-3**）[25]。多くの地域，国は，中国への貿易依存度を急速に高めていく。このことも，中国のWTO加盟といった秩序・制度の構築が，各国の対外関係に一定の影響を与えていると考えることができる。

特定の国においては，より強い影響が出ている。2000年には，ASEANの対世界輸出に占めるシェアは，米国が19.0%，中国が3.9%と，5倍近い開きがあったが，2017年には，米国が11.1%，中国が14.0%と逆転している（**図表4-4**）。中国のWTO加盟，地理的近接性といった要因の他に，2005年1月に発効した，中国とASEANの間の自由貿易協定（ACFTA）といった秩序・枠組みの影響もあると考えられる。

図表 4-3　米中それぞれの対世界貿易総額の推移

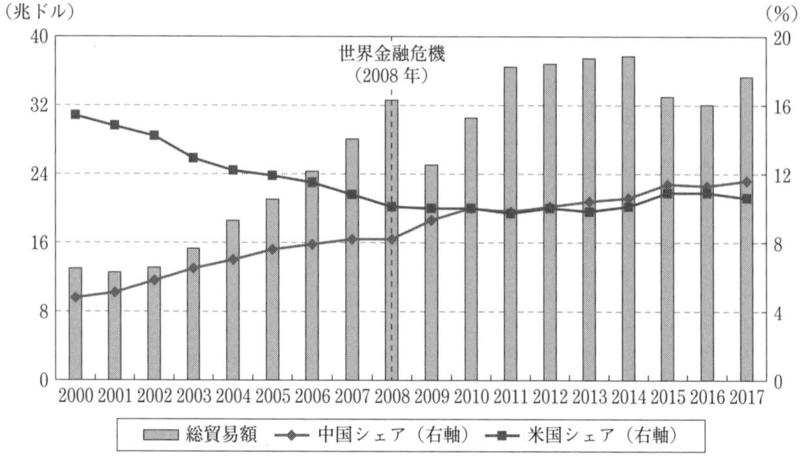

出典：通商白書 2019 年版。

図表 4-4　ASEAN 諸国の対世界輸出額と対米国，対中国のシェアの推移

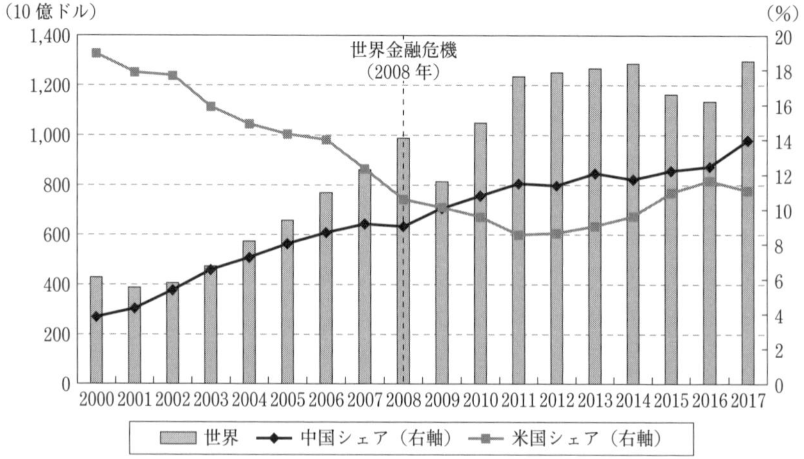

出典：通商白書 2019 年版。

また，韓国についても，対世界輸出に占めるシェアは，2000 年には米国が 22.0%，中国が 10.7% であったのが，2017 年には米国が 12.2%，中国が 25.1% と逆転している。中国の WTO 加盟，地理的近接性といった要因の他

図表 4–5　インドの対世界輸出額と対米国，対中国のシェアの推移

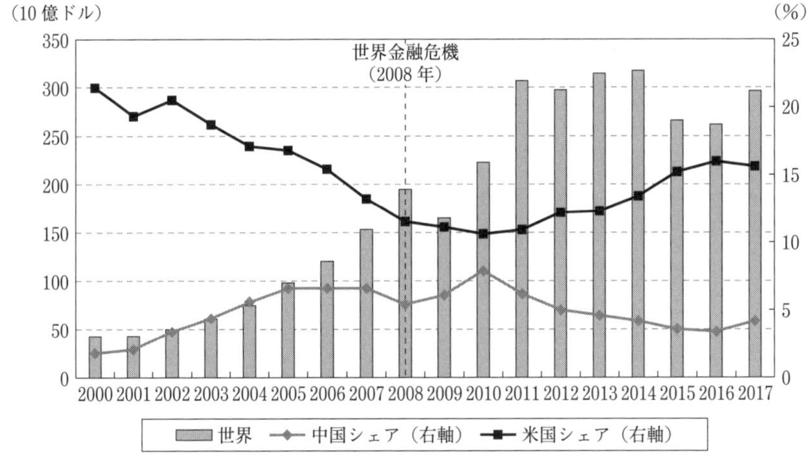

出典：通商白書2019年版。

に，2015年12月に発効し，関税撤廃が開始された中国と韓国の間の自由貿易協定といった秩序・枠組みの影響もあると考えられる。

豪州についても，対世界輸出に占めるシェアは，2000年には米国が9.8%，中国が5.7%であったのが，2017年には米国が3.9%，中国が33.4%と逆転している。中国のWTO加盟，豪州が資源国であるという産業構造といった要因の他に，2015年12月に発効し，関税撤廃が開始された中国と豪州の間の自由貿易協定といった秩序・枠組みの影響もあると考えられる。

他方で，インドについては，2018年時点で，最大の輸出相手国は米国であり，対世界輸出の15.8%を占め，中国は第3位で5.1%と，約3分の1にとどまっている（**図表 4–5**）。このことは，地理的に近くないことや，産業構造の違い，インドがアジアにおけるGVCに組み込まれていないこと等が理由として考えられるが，同時に，インドと中国とも，WTOに加盟しているものの，それぞれの鉱工業品（非農産品）の譲許税率，平均実行関税率とも高い等[26]，互いに対して貿易障壁が残り，かつ，中国とASEANとの間のような，それを補う制度としての，FTAもインドと中国の間では，存在していないことも，理由として考えられる。

1.4　第3期②　パワー分布の急速な変化と秩序の機能不全

アリソンは，この中国の急速な台頭を，「現代の中国が世界にもたらしているような急速かつ地殻変動的なパワーシフトは歴史上例がない」と指摘した[27]。また，中国の経済成長は，その市場としての大きさの影響力もあり，技術移転政策等と相まって，とりわけ技術移転が加速し，急成長したと指摘されている[28]。

中国の急速な台頭は，WTOという国際秩序・レジームの前提となっていたパワー分布を急速に変化させた。国際レジームは，一定のパワー分布を前提に構築されており，前提としていたパワー分布が急速に変化すれば，国際レジームは機能しなくなる[29]。中国の急速な台頭等を経て，WTOは機能不全に陥っていく。WTOにおいて，中国が未だ「途上国地位」を享受していることに象徴されるように，前提としていたパワー分布が急速に変化したにもかかわらず，途上国地位の見直しや，世界経済への大きな影響を持つに至った国有企業への規律強化など，機能（ルール等）をそれに見合って変えることができなかったことで，WTOは機能不全に陥る。中国がWTOに加盟した2001年に始まったドーハ・ラウンドが，10年を経て，失敗に終わったことは，その一つの例である。ドーハ・ラウンド交渉中に，中国等新興国が急速に経済成長したにもかかわらず，ドーハ・ラウンドは，いつまでも先進国と途上国を区別し，中国等新興国も含めた後者（途上国）に，より緩いルールを適用するという交渉モダリティ（方式）から脱却できなかった。上級委員会の機能停止ももう一つの例である。WTO紛争解決制度，上級委員会も，WTO加盟主要国の問題措置を十分に規律できるという前提で，機能していたと評価できる。しかしながら，中国が経済的に急成長し，パワー分布が急速に変化し，中国の産業補助金等の政策が米国をはじめとする他の加盟国の経済や世界経済全体に大きな影響を及ぼすようになった中，米国による中国産品に対するアンチダンピング税・補助金相殺関税措置が争われたケース（DS379）で見られたように中国の産業補助金がWTO紛争解決制度によって事実上規律されず，むしろ米国の相殺関税措置がWTO協定違反とされ，使いにくくなったことは，紛争解決制度が機能する前提を大きく崩したと指摘できる[30]。

このように，WTOという中国も含めた場での交渉・ルール形成機能と紛争

図表 4-6 主な貿易・投資の制約・管理強化の動き

年月	措置	カテゴリー
2018 年 7 月	米国による対中国通商法 301 条の発動	制裁関税
2018 年 8 月	米国輸出管理改革法（ECRA）の成立	輸出管理
2018 年 8 月	米国外国投資リスク審査近代化法の成立	投資管理
2019 年 5 月	米国 ECRA Entity List へのファーウェイ掲載	輸出管理
2019 年 4 月	EU における直接投資管理規制強化	投資管理
2019 年 11 月	日本における外為法改正	投資管理
2020 年 10 月	中国における輸出管理法制定	輸出管理
2021 年 6 月	中国における反外国制裁法制定	対抗措置
2021 年 12 月	EU による反威圧手段規制規則案公表	対抗措置

出典：筆者作成。

解決機能が不全に陥ったことは，経済的な相互依存のリスクが顕在化させたといえる。秩序の機能不全を受け，米国は，通商法 301 条に基づく対中制裁関税を発動し，中国もこれに対して対米制裁関税を発動した。また，米国は別途，2018 年 8 月に成立した，2019 年国防授権法において，米国輸出管理改革法（ECRA）により，新興技術の輸出管理を強化し，同じく 2019 年国防授権法において，外国投資リスク審査近代化法（FIRMMA）により，対内直接投資管理を強化した[31]。また，米国は個別の中国企業に対しても，輸出管理規則（EAR）のエンティティ・リストに，2019 年 5 月にはファーウェイとその子会社 68 社を追加し，その後も同年 8 月に 46 社，2020 年 8 月に 38 社追加する等，再輸出規制を含む輸出管理を強化していった[32]。結果として，グローバリゼーション下で構築された GVC は大きな影響を受けることになる。そして，この秩序の機能不全と相互依存リスクの増大は，2022 年 2 月に始まるロシアのウクライナ侵攻とそれに対する経済制裁等を経て，加速している。

米国の動きも受けて，日本でも 2019 年 11 月に外為法が改正され，対内直接投資における事前届出の対象の見直しが行われた。また，欧州でも 2019 年 4 月には，対内直接投資管理に関する，加盟国間での情報交換枠組みの規定を盛り込んだ新規則が発効し，EU 各国でも投資管理対象の追加が行われる等，投資管理規制が強化された[33]。欧州委員会はさらに，2021 年 12 月 8 日，他国によるEU加盟国に対する経済的威圧に対抗するための，反威圧手段規則案を公表した[34]。これらの動きに対して，中国においては2020年10月17日，中国の戦略物資やハイテク技術の輸出管理を強化する輸出管理法が制定された[35]。また，2021年6月10日，外国からの中国の個人や企業等に対する制裁措置等に対する対抗措置等を定めた反外国制裁法が制定された[36]。

以上の一連の動き（**図表4-6**）は，自由貿易やグローバリゼーションに対し，制約と管理を強めていく動きであるといえ，経済安全保障政策と通商政策のリバランスとでもいうべき事象が起きていると捉えることができる。グローバリゼーションと相互依存を進めた通商政策とそこから生じるリスクに対して，経済安全保障政策により，リスクを管理する，バランスをとるという考えである。この事象は今後も続くと考えられる。

安定した国際レジーム，グローバリゼーションの結果，中国の急速な台頭が起き，そのことにより国際レジームがその存在の前提としていたパワー分布が急速に変化した結果，パワー分布と国際レジームの機能（ルール等）の乖離が大きくなり，冷戦終結後の安定した国際レジーム，グローバリゼーションの時代が揺らぐことになる。後景に退いていた経済安全保障が，通商政策との関係で再び前面に出てくるのである。

2. 相互依存と技術移転

では経済安全保障と通商政策との関係の変遷は，技術優位，技術移転にどのような影響を与えたのだろうか。本節では，2.1項で中国を事例に，中国が国際通商秩序に参加したことで，中国に対する技術移転が進んだことについて論じ，2.2項で，特に中国に関して指摘されている強制技術移転について論じ，2.3項で貿易投資の進展と技術優位性について，小括を行いたい。

2.1　貿易投資を通じた技術移転

世界経済においては，序節で述べたとおり，2000年代以降，中国のWTO（World Trade Organization：世界貿易機関）加盟（2001年）を一つの契機に，GVC（Global Value Chain：グローバル・バリュー・チェーン）の構築が進展し，それに伴い，先進国から新興国・途上国への技術移転が加速化した[37]。具体的には，貿易投資の自由化，輸送技術や情報通信技術の発達等により，国際生産分業が深化し，産業や製品よりもさらに細かな工程／業務という単位で分業することが可能となり，その結果，途上国の企業もサプライチェーンへの参加がより容易となり，生産分業を通じて先進技術の学習機会が増え，途上国の経済成長が加速した[38]。サプライチェーン構築後の市場環境や技術環境の変化を受けて，先進国企業は，ローエンドの技術提供のみならず，自らの戦略として，先進技術の移転とサプライチェーンの高度化も進めるケースがある[39]。GVCには，このように，途上国経済の国際化・高度化の「触媒」として，経済発展のプロセスを大幅に圧縮する力があると指摘されている[40]。

このようなGVCに組み込まれることを通じた技術移転と並行して，外資による研究開発機能の移転に焦点を当てた中国の産業政策による技術移転も指摘されている。国際的な技術移転に関するOECDの報告書（2017年）は，中国については，自動車産業における中国での研究開発の義務化に見られるように，その市場としての大きさの影響力に基づく技術移転政策が行われた旨指摘している[41]。また，戸堂は，中国中関村科学技術園の事例を取り上げ，投資先で研究開発を行う外資企業が地場産業への技術移転，生産性の向上に寄与することを実証した[42]。具体的には，外資企業に勤務したエンジニアのスピンオフによる経路，地場の企業等との共同研究の過程を通じた経路，研究開発の一部の地場企業へのアウトソースを通じた経路の3つを技術伝播の経路として指摘している[43]。その上で，中国が外資企業に対して，研究開発拠点を設立することを政策的に奨励していることを指摘している[44]。以上からは，外資企業による中国での研究開発投資とそれを促進する中国の政策が技術移転につながったといえる。

以上，冷戦終結後の通商政策が前面に出たグローバリゼーションという環境があることにより，中国の労働力や市場規模等を背景とした，中国産業，企業のGVCへの組み込みや，中国に進出した外資との共同研究開発の政策的促進が可能となり，中国への技術移転が進んだといえる。

また，中国を規律する主な通商ルールである，中国に関するWTOルールが，中国経済の急成長にもかかわらず，中国のWTO加盟時（2001年）のまま，アップデートされずにいたことも，技術移転に資する環境を提供していたことも指摘したい[45]。具体的には，中国の主な産業分野で，高関税が残り，また外資規制も残り，外資は合弁を余儀なくされていた。中国の平均譲許税率は，中国のWTO加盟時に引き下げを約束した8.9%のままにとどまり，個別にもたとえば自動車（完成車）の関税は25%と高止まりしていた。また，自動車の製造については，中国側の出資が50%を下回らないとの規定（外商投資産業指導目録）が許容されていた[46]。外資の出資規制については，電気自動車等の新エネルギー自動車の製造についても引き続き行われることになる[47]。高関税が残れば，各国企業にとって，中国に対する輸出という選択肢は困難となり，製造拠点を現地に設ける必要が生じ，製造拠点を設けようとすると，外資規制により合弁が必要となり，技術移転が生じやすくなる。中国の場合，WTO加盟後の経済の急成長にもかかわらず，ドーハ・ラウンドの失敗等でWTOルールがアップデートされないことにより，上記のような有利な環境を長い期間享受した。なお，中国は，米中貿易紛争への対応の一つとして，2018年7月に，関税を自主的に引き下げ，自動車（完成車）の関税は25%から15%に引き下げられた[48]。また，同じく米中貿易紛争を受けて，2018年4月，中国は，自動車製造に関する外資規制について，電気自動車等については2018年，商用車については2020年，乗用車については2022年に撤廃する旨を発表した[49]。このことは，ルールを中国のパワーに見合って一部アップデートする行為と捉えることができ，また，中国側にはアップデートする余力があると捉えることができる。

2.2　強制技術移転をめぐる議論

①通商法301条に基づく4つの対象措置

この中国の技術移転政策については，強制技術移転という形で，トランプ政権下の米中貿易紛争時の米中協議の中で争点の一つとして取り上げられることになる。また，並行して，日米EUによる三極貿易大臣会合でも，産業補助金の問題と並んで，強制技術移転についても継続して取り上げられた[50]。

米国は2018年3月22日に公表した，対中国での1974年米通商法301条に基づく調査報告書で，以下の4つの措置による米国の技術および知的財産の中

図表 4-7 通商法 301 条に基づく USTR 報告書における 4 つの技術移転類型

①政府による裁量的な許認可手続き，合弁企業の設立要件，外資規制，政府調達等を通じた技術移転
②内外差別的なライセンス契約規律（「技術輸出入管理条例（TIER）」）を通じた技術移転
③国有企業による外国企業の買収を通じた技術移転
④サイバー攻撃を通じた技術移転

出典：筆者作成。

国への移転について指摘している[51]。

一つ目は，政府による裁量的な許認可手続き，合弁企業の設立要件，外資規制，政府調達等を通じた技術移転要求である。二つ目は，中国企業とライセンス契約を結ぶ際に市場ベースで契約するのを妨げている措置である。代表的なものとして，中国の「技術輸出入管理条例（TIER）」が取り上げられている。三つ目は，国有企業による外国企業の買収を通じた技術移転である。4 つ目は，政府による海外企業のコンピューター網への不当侵入，サイバー攻撃を通じた知的財産の窃盗である（**図表 4-7**）。

②政府による裁量的な許認可手続き等を通じた技術移転

技術移転については，米中間では，以上のような類型が挙げられたが，このうち米中協議や OECD 等での議論の中心になったのは，1 点目の，政府による裁量的な許認可手続き，合弁企業の設立要件，外資規制，政府調達等を通じた技術移転（以降，「行政措置による技術移転」と呼ぶ）であるといえる。2020 年 1 月に合意された米中合意における技術移転章でも，多くをこの行政的技術移転の規律に割いた[52]。行政措置による技術移転については，どこまでが通常の産業政策で，どこからが強制的な技術移転といいうるのか，概念の整理が必要となる。この点，米国は，対中国 301 条調査報告書では，裁量的な許認可手続きやジョイントベンチャー（JV）要求などの外資規制，明文でないルール等により技術移転を要求されているとしている[53]。

行政措置による技術移転を主な内容とする技術移転政策の実態については，OECD が 2017 年[54]，2019 年[55]にそれぞれ技術移転に関する報告書をまとめており，参考となる。具体的には，2017 年の報告書では，各国の技術移転政策として，①技術を獲得するためのキャパシティ・ビルディング，②知的財産保護政策，③外国からの対内投資促進策，④JV規制等の外国投資スクリーニング，⑤投資にあたっての研究開発（R&D）拠点設置要求等のパフォーマンス要求，⑥優遇税制などの投資インセンティブの6類型を挙げている。また，同報告書では，①中国を含む新興国においてはJV規制やパフォーマンス要求が多いこと，②たとえばR&D拠点設置要求は稀だが，中国では市場アクセスとのセットで行われており，外国企業も他国であれば拒否するが，中国の場合，市場の大きさ，魅力がインセンティブとなっている点，指摘している[56]。また，同報告書では，上記のような特定措置の履行要求については，WTOのTRIMs協定や，二国間投資協定，FTAにおいて一定程度禁止されているが十分でないとも指摘している[57]。

また，2019年報告書では，国際的な技術移転の「連続体（continuum）」という概念を示し，3つのグループに分け，第1の安全な技術移転政策として直接投資支援策等を挙げ，第2の灰色領域として研究開発のパフォーマンス要求等を挙げ，第3の懸念領域として，合弁の義務化等を挙げている[58]。

では強制技術移転と指摘されている事象の実態はどうなのだろうか。報道，公開された資料を基に，著名な以下の3つの事例について取り上げたい。

強制技術移転の古典的な例として，よく挙げられるのは，高速鉄道分野における技術移転である。2000年代に，中国市場の大きな可能性に誘引され，ドイツのシーメンスや，フランスのアルストム，カナダのボンバルディア，日本の川崎重工業等が，競わされる形で，合弁での進出と，合弁先への技術移転や生産の現地化を契約上，中国側から求められ，結果として技術移転が進んだと指摘されている[59]。この点については，日本の関係者からは，日本が進出しなくても，中国は欧州の技術により，高速鉄道網を築いただろうとの指摘がある[60]。合弁を求められたこと，他国と競うことになったことが技術移転の要因として大きいと考えられる。

また，中国における電気自動車生産の黎明期である2010年頃に，中国の工業情報化省は，新エネルギー車の産業発展計画の草案段階では，「EVの基幹部品生産の合弁は中国側の51％以上の出資を条件とする」とした上で，中国で製造販売されるEVの3基幹部品とされる電池，モーター，制御システムについて，どれか一つの技術情報を開示して現地生産することも要求と報じられている[61]。これに対して，「今の要求が続く限りは現地生産は難しい」としつつ，「ある企業が技術移転を断っても，別の会社が技術を提供する。中国市場に早めに出てシェア争いを有利に進める考え方もある」との外資自動車メーカー関係者のコメントが伝えられている[62]。ここでも合弁要求，技術情報の開示要求，市場の将来性と外資間の競争という要素が確認できる。

さらに，米中貿易摩擦の際に，『ウォールストリート・ジャーナル』が，デュポンと電気自動車メーカーの例を取り上げ，中国では，合弁での事業が求められることと，行政による許認可等にあたっての要求が組み合わさって，強制技術移転が行われていると指摘している[63]。具体的には，デュポンのケースでは，デュポンは，中国での合弁先企業に，繊維用のポリマーの製造販売を許可したが，合弁先が独自に類似製品を生産，販売しようとしたので，ライセンスを更新せず，特許侵害の仲裁を申し立てたところ，中国の独禁当局から強制捜査を受け，技術へのアクセスを要求され，ライセンスの更新も求められたとある[64]。また，電気自動車会社のケースでは，中国企業との合弁事業の許認可にあたって，中国の合弁相手には渡さないこととしていたEVの部品の設計図を求められたとある[65]。ここでも合弁要求と，行政側が行政行為の一環として，技術情報の開示を求めていることが，技術移転の要因といえる。

③その他の強制技術移転への対応

2点目の技術輸出入管理令については，中国では，技術輸出入管理条例等により，外国企業と中国国内企業との間で締結する実施許諾（ライセンス）契約等に対して規制が行われてきた。米国は，この技術輸出入管理条例について，同条例が第27条で，ライセンス等により技術を改良した技術は，改良を行った当事者に帰属するとしている一方で，中国の国内事業者間を規律する中国契約法では同様の強制法規は見当たらないこと等，内外差別的な規定があり，ライセンス契約規制において外資系企業を差別する内容であるとして，2018年にWTOに中国を提訴した[66]。中国は，2019年3月に技術輸出入管理条例を改正し，同条例第27条の「技術輸入契約の有効期間内に，改良した技術は改良した側に帰属する」との条項等を削除した[67]。

3点目の中国の国有企業による外国企業の買収を通じた技術移転については，米国は，2018年8月に，外国投資リスク審査現代化法（FIRRMA）を成立させ，財務長官を議長とする対米外国投資委員会（CFIUS）の権限を強化し，米国への投資管理規制を厳格化していくこととなった。4点目のサイバー攻撃を通じた知的財産の窃取については，米国は，2018年9月にサイバー空間の脅威から米国を守るための安全保障政策をまとめた，「国家サイバー戦略」を公表する。

④強制技術移転と今後

強制技術移転をめぐっては，米中間の交渉と並行して，中国は，強制的な技術移転政策はとっていないとした上で，外商投資法を2019年3月に全人代で成立させ，その第22条には，「行政機関及びその職員は，行政手段を用いて技術移転を強制してはならない」との規定を盛り込んだ[68]。また前述の米中合意の技術移転章では，2.3条で，公式・非公式を問わず技術移転の強制となる行為を広く禁止した。また，2.1.3条では，国家が外国の技術獲得を目的として対外直接投資を支援等することを禁止した。

このように米中協議で強制技術移転問題が取り上げられたことを契機として，中国国内法制も改正され，米中合意のような国際ルールも設けられた。ではこれで強制技術移転は今後生じないのだろうか。この点，2022年2月には，中国政府が「半導体越境産業サービス工作委員会」を設立し，中国と外国の半導体産業の連携強化，具体的には，海外企業と中国の大手企業や研究機関との共同開発などの連携を呼びかけること等が報じられた[69]。外資系企業の現地幹部の声として，「多くの半導体産業にとって中国は売上高が最大級の成長市場であるため，中国政府の意向は無視はできないだろう」と伝えられている[70]。また，2022年7月，中国当局が，複合機やプリンター等のオフィス機器を対象とした国家標準の刷新にあたって，半導体やレーザー関連等の中核部品を中国国内で設計，開発，生産することを新たに要求したと報じられた[71]。政府機関や重要情報インフラ企業は，国家標準に適合した製品のみを購入することが義務付けられ，外資排除であり，中国国内生産の義務付けによる事実上の強制技術移転であると指摘された[72]。いずれの場合も，引き続き，中国市場の大きさ，

図表 4-8　R&D への支出額（2017 年）

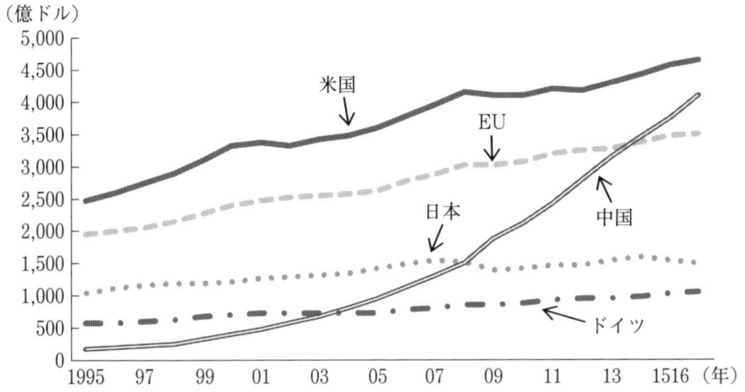

出典：内閣府『世界経済の潮流　2018 年Ⅱ』2018 年。

将来性を梃子にした，技術移転要求の側面があるといいうる。市場の規模や当該市場への依存がある限り，今後も強制技術移転は起きうるといえる。

2.3　小括

本節での議論を整理すると，中国における技術優位性の獲得は，① WTO 加盟を契機とする，GVC への参加を通じた先進国企業からの技術移転や，②巨大市場を背景とした先進国企業に対する，共同での研究開発要求等の技術移転政策の果たしてきた役割が大きかったことが指摘できる。そしてこの技術移転政策には，税制優遇等での奨励策もあれば，事例でも見られたように，合弁要求や技術開示要求，研究開発要求等のいわゆる強制技術移転に分類されうる政策もあった。そしてこれらの合弁要求や技術開示要求，研究開発要求等の政策が進出する外資企業に対して有効だったのは，OECD の報告書にもあったように，中国市場の大きさ，そして成長可能性が背景にあったと指摘できる。市場の大きさ，成長可能性が中国の技術移転策を特別なものにしたといえる。

無論，近年では，中国の年々増加し，米国に金額で迫ろうとする研究開発費（**図表 4-8**）の果たす役割も大きい。中国は，2006 年に発表した「国家中長期科学技術発展計画（2006～2020 年）」において，技術導入から自主的なイノベーションへのシフトを明確化し，具体的目標として，①研究開発支出の対 GDP 比率を 2005 年時点の 1.3% から，2020 年には 2.5% に引き上げること，

②対外技術依存度を30%以下に引き下げること等を設定した[73]。これを受けて，国家科学技術第11次5か年計画（2006～2010年），同第12次5か年計画（2011～2015年）を策定，実施した結果，中国の研究開発費は，日本，EUを抜き，2018年には，4,680億ドルと，米国の5,816億ドルに迫っている[74]。

中国の技術水準が，世界レベルに肩を並べ始めた2010年代後半以降は，研究開発は特に大きな意味を持っている。中国は，2015年頃には高付加価値品の輸出の世界シェアで，日米独と並び始め[75]，2018年以降は，イノベーション指数でもG7諸国に並びつつある。フロントランナーに並んだ中，自身による研究開発の技術力向上に果たす役割はより大きくなっている。また，2011年に策定された前述の，国家科学技術第12次5か年計画（2011年～2015年）では，技術導入による経済発展のモデルの限界性が認識され，経済発展モデルを転換する原動力として自主イノベーションを中心内容とした[76]。さらに2016年には，イノベーションを経済成長駆動力の根本に据えた，「国家イノベーション駆動発展戦略綱要」が策定され，技術導入から自主イノベーションへとシフトしている[77]。

しかしながら，まず，たとえば原子炉技術で指摘されているように，米欧ロ各社の競合の結果，米国のウエスティングハウス社から2006年に導入されたAP1000とAP1000の設計図や運転・保守情報等の膨大な技術情報をベースに，その後，中国の国産原子炉が開発されており[78]，各技術分野の初期段階での海外からの技術移転の果たす役割は大きい。また，今，注目されている半導体分野において，中国政府が中国製造2025に基づき，基金という形で巨額の支援を行っているにもかかわらず，半導体の自給率が目標どおりには向上せず，技術も最先端に追いついていないことは，自主イノベーションの難しさを物語っている。さらに，戸堂らが指摘しているように，国際共同研究を行うことで，特許1件当たりの被引用件数で測った企業の創造性の指標が27%も上昇することがわかっており，国際共同研究の効果は大きく，新しい知識の獲得や創造性の促進のためには，技術的には先端にいる先進国にとっても，海外とのつながりが非常に重要であるといえる[79]。以上を踏まえると，中国における技術優位性の獲得において，海外からの知識と技術移転の果たす役割は今後も重要であり続けると考えられる。

以上のことは，中国の技術優位性の獲得において，中国の巨大な人口と市場としての可能性が果たしてきた役割とともに，GVC への参加や中国への外資による研究開発機能を含む投資を可能にし，促進してきた，通商政策，国際通商秩序の果たしてきた役割が大きいことを示している。2001 年の WTO 加盟を契機とした，貿易・投資の自由化，国際通商秩序への参加があったからこそ，中国は GVC に参加でき，また，中国との間の貿易，投資，そして市場規模は急速に拡大し，各国は中国への依存を深め，中国への技術移転は進展していったのである。

このことは，中国との間の貿易，投資が今後も拡大し，中国への依存が拡大していく場合，国際ルールの強化により，強制技術移転を防止しようとしても，また，個別に貿易・投資管理等を強化しても，全体としては，中国による技術優位性の獲得が進みうることを示している。中国との貿易・投資関係がさらに拡大し，さらに中国への依存度が高まった場合，前述の鉄道，自動車，半導体等の事例で見られたように，個々に規制することだけで，技術移転を防止することは容易ではないと考える。

経済安全保障においては，技術優位性が重要な要素として考えられているが，そうだとすれば，輸出管理，投資管理の枠組みの強化や強制技術移転を防止する通商・投資ルールの強化等を考えるだけではなく，通商政策全体において，特定国・市場への依存防止，分散化等について，考えていく必要があると指摘したい。

3. 政策的インプリケーション

本節では，前節までの議論で，経済安全保障の重要な要素である技術優位性の獲得において，通商政策による貿易・投資の自由化，安定した国際通商秩序の存在の果たしてきた役割が大きいことを踏まえ，そのことの今後の通商政策に対する政策的インプリケーションについて論じる。具体的には，3.1 項で，特定の国々に過度に依存しない貿易・投資の分散化を経済的な枠組みを通じて取り組んでいくことの重要性を指摘し，3.2 項でそれを経済安全保障の観点から立場が近い有志国と取り組んでいくことの重要性を指摘し，3.3 項で合わせて新たなパワーバランスに見合った貿易・投資ルールの強化の必要性について指摘する。

3.1　経済的枠組みの構築を通じた貿易・投資の分散化の重要性

WTO加盟後の中国の急速な台頭に代表されるパワー分布の急速な変化により，地政学的な緊張が高まり，経済相互依存，グローバリゼーションのリスクの側面が認識されるようになった。約30年間続いた一方向のグローバリゼーションが，終焉したともいえる中，今後は，ウォルツらが描いた冷戦期の世界と，グローバリゼーションを経た世界との間のどこでバランスをとるかが課題となってくる。経済安全保障においては，技術優位性が重要な要素として考えられているが，前節の中国における技術移転の例を見れば，強制技術移転を防止する通商・投資ルールの強化や，輸出管理，投資管理の枠組みの強化を考えるだけではなく，貿易・投資関係全体，特定国・市場への依存の防止，分散化といった，通商政策全体について考えていく必要がある。

具体的には，たとえば，新たな市場開拓など，戦略的な貿易投資の分散化などによる，特定国への過度の貿易・投資依存の防止等が重要となってくるだろう。人口や市場規模に比して日本との貿易投資規模が相対的に小さい国や，強制技術移転等も含めて，経済安全保障リスク，事業環境リスクの低い国との関係を戦略に深めていくことが考えられる。そのため，これまで経済連携協定（EPA）を締結しておらず，市場として有望で，経済安全保障リスク等の低い国や地域とのEPA交渉を検討することが考えられる。EPA等の制度構築の貿易・投資の分散化における有用性については，2018年に日EUEPAが発効したことにより，EUからの部品輸入が増加し，中国のシェアが下がったこと等が指摘されている[80]。また，すでにEPAを締結した国々，たとえばEU等との間で，人の移動や研究開発等の制度面での連結性強化等の新たな要素を取り上げて，EPA等の深掘り交渉を行うこと等も考えられる。特に，戸堂らが指摘しているように，国際共同研究の企業の創造性向上への影響が大きいことを鑑みれば，経済安全保障リスク等の低い国や地域との間の通商政策，貿易・投資促進政策に，企業や大学レベルでの国際共同研究を促進する仕組みを組み込めば，経済安全保障リスクの管理とともに，日本経済，産業の生産性を高めていくことにも資するであろう。日本の FTA 等カバー率がすでに 80% を超え，主要国とは締結済みであること等を考えれば，従来の FTA/EPA の中心だった市場アクセスではない，経済関係を深める新たなアイディアが期待されるところである。

3.2 有志国による枠組み・制度構築の重要性

また，日本単独で戦略的な貿易投資関係の構築を行っていくことが困難であれば，経済安全保障の観点から立場が近い有志国との国際連携，国際的な枠組み・制度の構築によってそれを実現していくことが考えられるだろう。自由で開かれたインド太平洋（FOIP）はその考え方の一つであり，この構想をより貿易投資の分散化という側面に焦点を当ててブレークダウンし，より具体性や実効性を持たせていくことも重要になってくる。2022 年 5 月に日米インド等 13 か国で立ち上げが宣言された，インド太平洋経済枠組み（IPEF）はそのような動きの一つであるといえる。その後，フィジーが参加し，14 か国となった IPEF は，2022 年 9 月に，米国ロサンゼルスで第 1 回の閣僚会合を開催し，貿易，サプライチェーン，クリーン経済，脱汚職等の公正な経済の 4 つの分野での交渉入りを確認した。貿易分野では，デジタル貿易ルール等が取り上げられた。サプライチェーン分野については，重要物質について共通基準を作り，原材料の調達状況や製造能力を調べ，各国で特定国に依存する供給網上のチョークポイントを特定するとした。クリーン経済では，再生可能エネルギーへの移行に必要なインフラ整備を進める考えが示された。公正な経済については，汚職の防止や犯罪収益の把握に取り組むことや，グローバル企業への二重課税を防ぐため協調することとされた。今後はこの 4 分野をどう具体化させるかが重要となってくる。

日本，米国，豪州が，2019 年 11 月のタイ・バンコクにて開催されたインド太平洋ビジネスフォーラムの機会を捉えてコンセプトを公表した，インフラ投資支援の枠組みである，ブルー・ドット・ネットワーク（BDN）もそのような動きの一つであるといえる。BDN は，質の高いインフラ案件に共通する基準を設定した上で，個別案件が当該基準に合致しているか認証するコンセプトであり，その基準と認証プロセスについて，3 か国は OECD での議論を始め，

OECDは2022年3月にその原案を発表した[81]。

さらに，インド太平洋にとどまらず，欧州とも連携して，よりグローバルな，有志国による貿易投資の枠組みを構想し，実行していくのも一つの考えである。

3.3　貿易・投資ルールの強化の重要性

国際レジーム機能・ルール自体の新たなパワーバランスに見合った形での見直し，強化をすることも急務である。急速に経済成長を遂げた中国等が，貿易・投資関連での技術移転に関するルール等において，十分に規律されなかったことで，国際秩序が機能不全を起こしたといえる。秩序の中核であるレジーム・ルールが機能していく上で，ルールを強化していくことは急務である。

具体的には，米中経済貿易協定第2章で見られたような，投資や合弁に際しての技術移転要求の禁止（2.2条），行政上の許認可に際しての技術移転要求の禁止（2.3条）等の強制技術移転に直接かかわるルールの強化に国際的に取り組んでいくことが重要である。同時に，経済力に見合った形での高関税の引き下げや，合弁要求の禁止等，合弁等を通じた強制技術移転を生む貿易投資環境に対する規律強化にも国際的に取り組む必要がある。急速に伸びた経済力，パワーに見合った形で規律が強化されることは，秩序の機能回復に不可欠である。

おわりに

はじめにで述べたように，経済安全保障を自律性の確保と捉えれば，経済的な相互依存を進展させる通商政策とは緊張関係にあるといえる。そして，経済安全保障（自律性）と通商政策（相互依存）の関係は，今日始まったものではない。GATTは，貿易自由化の体制であるとともに，西側同盟国間の国際公共財として，経済安全保障の側面も有していた。日本はGATT体制の下，米国や西欧との貿易・投資関係を深めていった。GATTという枠組みが，構造を規定したといえる。

冷戦終結後，グローバリゼーションが進展し，中国がWTOに加盟し，グローバル経済に統合される等，国際秩序，国際通商秩序は，リベラリズムがいうとおり，相互依存と国際協力により，強化され，安定したかのように見えた。

その WTO 体制の下，中国は，GVC に入り，経済的に急成長し，経済規模でも，技術優位性でも，米国に急接近し，また，多くの国で，中国への貿易依存度が高まった。WTO という枠組みが，構造を規定したといえる。

WTO という秩序の下でのグローバリゼーションの結果として，中国の台頭というパワー分布の急速な変化が起きたことにより，パワー分布と機能・ルールが乖離し，秩序が機能不全を起こす。秩序が機能不全を起こし，台頭した中国と米国との間の緊張が高まる中，相互依存から生じるリスクが増大し，対応する必要が起きている。リスクの増大を踏まえて，経済安全保障政策と通商政策との関係を見直し，新たな枠組みを構築して，通商政策自体を見直していく必要性がある。具体的には，経済安全保障上のリスクの低い国との貿易・投資関係を深める，新たな経済関係の枠組みを構築することで，経済安全保障と通商政策との両立を図っていくべきである。

【参考文献】

アイケンベリー，G・ジョン（2012）『リベラルな秩序か帝国か　アメリカと世界政治の行方』細谷雄一監訳，勁草書房。

赤根谷達雄（1992）『日本のガット加入問題　《レジーム理論》の分析視角による事例研究』東京大学出版会。

アリソン，グレアム（2016）『米中戦争前夜』藤原朝子訳，ダイヤモンド社。

猪俣哲史（2019）『グローバル・バリュー・チェーン　新・南北問題へのまなざし』日本経済新聞出版社。

ウォルツ，ケネス（2010）『国際政治の理論』河野勝・岡垣知子訳，勁草書房

川島富士雄（2011）「中国による補助金供与の特徴と実務的課題―米中間紛争を素材に―」RIETI Discussion Paper Series 11-J-067，経済産業研究所。

木村福成・西脇修編著（2022）『国際通商秩序の地殻変動』勁草書房。

倉澤治雄（2020）『中国，科学技術覇権への野望』中央公論新社。

経済産業省（2018）『通商白書』2018 年版。

経済産業省（2019）『通商白書』2019 年版。

経済産業省通商政策局編（2016）『不公正貿易報告書』2016 年版。

経済産業省通商政策局編（2017）『不公正貿易報告書』2017 年版。

経済産業省通商政策局編（2018）『不公正貿易報告書』2018 年版。

経済産業省通商政策局編（2019）『不公正貿易報告書』2019 年版。

経済産業省通商政策局編（2020）『不公正貿易報告書』2020 年版。

経済産業省産業構造審議会通商・貿易分科会安全保障貿易管理小委員会（2019）「中間報

告」2019年10月8日。
国立研究開発法人科学技術振興機構中国総合研究・さくらサイエンスセンター（2019）『中国の科学技術の政策変遷と発展経緯』。
国立研究開発法人科学技術振興機構研究開発戦略センター（2021）『主要国の研究開発戦略（2021年）』。
コヘイン，ロバート・O（1998）『覇権後の国際政治経済学』石黒馨・小林誠訳，晃洋書房。
コヘイン，ロバート・O，ジョセフ・S・ナイ（2012）『パワーと相互依存』瀧田賢治監訳／訳，ミネルヴァ書房。
坂本貴志（2017）「中国の技術競争力の向上に日本はどう備えるべきか」三菱総合研究所『マンスリー・レビュー』2017年5月号。
鈴木一人（2022）「検証　エコノミック・ステイトクラフト」日本国際政治学会編『国際政治』205号。
鈴木基史（2000）『国際関係』社会科学の理論とモデル2，東京大学出版会。
関辰一（2018）『中国　経済成長の罠　金融危機とバランスシート不況』日本経済新聞社。
ソリス，ミレヤ（2020）「追随からの脱却：自由貿易秩序の先導者」船橋洋一・G・ジョン・アイケンベリー編著『自由主義の危機　国際秩序と日本』東洋経済新報社。
田中明彦（1996）『新しい中世』講談社学術文庫。
茶谷純一（1990）「戦後日本の貿易分析」『立命館経済学』第39巻第2号。
中国WTO加盟に関する日本交渉チーム（2002）『中国のWTO加盟　交渉経緯と加盟文書の解説』蒼蒼社。
戸堂康之（2006）『技術伝播と経済成長　グローバル化時代の途上国経済分析』勁草書房。
戸堂康之（2022）「強靭で創造的なサプライチェーン―研究成果に基づく政策的・経営的提言」RIETI Policy Discussion Paper Series 22-P-019。
内閣府（2018）『世界経済の潮流　2018年Ⅱ』，https://www5.cao.go.jp/j-j/sekai_chouryuu/sa18-02/pdf/s2-18-1-1.pdf（20？？年？月？日アクセス）。
中野雅之（2021）「米国の輸出管理の新展開」村山裕三編著『米中の経済安全保障戦略』芙蓉書房出版。
西脇修（2020）「WTO上級委員会問題について」『国際商事法務』Vol. 48, No. 1。
西脇修（2022）「中国の台頭と米国主導の国際通商秩序」木村福成・西脇修編著『国際通商秩序の地殻変動』勁草書房。
西脇修（2022）『米中対立下における国際通商秩序』文眞堂。
長谷川直之（2008）『ココム・WMD・そして中国　アメリカ輸出規制戦略とその現実』現代書館。
船橋洋一，G・ジョン・アイケンベリー編著（2020）『自由主義の危機　国際秩序と日本』東洋経済新報社，1-32頁。
宮岡邦生（2022）「WTO上級委員会問題の本質」木村福成・西脇修編著『国際通商秩序の地殻変動』勁草書房。

モーゲンソー，ハンス・J（2013）『国際政治』上巻，原彬久監訳，岩波文庫。

文部科学省科学技術・学術政策研究所（2022）『科学技術指標 2022』。

山田高敬・大矢根聡編（2011）『グローバル社会の国際関係論（新版）』有斐閣。

山本吉宣（2008）『国際レジームとガバナンス』有斐閣。

渡邊頼純（2007）『国際貿易の政治的構造　GATT・WTO 体制と日本』北樹出版。

Baldwin, David A.（2020）, *Economic Statecraft*, New Edition, Princeton University Press.

Bhala, Raj（2017）, “TPP, American National Security and Chinese SOEs”, *World Trade Review*, Volume 16, Issue 4.

Bown, Chad P., and Soumaya Keynes（2020）, “Why Trump Shot the Sheriffs: The End of WTO Dispute Settlement 1.0”, *Working Paper 20–4*, Peterson Institute for International Economics, March 2020.

Bown, Chad P.（2020）, “There Is Little Dignity in Trump's Trade Policy” *Foreign Affairs*, July 9, 2020.

Gilpin, Robert（1981）, *War and Change in World Politics*, Cambridge: Cambridge University Press.

Gruber, Lloyd（2000）, *Ruling the World: Power Politics and the Rise of Supranational Institutions*, Princeton: Princeton University Press.

Knutsen, Torbjorn（2016）, *A History of International Relations Theory*, 3rd edition, Manchester: Manchester University Press.

Kowalski, P., D. Rabaioli and S. Vallejo（2017–11–20）, “International Technology Transfer measures in an interconnected world: Lessons and policy implications”, *OECD Trade Policy Papers*, No. 206, OECD Publishing, Paris, http://dx.doi.org/10.1787/ada51ec0-en（2022 年 11 月 19 日アクセス）.

Krasner, Stephen D.（1976）, “State Power and the Structure of International Trade”, *World Politics*, no. 28, April.

Krasner, Stephen D.（1983）, “Regimes and the limits of realism”, in *International Regimes*, edited by Stephen D. Krasner, Ithaca: Cornell University Press.

Levy, Philip（2018）, “Was Letting China Into the WTO a Mistake?” *Foreign Affairs*, April 2, 2018.

Lipcy, Philip Y.（2017）, *Renegotiating the World Order: Institutional Change in International Relations*, Cambridge: Cambridge University Press.

Lipson, Charles（1983）, “The transformation of trade: the sources and effects of regime change”, in *International Regimes*, edited by Stephen D. Krasner, Ithaca, Cornell University Press.

Schwab, Susan C.（2011）, “After Doha, Why the Negotiations Are Doomed and What We Should Do About it.” *Foreign Affairs*, May/June 2011.

U.S. the White House, Press Release（2018）, “Joint Statement of the United States and China Regarding Trade Consultations", May 19, 2018.

United States Trade Representative (2018), *2017 Report to Congress On China's WTO Compliance*, January 2018.

United States Trade Representative (2018), *The President's 2018 Trade Policy Agenda.*

United States Trade Representative (2018), "Findings of the Investigation into China's Acts, Policies, and Practices related to Technology Transfer, Intellectual Property, and Innovation under Section 301 of the Trade Act of 1974", March 22, 2018.

United States Trade Representative, Press Release (2018), "Under Section 301 Action, USTR Releases Proposed Tariff List on Chinese Products", April 3, 2018.

United States Trade Representative (2020), "Economic and Trade Agreement between the Government of the United States of America and the Government of the People's Republic of China".

USCC (2017), *2017 Annual Report to Congress of the U.S.-China Economic and Security Review Commission.*

WTO (2001), *Report of the Working Party on the Accession of China* (*WT/ACC/CHN/49*), Geneva: WTO.

WTO (2006), "United States–Laws, Regulations and Methodological for Calculating Dumping Margins ("Zeroing") Communication from the United States", WT/DS294/16, 17 May 2006.

WTO (2011), *United States–Definitive Anti-Dumping and Countervailing Duties on Certain Products from China*, Appellate Body Report, WT/DS379/R, 11, March 2011.

Wu, Mark (2016), "The "China, Inc." Challenge to Global Trade Governance", *Harvard International Law Journal*, Volume 57, Number 2, Spring 2016.

『日本経済新聞』,『朝日新聞』,『ウォールストリート・ジャーナル』(日本語版) ジェトロ『ビジネス短信』, *Financial Times*

【注】

＊　本章は筆者個人の見解をまとめたものであり，筆者が所属する組織の見解を表すものではない。

1　鈴木一人「検証　エコノミック・ステイトクラフト」日本国際政治学会編『国際政治』205号，2022年，9頁。

2　山本吉宣『国際レジームとガバナンス』有斐閣，2008年，10頁。

3　赤根谷達雄『日本のガット加入問題　《レジーム理論》の分析視角による事例研究』東京大学出版会，1992年，5頁。

4　Charles Lipson, "The transformation of trade: the sources and effects of regime change", in *International Regimes*, edited by Stephen D. Krasner, Ithaca: Cornell University Press, 1983, p. 256.

5 David A. Baldwin, *Economic Statecraft*, New Edition, Princeton University Press, 2020, pp. 216–218.

6 経済企画庁『昭和 30 年度　年次経済報告』1955 年。

7 同上。

8 茶谷純一「戦後日本の貿易分析」『立命館経済学』第 39 巻第 2 号，81 頁。

9 同上，79 頁。

10 長谷川直之『ココム・WMD・そして中国　アメリカ輸出規制戦略とその現実』現代書館，2008 年，18–24 頁。

11 同上。

12 同上。

13 同上。

14 米国の国際政治学者である，G・ジョン・アイケンベリーは，2006 年に刊行した著書において，「リベラルな国際秩序は世界政治を組織化するロジックとして強靭であることが明らか」と指摘し，「中国はもうすでに驚くべきほど，この秩序の中に埋め込まれているのだ」と述べている。『リベラルな秩序か帝国か　アメリカと世界政治の行方』細谷雄一監訳，勁草書房，2012 年（原文は 2006 年），上巻，序文。

15 長谷川・前掲，26 頁。

16 内閣府『世界経済の潮流　2018 年 II』2018 年，4 頁，https://www5.cao.go.jp/j-j/sekai_chouryuu/sa18-02/pdf/s2-18-1-1.pdf（2022 年 11 月 19 日アクセス）。

17 同上。

18 『日本経済新聞』2020 年 4 月 7 日電子版。

19 文部科学省科学技術・学術政策研究所『科学技術指標 2022』2022 年，125–133 頁。

20 同上。

21 GII は 2007 年から毎年発表しており，制度，人的資本および研究，インフラ，市場の洗練度，ビジネスの洗練度，知識と技術の生産，創造的な生産を定量的，定性的なデータから指標化している。

22 WIPO, *Global Inmovation Index 2010, 2022.*

23 USCC, *2017 Annual Report to Congress of the U.S.-China Economic and Security Review Commission*, pp. 507–552.

24 「先端技術研究，中国が 8 割で首位　ハイテク覇権に米警戒」『日本経済新聞』2018 年 12 月 31 日。

25 経済産商業『通商白書』2019 年版。

26 インドの鉱工業品（非農産品）の譲許税率は 36.0%（2020 年），平均実行関税率は 11.9%（2020 年）である（『不公正貿易報告書』2020 年版）。

27 グレアム・アリソン『米中戦争前夜』藤原朝子訳，ダイヤモンド社，2016 年，8 頁。

28 Kowalski, P., D. Rabaioli and S. Vallejo（2017–11–20）, "International Technology

Transfer measures in an interconnected world: Lessons and policy implications", *OECD Trade Policy Papers*, No. 206, OECD Publishing, Paris, http://dx.doi.org/10.1787/ada51ec0-en（2022年11月19日アクセス), p.56.

29 西脇修「中国の台頭と米国主導の国際通商秩序」木村福成・西脇修編著『国際通商秩序の地殻変動』勁草書房，2022年，47–49頁。西脇修『米中対立下における国際通商秩序』文眞堂，2022年，185–205頁。

30 西脇・前掲，39頁。宮岡邦生「WTO上級委員会問題の本質」木村福成・西脇修編著『国際通商秩序の地殻変動』勁草書房，2022年，116頁。

31 経済産業省産業構造審議会通商・貿易分科会安全保障貿易管理小委員会「中間報告」，2019年10月8日。

32 中野雅之「米国の輸出管理の新展開」村山裕三編著『米中の経済安全保障戦略』芙蓉書房出版，2021年，121–139頁。

33 同上。

34 ジェトロ「欧州委，域外国による経済的威圧への」対抗措置を可能とする規則案を発表」『ビジネス短信』，2021年12月10日。

35 『日本経済新聞』2020年10月18日電子版。

36 『日本経済新聞』2021年6月10日電子版。

37 この点については，猪俣哲史『グローバル・バリュー・チェーン　新・南北問題へのまなざし』日本経済新聞出版社，2019年が詳しく分析している。

38 猪俣・前掲，31–32頁。

39 猪俣は，中国市場におけるクアルコムの事例を取り上げている。猪俣・前掲165–166頁。

40 猪俣・前掲，31–32頁。

41 Kowalski, P., D. Rabaioli and S. Vallejo, Ibid.

42 戸堂康之『技術伝播と経済成長　グローバル化時代の途上国経済分析』勁草書房，2006年，121–156頁。

43 同上。

44 同上。

45 見過ごされがちだが，たとえば，中国と米国，中国とEUの間には，FTA等は存在せず，これらの国々の間では，WTOルールが適用される通商ルールとなる。そしてこのWTOルールが，前述のとおり，中国等新興国の急速な台頭を受けたドーハ・ラウンドの構造的な失敗により，アップデートされなかった。

46 経済産業省通商政策局編『不公正貿易報告書』2017年版，25頁，34頁。

47 経済産業省通商政策局編『不公正貿易報告書』2018年版，13頁。

48 経済産業省通商政策局編『不公正貿易報告書』2020年版，22頁。

49 ジェトロ「自動車の外資出資比率制限を撤廃」『ビジネス短信』2018年4月19日付。

50 第1回日米EU三極貿易大臣会合共同声明他，https://warp.da.ndl.go.jp/info:ndljp/pid/11038495/www.meti.go.jp/press/2017/12/20171213001/20171213001-2.pdf（2022年

11月19日アクセス)。

51 USTR, "Findings of the Investigation into China's Acts, Policies, and Practices related to Technology Transfer, Intellectual Property, and Innovation under Section 301 of the Trade Act of 1974", March 22, 2018, pp. 4–5.

52 United States Trade Representative, "Economic and Trade Agreement between the Government of the United States of America and the Government of the People's Republic of China", Chapter 2, Technology Transfer.

53 Ibid.

54 Kowalski, P., D. Rabaioli and S. Vallejo (2017-11-20).

55 Andrenelli, A., J. Gourdon and E. Moïsé (2019-01-24), "International Technology Transfer Policies", *OECD Trade Policy Papers*, No. 222, OECD Publishing, Paris, http://dx.doi.org/10.1787/7103eabf-en (2022年11月19日アクセス).

56 Kowalski, P., D. Rabaioli and S. Vallejo (2017-11-20), pp. 54–56.

57 Ibid., p. 8.

58 OECD 2019 Report, pp. 7–8.

59 Mure Dickies, "China needs to exercise caution over rapid rail growth", *Financial Times*, September 29, 2010.

60 『朝日新聞』2022年9月22日電子版。

61 『日本経済新聞』2010年9月17日電子版。

62 同上。

63 Lingling Wei, Bob Davis,「中国は米企業技術をこうして入手する」『ウォールストリート・ジャーナル』2018年9月28日，日本語電子版。

64 同上。

65 同上。

66 経済産業省通商政策局編『不公正貿易報告書』2019年版，45–47頁。

67 経済産業省通商政策局編『不公正貿易報告書』2020年版，44頁。

68 ジェトロ「外商投資法が成立，2020年1月から施行」『ビジネス短信』2019年3月20日。

69 『日本経済新聞』2022年2月1日電子版。

70 同上。

71 『日本経済新聞』2022年7月5日。

72 同上。

73 国立研究開発法人科学技術振興機構中国総合研究・さくらサイエンスセンター『中国の科学技術の政策変遷と発展経緯』2019年，11頁。

74 国立研究開発法人科学技術振興機構研究開発戦略センター『主要国の研究開発戦略(2021年)』，53頁。

75 坂本貴志「中国の技術競争力の向上に日本はどう備えるべきか」三菱総合研究所『マンスリー・レビュー』2017年5月号，https://www.mri.co.jp/knowledge/mreview/

201705-6.html（2022年11月19日アクセス）。

76　国立研究開発法人科学技術振興機構中国総合研究・さくらサイエンスセンター・前掲，14–18頁。

77　同上。

78　倉澤治雄『中国，科学技術覇権への野望』中央公論新社，2020年，69–71頁。

79　戸堂康之「強靭で創造的なサプライチェーン　―研究成果に基づく政策的・経営的提言」RIETI Policy Discussion Paper Series 22-P-019, 4頁。

80　戸堂・前掲，10–11頁。

81　「OECD，良質なインフラプロジェクトを運用するためのブルードット・ネットワークの原案を提案」ニュースルーム，OECD東京センター・ホームページ，2022年3月21日。

第5章

権威主義体制下のイノベーション・エコシステムと技術優位*
——新興技術の研究開発・社会実装をめぐる中国の戦略と課題——

土屋貴裕

はじめに

シュムペーター（Joseph Alois Schumpeter）が，技術革新（イノベーション）を「創造的破壊」と捉え，経済発展の手段としてイノベーションを提唱して以来，今日までにさまざまなイノベーション論が展開されてきた[1]。そうした議論の中では，米国のシリコンバレーに代表されるオープン・イノベーションやそれに伴う産業集積など，自由で民主的な素地がイノベーションを促進する要素の一つとして見られている[2]。

ところが，近年，権威主義体制にある中国が，人工知能（Artificial Intelligence: AI）やビッグデータ，第5世代通信規格（5G），モノのインターネット（Internet of Things: IoT），量子コンピュータをはじめとする，いわゆる「新興技術」のイノベーションにおいて世界をリードする局面が増加しつつある[3]。実際に，活発なイノベーション活動の成果は，グローバル・イノベーション・インデックスにも現れている[4]。

こうした実態を背景に，昨今，民主主義体制よりも権威主義体制の方がイノベーションに有利な条件を構築しうるのではないか，とする議論が興っている。たとえばション（Jie Xiong）らは，新型コロナウイルス感染症の拡大という社会的な危機に際して，権威主義が社会的効率性のみならず企業のイノベーション活動を促進する効果をもたらしたことにより，民主国家に先駆けて，それも極めて短時間でヘルスコードの導入やヘルスオムニチャネルの構築などのイノベーションを実現したと主張する[5]。

中国のような権威主義体制の国家が，イノベーションにおいて民主国家にはない優位性を発揮しうる理由は，一般に以下の３点から説明される。

第１に，資源の集中が容易だからである。権威主義体制ゆえに新興技術をはじめとする研究開発や社会実装，産業化に国家の資源を集中できる。こうした議論は，「東アジアの奇跡」（世界銀行）を生んだ専制的な国家の方が資源配分を集中させることができるため経済成長に有利であるといった見方に類似する[6]。

第２に，軍民の垣根を越えてイノベーションを追求し，その成果を両セクターで共有し，実装することができることである。従来から，軍民両用（デュアルユース）技術は，民生品を軍事転用することで無駄なく効率的に生産することができると論じられてきた[7]。上述の新興技術はデュアルユース技術であり，その多くのイノベーションが民間企業によってもたらされている。そうしたデュアルユース技術を媒介とした防衛セクターと民生セクターの接合は米国などでも行われているが，企業活動の自由が保障されており，強制はできない。しかし，中国は党の指導の下で企業活動が行われ，国家主導による「軍民融合型イノベーション・エコシステム」（後述参照）の構築を有利に進められると考えられる。

第３に，個人情報の保護や研究倫理に関する基準を国家が決めやすいからである。近年の新興技術分野におけるイノベーションは情報通信技術（ICT）を基盤としており，そうした新興技術分野の研究開発や社会実装においては，個人情報をはじめとする情報データの扱いをめぐって民主主義のプロセスが弊害となることが多い。一方，中国は権威主義ゆえに，国民の情報の管理を追求するために，それがデジタル情報領域のイノベーションへの研究開発投資を加速させたり，その成果の社会実装を積極化させたりするという選好が働く点も指摘できよう。

こうした権威主義体制下のイノベーション・エコシステムの構築を進めている先行事例である中国のイノベーションモデルが模倣可能なものであるとすれば，今後，ほかの権威主義国家に取り組みが波及していく可能性がある。そこで本章では，具体的にこうした体制を中国がどのように構築してきたのか，イノベーションをめぐる諸政策とその背景，および軍民融合型イノベーション・エコシステムを分析し，新興技術の研究開発，社会実装の特徴と課題を明らかにする。

以下，第1に，「自主創新」を掲げて「イノベーション駆動型」の経済成長を目指す中国の戦略について整理する。第2に，「軍民融合」発展戦略の下で進められている中国のイノベーション・エコシステムとそのアクターを考察する。第3に，中国自身が認識するイノベーション・エコシステムの課題を分析し，その課題克服に向けた第14次5か年計画期（2021～2025年）のイノベーション戦略を考察する。さらにそこから敷衍して，イノベーション・エコシステムの構築を志向する中国には，どのような権威主義体制の性質ないしは特徴が見られるのか，民主主義国家とどのように異なるのかを検討してみたい。

1. イノベーションによる経済発展モデルの転換

1.1 「自主創新」による科学技術の発展を目指す中国

「自主創新」（Indigenous Innovation）とは，2006年1月の全国科学技術大会において胡錦濤中国共産党中央委員会総書記・国家主席・中央軍事委員会主席（当時）が「中国の特色ある自主創新路線を堅持し，イノベーション型国家を建設するために努力奮闘する」として公の場で初めて言及した用語である[8]。イノベーションを意味する「創新」という単語に「自主」をつけることで，外国によるイノベーションの輸入ではなく中国自身による独自のイノベーションを強調するものとなっている。

同年2月には，胡錦濤の「科学的発展観」に基づき，国務院が「国家中長期科学および技術発展計画綱要（2006–2020）」（以下「綱要」）を公表し，2020年までに国内総生産（GDP）に占める研究開発費の割合を2.5%にすることを目標とし，8つの先端技術分野（①バイオ技術，②情報技術，③新素材技術，④先端製造技術，⑤先進エネルギー技術，⑥海洋技術，⑦レーザー技術，⑧航空宇宙技術）を重点的に支援する計画を策定した[9]。

同綱要において，中国は「自主創新」を国家の重要方針として掲げた。注目すべきは，この「自主創新」を「共同イノベーション（co-innovation）と再イノベーション（re-innovation）を通じて高める」ことと定義していることである。すなわち，中国はゼロベースからイノベーション能力を向上させるだけでなく，海外の技術を輸入し，それを消化，吸収，再創新することによってイノベーション能力を向上させようとしている[10]。

この点について，同綱要では，中国の技術に変換する計画なしに，外国の技術を盲目的に輸入することに対して警告しており，「消化，吸収，再創新を強調せずに技術を輸入すると，国の固有の研究開発能力が弱まることになる」と記されている。こうした記述から，この計画綱要は「多くの国際的なテクノロジー企業によって，世界がこれまでに見たことのない規模のテクノロジー盗難の青写真であるとみなされている」との指摘がある[11]。

また2008年7月には，上述のイノベーション型国家を建設するという目標に基づいて，1993年に制定された「科学技術進歩法」を改正した[12]。この改正された「科学技術進歩法」では，科学・学術研究の自由を保障し，科学的探究やイノベーションを進めることを奨励し，科学技術の成果を生産力に転化して，経済建設および社会建設を支援することが強調されている。

同法では，研究開発やイノベーションに対する投資を拡大すること，外国から導入する技術について「消化・吸収」した上で再創新すること，資源や技術開発について軍民相互間の交流や技術移転などの連携，調整を強化することなどが新たに盛り込まれた。このように，2000年代半ばから，科学技術を発展させるための政策とそれを支える法律面の整備が行われてきた。

1.2 「戦略的新興産業」の育成を通じたイノベーション

2010年9月8日，国務院は「戦略的新興産業の育成および発展の加速に関する決定」を発表した[13]。この「決定」では，今後発展の潜在力が大きく，経済社会の全面的な牽引作用を持つ産業として，7つの分野（①省エネ・環境保護，②新世代情報技術，③生物，④先端レベル（ハイエンド）の設備製造，⑤新エネルギー，⑥新材料，⑦新エネルギー自動車）を戦略的新興産業として設定した。

この「戦略的新興産業」とは，『人民日報』などの定義によれば，「重要な先端科学技術の進展を土台とし，未来の科学技術や産業の発展の新しい方向性を代表するもので，また，現時点での世界の知識経済，循環型経済，低炭素経済の発展潮流を体現するもの」であるとされている。すなわち，まだ成長の初期にあり，今後の発展の潜在力が巨大な新興産業分野という意味で用いられている。

2012年5月30日には，第12次5か年計画期における7つの戦略的新興産業の主要な開発方向と主なタスク，および20のプロジェクトが提案された。また，2016年12月には，国務院がこの戦略的新興産業の発展計画を第13次5か年計画として公表し，2020年までに「戦略的新興産業」の付加価値がGDPに占める割合を15%にまで引き上げるという大きな目標を掲げた。また，国家発展改革委員会が「戦略的新興産業重点産品・サービス指導目録（2016)」を作成し，それぞれの戦略的新興産業における具体的な重点を置くべき製品やサービスを示した。

加えて，2018年10月12日に行われた国家統計局第15次常務会議では，7分野を9分野（①次世代情報技術産業，②ハイエンド機器製造産業，③新材料産業を含む優れた全体的な利益を備えた産業，④バイオ産業，⑤新エネルギー自動車産業，⑥新エネルギー産業，⑦省エネ・環境保護産業，⑧デジタルクリエイティブ産業，⑨関連サービス産業）へと整理・再編，拡大している[14]。

こうした新興産業を支える技術はデュアルユース技術であることから，戦略的新興産業もまた「軍民融合」（後述参照）と関係が深いものとして世界から注目を集めている。実際に，中国の軍民融合に関する書籍の中では，戦略的新興産業の7大分野がそれぞれ軍民融合発展の主要目標とリンクし，軍民融合を通じて戦略的新興産業の各分野における国防科学技術イノベーションを獲得して，軍事技術の向上を図っていくことが指摘されている[15]。

1.3 「イノベーション駆動型」経済成長モデルへの転換

それでは，なぜ中国はとりわけ近年，新興産業の振興策を積極的に打ち出しているのだろうか。その理由は，中国の経済成長はインフラ建設などの公共事業による資本蓄積に依存してきたが，その方式が限界を迎えて投資効率が悪化してきたこと，経済発展を支えてきた労働人口がピークを迎えたこと，そしてイノベーションや業務改善による全要素生産性（Total Factor Productivity:

TFP）の成長寄与度が低下してきたことが挙げられる。

つまり，中国では，近年の経済成長率の逓減が示すように，経済成長の3つの要素である資本，労働，イノベーション（技術革新）のいずれにおいても，従来の発展方式に陰りが見られるようになってきた。このことから，中国は，さらなる経済発展のためにはTFPを向上し，「中所得国の罠」を回避しなければならないと認識するようになった。そこで，2000年代半ばに経済成長モデルの転換が提起され，積極的に推進されてきている。

なお，「中所得国の罠」とは，2007年に世界銀行が報告書『東アジアのルネッサンス』で提示した枠組みで，安価な労働力や外資誘致などを活用して経済成長を実現した中所得国の成長が時間とともに鈍化し，高所得国への移行が困難になることを指している[16]。「中所得国の罠」を回避するためには，都市のインフラ整備や研究開発費の増加，規制緩和の推進，高等教育制度の整備，産業構造の高度化などの施策によるイノベーションが必要となる。

この世界銀行の報告書を踏まえ，中国は，「中所得国の罠」を回避し，持続的に成長するためのさまざまな経済政策を打ち出し，「イノベーション駆動型」の経済成長モデルへと構造転換を進めてきている。特に，習近平政権下では，経済成長率がさらに逓減を続ける「新常態」に入ったと認識されるようになっており，中国政府は，経済モデルの転換に向けて，次世代の基幹産業を「戦略的新興産業」と位置付けて重視し，同産業を保護・育成・振興するための経済産業政策を数多く打ち出している。こうした経済産業政策としては，主として政府などによる補助金や税制優遇による「戦略的新興産業」の振興，「軍民融合」による経済発展と国防建設の一体化，および民間によるイノベーションの推進などがある。

また，新たな先端科学技術とその応用分野に関する産業を振興するとともに，たとえば軽工業や工芸といった既存の製造分野についても産業のアップグレードを行い，新技術を用いた伝統的な産業および新業種の創出を目指している。その象徴ともいえる政策の一つが，「中国製造2025」（Made in China 2025）である。

この「中国製造2025」は，中国国務院が2015年5月に「『中国製造2025』の公布に関する国務院の通知」という形で公表した計画である[17]。この計画は，中国が掲げる中華人民共和国建国100周年のタイミングで「世界の製造強国」としての地位を築くという目標の中でも，最初の10年間にあたる2015年から2025年までの10年間で達成すべき目標に関する行動指針が示されている。

一方，民間によるイノベーションに関する政策としては，2015年1月，李克強国務院総理（当時）が広東省深圳市のイノベーション関連企業を視察し，同年3月の全人代で，「大衆創業・万衆創新」（大衆による起業，万人によるイノベーション）が掲げられた。さらに，同年6月，国務院は「大衆創業，万衆創新の推進に関する意見」および「大衆創業・万衆創新モデル拠点の建設に関する実施意見」を公表し，民間レベルでのイノベーションを推進している。中国政府は，これらを通じて，経済の発展モデルを転換し，持続的な発展を遂げようとしている。

このように，中国は「中所得国の罠」を回避するため，実体経済を振興させるべく，生産活動において，労働，資金，資源等を効率よく投入し，構造を再編するという「供給側（サプライサイド）の構造改革」を実施し，要素（資本・労働）投入型からイノベーション駆動型の経済発展を目指すなど，経済政策の重点をシフトさせようとしている。

2. 軍民融合型のイノベーション・エコシステム

2.1 新興技術の軍事転用と「軍民融合」

他方，中国は，「軍民融合」発展戦略の下で，国防科学技術分野においてもこうしたイノベーション能力の向上を目指している。「軍民融合」とは，胡錦濤政権下の2006年から繰り返し強調されるようになった用語である。2015年3月12日には，習近平中国共産党中央委員会総書記・国家主席・中央軍事委員会主席が第12期全人代第3回会議で解放軍代表団全体会議に出席した際，「軍民融合」を国家戦略に引き上げることを表明した。

また，国防科学技術分野におけるイノベーションについて，2021年3月に行われた全国人民代表大会の人民解放軍および人民武装警察部隊代表団全体会議では，習が「科学技術強国の建設プロセスに従い，国防科学技術イノベーションの配置と環境条件を最適化し，各方面の優位力と資源を十分に利用し，国防科学技術イノベーション能力とレベルを大幅に向上させることが重要である」と強調した[18]。

2019年7月24日に公表された中国の国防白書『新時代の中国国防』では，国際的な軍事競争が日増しに高まる中，中国が軍事分野での最先端技術，特にAI，量子情報，ビッグデータ，クラウドコンピューティング，IoTの軍事用途拡大に関心が寄せられている。白書では，「情報化された戦争への進化は加速しており，インテリジェント化された戦争が近づいて」おり，「米国は絶対的な軍事的優位性を追求するために技術的・制度的革新に取り組んでいる」と自らの技術の遅れを懸念している[19]。

他方，人民解放軍は現段階では「機械化をまだ完了しておらず，情報化を改善することが緊急に必要」であるため，「量と規模のモデルから品質と効率のモデルへの変革を目指しているだけでなく，人員集約型から科学技術集約型のモデルへと変革しようと努力している」という認識が示されている。つまり，米中間に軍事革命（RMA）やイノベーションの点で彼我の差があるという認識を示した上で，そのギャップを埋めて今世紀中葉までに世界一流の軍隊にするという目標を改めて掲げたといえよう。

戦略目標である「世界一流の軍隊」建設を達成するために，同白書では，「政治建軍，改革強軍，科技興軍（科学技術による興軍），依法治軍の堅持」，「機械化・情報化の融合発展の推進」，「軍事のインテリジェント化の発展の加速」なども掲げられており，これらに関する制度化をはじめとする取り組みが進められてきている。

これに関して米国防総省による『対中安全保障レポート』（2019年版）は，「軍民融合の国家戦略は，ハードウェアの近代化を越え，教育・人員・投資・インフラストラクチャ・兵站セクターにおけるイニシアティブを含んでいる」，「人民解放軍は，（軍籍を持つ）制服組の防衛産業人員数を削減し，軍属を軍事研究・訓練・作戦に統合しつつある」，「軍民融合の国家戦略はまた，人民解放軍の刊行物において『インテリジェント化された』戦争と呼ばれるもの，つまり，人民解放軍の作戦を可能にするための複数のデータストリームや情報フローの使用を促進するために，AI，機械学習，ビッグデータ，および無人システムといった新興技術をデュアルユースすることを強調している」と指摘している[20]。

2.2 中国の軍民融合型イノベーションのアクター

軍民融合による発展を推進するにあたって，中国では，政府が主導すべきもの，企業が主導すべきもの，研究開発部門が主導すべきもの，連合アクターで協力して主導すべきもの，という場合分けを行い，それぞれ対象範囲，資金源，政府の役割などを定めて，検討・推進が行われている[21]。

たとえば，宇宙開発のような「デュアルユース技術の経済公益は明確ではないが，公益性が強く，重大な戦略と関連するもの」については，「政府主導型」として政府が推進主体となり，目標の確立，計画の策定，実施，推進などの役割を担いつつ，計画メカニズムで推進している。これに対し，「良好な見通しを有し，便益が高いデュアルユース技術，技術サービスシステムと連続するもの」については，「企業主導型」として，企業が推進主体となり市場メカニズムに基づいて推進される。

こうした中国の軍民融合型イノベーションのアクターとしては，①政府およびその他機構，②国家実験室，③軍民融合型イノベーション主体，④軍所属研究開発機構，⑤大学および付属研究機構，⑥産業界，⑦仲介機構がある[22]。実際に，たとえば脳・神経科学の応用に関しては，北京の科学技術大学などの中に軍が研究所を作り，実際に共同プロジェクトを立ち上げたりしている事例も存在する。また，イノベーション活動のために資金的サポートを提供する金融仲介業務，技術移転活動における橋渡し役としての技術仲介業務を行う仲介機構の役割も，こうした中国の軍民融合型イノベーション・エコシステムを形成している。

また，産業界の主な役割は，研究開発による技術・製品のイノベーションおよび産業化である。産業界のアクターについては，軍工企業グループとその傘下企業のみならず，民間企業の中で軍事四証（現在の軍事三証）といった認証を受けている企業，さらにはスタートアップ企業や産業インキュベータ（孵化器）内の企業が存在し，幅広い形でデュアルユース部門に積極的に参入している[23]。

さらに，人民解放軍も，こうしたスタートアップ企業やインキュベータ企業の技術を積極的に取り入れようとしている。そのため，戦略的新興産業に従事する民間企業が有する技術は，一部の技術が軍事応用されているか，あるいはデュアルユースで利用されている可能性が非常に高く，それら企業が何らかの形で軍とのつながりを有している可能性がある。

3. 中国のイノベーション・エコシステムの課題

3.1　トリプル・ヘリックス理論と戦略的新興産業の開発における課題

それでは，中国の多様なアクターの連携からなる軍民融合型イノベーション・エコシステムはうまく機能しているのだろうか。イノベーション・エコシステムにおけるアクター間の連携については，イノベーションの創造と普及推進のために大学，産業界，政府が果たすべき役割と相互の関係を明らかにしたエツコウィッツ（Henry Etzkowitz）によるモデル「トリプル・ヘリックス」（Triple Helix）理論が参考となる[24]。

大学，産業界，政府といった総体的に独立した各領域が交差するところで，各領域の内部に技術移転機関のようなハイブリッド組織が生まれる。エツコウィッツは，そうしたハイブリッド組織が地域のイノベーションを生み出し，またサイエンスパークを構築あるいは再構築してテクノポリスを形成すると分析した。また，技術に基盤を置いた新規事業を支援したり，新規事業を育てるためのインキュベーションが形成され，資金を提供するエンジェル・ネットワークあるいはベンチャー・キャピタルなどの機関が現れると考察した。

中国におけるこうした企業と大学，研究機関（産・学・研）の連携については，2000年代初め頃から多くの研究がなされてきた[25]。また，10年余りの社会実践の中で，戦略的新興産業の開発における各アクターの連携や，軍民融合型イノベーション・エコシステムについても，それらが抱える課題について分析が進められつつある。

たとえば，張健は，戦略的新興産業の開発状況をトリプル・ヘリックス理論に当てはめて考察し，（1）産業開発経験や合理的な資源配分の欠如，（2）不合理な産業計画，（3）脆弱なイノベーション能力とコア技術の欠如，（4）投資，資金調達体制の未整備，（5）高い政策依存度，（6）政府，産業，大学・研究機関の緊密な統合の不足を指摘している[26]。

また，上海市政府発展研究センターと彭拝新聞による報告書では，中国の民間航空産業，とりわけ上海に本社を置く中国商用飛機有限責任公司（COMAC）を事例に，軍民融合戦略がイノベーションを阻害すると指摘している[27]。

同報告書は，中国の航空機製造業について，欧米と比較して「コア技術とシステム的な研究・開発能力が不十分」で，「ローエンドの航空機部品しか作れず」，「短期間で，エンジンや航空機設備，新複合材などの主要技術は国際的なハイレベルに達することが難しく，結果的にローエンドの産業チェーンから抜け出せずにいる」，「耐空性検査能力もまだ弱く，短期的には国際的に十分に認められない」と指摘した。

さらに，同報告書は，軍民融合型イノベーション・エコシステムが依然としてシステム的な統合が行われていないため，「中国軍側が技術を民間に転用するための取り組みと，民間企業の軍関連プロジェクトへの参加がいずれも妨げられ，効果的な共同イノベーションが見られ」ず，「産業や関連機関に対する国の支配・主導によって，共同研究開発が阻まれ，リスク分散と利益分配などのメカニズムが不十分となっている」と指摘している。

このように，ハイエンドのコア技術を獲得することが困難であり，その結果ローエンドの産業チェーンから抜け出せずにいることや，軍民融合型イノベーション・エコシステムにおいて，軍事技術の民間転用や民間セクターの軍事セクターへの参入には，今なお障壁が少なくないことが指摘されている。

3.2　科学技術イノベーションにおける「未解決の問題」

こうした中国の科学技術イノベーションが抱える課題は，中国共産党指導部も認識していることが習近平の講話などから見て取れる。たとえば，2021 年 3 月 15 日付の中国共産党の理論誌『求是』において，2018 年 5 月 28 日に開催された中国工程院第 19 回学術会議および中国工程院第 14 回学術会議における習の講話が公開された[28]。この講話は，科学技術イノベーションに関する内容であり，講話が行われた当時は米中対立が本格化し始めた時期であったことから，公開に時間を要したことが推察される。

同講話において，習は，「科学技術の分野ではまだ解決しなければならない未解決の問題がいくつかある」とし，「特に，第19回中国共産党全国大会で提起された新しい課題や要件と比較して，中国の科学技術におけるビジョン，イノベーション能力，資源配分，制度政策の分野で多くの差異がある」，「中国の基礎科学研究の欠点は未だに際立っており，企業は基礎研究に十分な注意を払っていない」などと述べた。

また習は，「主要な独自の結果の欠如，基礎となる基礎技術と基本プロセス能力の不足，産業用ホストコンピュータ，ハイエンドチップ，基礎ソフトウェア，ハードウェア，開発プラットフォーム，基本的なアルゴリズム，基本的なコンポーネント，基本的な材料などのボトルネックは依然として顕著であり，主要なコア技術が他のテクノロジーによって制約されている状況は根本的に変わっていない」との見方を示している。

注目すべきはこのコア技術に関する認識である。習は，「主要なコア技術を自分たちの手で習得することによってのみ，国家経済安全，国防安全，およびその他の安全を根本的に保証することができる」，「新時代の社会と人々の生活と軍民融合のニーズから，自主創新の成果の転化と応用を加速し，将来性のある戦略的な分野で主導権を握る」と述べており，いわゆる「自主創新」によってコア技術の獲得を目指す必要があると認識していることがうかがえる。

そうしたコア技術の「自主創新」の手段として，習は「軍民融合の発展体系の構築を加速し，軍民融合組織の管理体系，業務運営体系，政策制度体系を整備し，『民参軍』，『軍転民』の障害を取り除かなければならない」，また「知的財産権保護の法執行を強化し，知的財産権のサービス体系を整備しなければならない」と述べるなど，軍民融合を進め，研究開発とその成果である特許発明に重点を置き，知的財産権の保護を強調している。

4. イノベーションをめぐる諸課題克服のための取り組み

4.1　第14次5か年計画（2021～2025年）におけるイノベーション戦略

上述のように，中国共産党は，科学技術イノベーションをめぐる諸課題を認識し，その解決策を計画や政策として打ち出している。2020年10月に開催された第19期中共中央委員会第5回全体会議（五中全会）では，第14次5か年計画（2021〜2025年）と2035年遠景（ロングショット）目標の提案がなされ，翌2021年3月の全人代で正式に可決，公表された。第14次5か年計画では，「近代化建設の全局におけるイノベーションの核心的位置づけを堅持し，科学技術の自立自強を国の発展の戦略的支え」とすることが掲げられた[29]。

また，同計画の期間中，研究開発支出を年間7%以上増加することや，特許発明数を2020年対比でほぼ倍増させること，デジタル・エコノミーのコア産業がGDPに占める割合を2020年の7.8%から2025年に10%へと引き上げることなどが目標として定められた。さらに，不透明な国際情勢下，食料やエネルギーの総合生産能力を向上させるべく，食料6.5億トン以上，エネルギー46億トン以上という数値目標が初めて示された。

具体的には，第14次5か年計画の期間中に，「国家のイノベーション・システムを整備し，国家実験室がリードする戦略的科学技術力の構築を加速させ，基盤となるコア技術の堅塁攻略戦に取り組み，基礎研究10か年行動計画を策定・実施し，企業のイノベーション能力を高め，人材のイノベーションの活力を引き出し，科学技術イノベーションの体制・仕組みを整える」べく，さまざまな政策が展開されることとなる。

また，2021年4月14日には，工業情報化部と関連部門が「第14次5か年計画スマート製造発展計画」制定のため，意見請求稿を起草・公開した[30]。同計画では，今後5年間でAI, VR（Virtual Reality）/ AR（Augmented Reality），5G，北斗測位衛星などの新技術を融合・応用した新型スマート製造装備を発展させることなどが明記されている。これは，米中対立が深まる中で公的な場での言及が見られなくなった「中国製造2025」の具体的な発展計画を示したものであると見られる。

ただし，前述の通り，ゼロベースからの「自力更生」によるイノベーションには限界がある。習がコア技術の「自主創新」の重要性を説く一方で，中国共産党自身も，依然として不足するコア技術の獲得を海外からの輸入に頼らざるをえないと認識していると見られる。そのため，2021年4月15日，財政部，海関総署，税務総局は，第14次5か年計画の期間におけるイノベーションを支援するための輸入税政策を公表した[31]。

これは，科学と教育を通じて国を活性化させる（科教興国）戦略，イノベーション駆動型の発展戦略をさらに実施し，科学技術のイノベーションを支援すべく，科学研究機関，技術開発機関，学校，党校（行政学院），図書館が，中国で生産できない，または性能がニーズを満たすことができない科学研究，科学技術開発，および教育用品を輸入する際の輸入関税，輸入付加価値税，消費税を免除するもので，海外からの技術獲得の促進が企図されている。

4.2　知的財産権の保護強化に向けた法改正の動き

習政権下の中国では，知的財産権の保護強化に向けた法改正の動きも見られる。知的財産の保護が科学技術のイノベーションに必要であるといった議論は，中国内でも2000年前後から語られるようになっている[32]。また，2008年6月には，国務院が「国家知的財産権戦略綱要」を公表し，知的財産権の創造，活用，保護，管理能力を向上させることを掲げた[33]。

こうした知的財産の保護に関する注目すべき動向として，2020年11月30日，輸出管理法の施行日に，習近平が中国共産党中央政治局第25回集団学習会を主宰し，知的財産権の保護業務を全面的に強化すべきであると述べたことが挙げられる。この集団学習会では，中国の知的財産の保護に関して集団学習が行われた[34]。同会議では，北京大学法学院教授兼国際知的財産権センター主任で国家知的財産権戦略実施研究基地主任も務める易継明を招き，知的財産の保護を包括的に強化し，イノベーションを刺激し，イノベーション駆動型の新たな発展方式を促進する必要があるとの認識が共有されている。

同会議において，習は，「イノベーションが開発の最初の原動力であり，知的財産権を保護することはイノベーションを保護することを意味する」と述べた。その上で，「民法の関連規定を厳格に実施する一方，関連する法規制の改善を加速し，特許法，商標法，著作権法，独占禁止法，科学技術進歩法の改正を調整および促進する必要がある」と知的財産保護のためにこれらの法制度を改正する必要性を強調した。

また，習は知的財産権の分野における国家安全保障を維持する必要性も強調している。具体的には，「国家安全（保障）に関連する主要なコア技術の独立した研究開発と保護を強化し，法律に従って国家安全（保障）に関連する知的財産権の移転を管理することが必要」であり,「知的財産の独占禁止や公正な競争に関連する法規制や政策措置を改善し,合法かつ強力な抑制を形成することが必要」であるとの認識を示した。

さらに習は,グローバルな知的財産ガバナンスに深く参加することを掲げる一方で,こうした国内の法整備に加えて,「中国の知的財産法や規制の域外適用を促進し,国境を越えた司法調整の取り決めを改善することが必要」であり,「効率的な国際的な知的財産リスクの早期警戒と緊急対応メカニズムを形成し,知的財産の外国関連リスクを防止および管理するためのシステムを構築することが必要」であるとも述べている。

このことから,今後,コア技術の研究開発,社会実装を一層強化する中で,イノベーションの果実である知的財産の保護強化に向けた法整備や具体策が進められるものと見られる。

おわりに

以上,本章で見てきたように,中国は,科学技術イノベーションによってコア技術を獲得することに重点を置き,軍民融合型イノベーション・エコシステムの構築を進めている。また,研究開発とその果実である発明や特許,知的財産は,そうしたイノベーションの一部であり,中国がICTを中心とする新興技術のイノベーションで先行しつつある中で,さらなる技術の獲得と同時に,その保護が今後進められていくものと見られる。

情報を基盤とする新興技術によるイノベーションが進む今日,権威主義体制の国家が情報を監督管理する法改正や新興技術の社会実装を進め,デジタル技術を統治の手段として用いることは,ドイツの政治学者であるハイルマン(Sebastian Heilmann)が呼称した「デジタル・レーニン主義」,あるいは「デジタル権威主義」を強化するものとなりうる[35]。すなわち,中国においては,「プロレタリアートの前衛」および「中華民族の前衛」たる中国共産党による独裁を強化することにつながるものといえよう。

「デジタル・レーニン主義」あるいは「デジタル権威主義」の国家は,フーコー(Michel Foucault)が,社会の全展望監視システムとして管理,統制された環境を「パノプティコン」(panopticon) とたとえたように，統治の手段としてデジタル技術を活用する動機付けと，民主主義国と比較して低い人権意識のために，新興技術の社会実装と普及の速度が極めて速いのが特徴である[36]。

こうした権威主義体制の強化が，イノベーションを促進するものとなるか，また科学技術イノベーション・エコシステムが抱える課題の解決に寄与するかは，依然として不透明である。プロセス・イノベーションの先頭に立つ中国が，プロダクト・イノベーションを起こすためにコア技術を獲得することができるか，またビジネス・イノベーションを起こすために，新たなビジネスモデルを創出することができるかが今後の課題となる。

他方で，少なくとも，権威主義体制の強化とそれに伴う価値をめぐる国際的な摩擦や対立は，グローバルなオープン・イノベーション環境を分断させる方向に働きつつあることは確かなようである。たとえば，コーツ (Ken Coates) は，急速な技術変化の時代に，世界は権威主義的イノベーションと民主的イノベーションという2つの異なる流れに分かれる可能性があると指摘している[37]。

その上で，コーツは，クローニングや遺伝子組み換えをはじめとするバイオテクノロジーや，医療モニタリング，ソーシャルメディア，監視システム，小型原子炉，およびその他多くの分野で，中国やロシアをはじめとする権威主義的イノベーションは制約が少なく，イノベーションを有利に進めることができると考察している。

一方，民主的イノベーションは，個人のプライバシー，国家の権力の制限，企業の法的監視など，民主主義国家が持つ原則に起因する制約から，開発プロセスとその導入に年数とかなりのコストを追加する可能性があると指摘されている。このように，新興技術のイノベーションをめぐる国際競争が激化する中で，権威主義的イノベーションの台頭は，日本や欧米をはじめとする民主的イノベーションにとっても多くの課題を提示している。

【注】

＊　本章は，土屋貴裕「権威主義体制下のイノベーション・エコシステム：新興技術の研究開発・社会実装をめぐる中国の戦略と課題」『国際安全保障』第49巻第1号，国際安全保障学会，2021年6月，74-91頁を基に再構成し，加筆・修正したものである。

1　ジョゼフ・シュムペーター『資本主義・社会主義・民主主義』中山伊知郎・東畑精一

訳，東洋経済新報社，1995年。イノベーション論の変遷については，『オープンイノベーション白書　第三版　日本におけるイノベーション創出の現状と未来への提言』オープンイノベーション協議会，国立研究開発法人新エネルギー・産業技術総合開発機構，2020年6月，第1章に詳しい。

2 オープン・イノベーションについては，以下を参照。ヘンリー・チェスブロウ編著『オープンイノベーション：組織を超えたネットワークが成長を加速する』PRTM監訳，長尾高弘訳，英治出版，2008年；ヘンリー・チェスブロウ『オープン・サービス・イノベーション』博報堂大学ヒューマンセンタード・オープンイノベーションラボ監修・監訳，CCCメディアハウス，2012年。

3 「新興技術」（Emerging technologies）とは，一般的に，現在研究開発の途上にあり，将来の実用化が期待される先端技術を指す。

4 2022年9月，世界知的所有権機関（World Intellectual Property Organization: WIPO）は2022年版のグローバル・イノベーション・インデックス（GII）に関する報告書（The Global Innovation Index 2020）を発表した。同報告書では，ビジネスの洗練度や創造的な成果のレベルといった多くの基準に焦点を当てて，129か国・地域のイノベーションのレベルを評価し，指数化している。Soumitra Dutta, Bruno Lanvin, Lorena Rivera León, and Sacha Wunsch-Vincent, eds., *Global Innovation Index 2022: What is the future of innovation-driven growth?*, Cornell University, INSEAD, and the World Intellectual Property Organization, 2020, https://www.wipo.int/edocs/pubdocs/en/wipo-pub-2000-2022-section1-en-gii-2022-at-a-glance-global-innovation-index-2022-15th-edition.pdf. なお，本章におけるインターネット情報の最終アクセス日は2022年11月30日である。

5 具体的には，(1) ヘルスコードの採用，(2) ヘルスオムニチャネルの構築，(3) 非接触サービスの提供，(4) 遠隔教育の提供，(5) 公共の感情慰労（emotion consolation）サービス，(6) 国境を越えたプロジェクトの推進，(7) クラウドオフィスの採用，(8) 医療材料の生産という8つのイノベーションがもたらされたとしている。なお，「オムニチャネル」とは，実店舗とECサイトの情報管理システムを統一し，オンラインやオフラインなど，あらゆるメディアを活用して顧客と接点を作り，購入の経路を意識させずに販売促進につなげる戦略を指す。また，「公共の感情慰労サービス」とは，医師によるオンラインでの診療や情報提供などによる感情面や精神面での不安解消を目的としたサービスを指す。Jie Xiong, Jie Yan, Kun Fu, Ke Wang, and Yuanqiong He, “Innovation in an authoritarian society: China during the pandemic crisis”, *Journal of Business Strategy*, ahead of print, 2021, https://doi.org/10.1108/JBS-10-2020-0223 (20xx年x月x日アクセス).

6 The World Bank, *The East Asian Miracle: Econoic Growth and Public Policy*, Oxford University Press, 1993. 邦語訳は，世界銀行『東アジアの奇跡：経済成長と政府の役割』白鳥正喜監訳，海外経済協力基金開発問題研究会訳，東洋経済新報社，1994年。

7　たとえば以下を参照。Seymour Melman, *The Defense Economy: Conversion of Industries and Occupations to Civilian Needs*, New York: Praeger Publishers, 1970; Jakob Lorentzi, *Magnus Nilsson, Spin-Off, Dual-Use and Conversion: Fashion or Reality*, Pennsylvania: Diane Publishing Co., 1994.

8　「胡錦濤在全国科学技術大会上的重要講話」中華人民共和国中央人民政府ホームページ，2006年1月9日，http://www.gov.cn/ldhd/2006-01/09/content_152487.htm。

9　中華人民共和国国務院「国家中長期科学和技術発展規劃綱要（2006–2020年）」2006年2月9日。

10　これは「引進消化吸収再創新」(Introduce, Digest, Absorb, and Re-Invent）モデルとして知られている。

11　James McGregor, "China's Drive for 'Indigenous Innovation': A Web of Industrial Policies," Washington DC: U.S. Chamber of Commerce, 2010.

12　「中華人民共和国科学技術進歩法」1993年10月1日施行，2008年7月1日改正。

13　「国務院通過加快培育和発展戦略性新興産業的決定」国務院ホームページ，2010年9月8日，http://www.gov.cn/ldhd/2010-09/08/content_1698604.htm。

14　「《戦略性新興産業分類（2018)》（国家統計局令第23号)」中華人民共和国国家統計局ホームページ，2018年11月26日，http://www.stats.gov.cn/tjgz/tzgb/201811/t20181126_1635848.html。

15　曽立編『中国特色軍民融合国防資源配置與管理探索：国家戦略與基本国策』北京：経済管理出版社，2016年。

16　Indermit Gill and Homi Kharas, *An East Asian Renaissance: Ideas for Economic Growth*, Washington, DC: World Bank, 2007.

17　中華人民共和国国務院「国務院関於印発《中国制造2025》的通知」国発〔2015〕28号，2015年5月8日。

18　王士彬・費士廷・馮凱旋「習近平出席解放軍和武警部隊代表団全体会議併発表重要講話」中華人民共和国国防部ホームページ，2021年3月9日，http://www.mod.gov.cn/topnews/2021-03/09/content_4880723.htm。

19　なお，中国のインテリジェント化（知能化）された戦争については，浅野亮「中国の知能化戦争」『防衛学研究』2020年3月，19–40頁，およびElsa B. Kania, *Chinese Military Innovation in Artificial Intelligence*, Center for a New American Security, June 7, 2019などに詳しい。

20　Office of the Secretary of Defense, "Annual Report to Congress: Military and Security Developments Involving the People's Republic of China 2019," United States Department of Defense, 2 May 2019, p. 21.

21　黄朝峰・高建平主編『軍民融合発展理論與実践』北京：経済管理出版社，2017年，7頁。

22　同上。

23　軍事四証もしくは軍事三証とは，中国人民解放軍の武器装備品の研究開発・製造を請け負う企業や大学に対して取得を義務付けた認証資格を指す。軍工四証もしくは軍工三証とも呼ばれる。具体的には，軍事四証とは，①装備承制単位資格認証，②武器装備科研生産許可証，③武器装備科研生産単位保密資格認証，④武器装備質量管理体系認証を指す。なお，2017 年 10 月 1 日以降，装備承制単位資格認証および武器装備質量管理認証が統合されて一つ（二証合一）となり，装備承制単位資格認証の取得によって武器装備質量管理認証を取得できるようになった。そのため，今なお軍事四証との呼称も見られる。孫新華・許氷清「当前軍事代表参与資格審査工作存在的問題和対策展望」『中国軍転民』2018 年第 9 期，2018 年 9 月，56–58 頁。

24 ヘンリー・エツコウィッツ『トリプルへリックス—大学・産業界・政府のイノベーション・システム』三藤利雄・堀内義秀・内田純一訳，芙蓉書房出版，2009 年。

25 たとえば，角南篤「中国の科学技術政策とイノベーション（技術革新）・システム 進化する中国版『産学研・合作』」PRI Discussion Paper Series, No. 03A–17，財務省財務総合政策研究所研究部，2003 年，および同「中国の産学研『合作』と大学企業（校弁企業）」RIETI Discussion Paper Series, No. 04–J026，経済産業研究所，2003 年など。また，トリプル・へリックス理論を中国・華南地域に当てはめて分析した先行研究として，林学軍『基於三重螺旋創新理論模型的創新体系研究』広州：暨南大学出版社，2010 年が挙げられる。

26 張健『三重螺旋視閾下的戦略性新興産業共性技術協同創新模式及運行机制研究』天津：南開大学出版社，2019 年。

27 澎湃新聞与上海発展戦略研究所聯合課題組「26 特色園区跟蹤調研｜中期成果⑤航空航天如何賦能上海制造」澎湃新聞，2021 年 4 月 14 日，https://www.thepaper.cn/newsDetail_forward_12122028。

28 習近平「努力成為世界主要科学中心和創新高地」求是網，2021 年 3 月 15 日，http://www.qstheory.cn/dukan/qs/2021-03/15/c_1127209130.htm。

29 「中華人民共和国国民経済和社会発展第十四箇五年規画和 2035 年遠景目標綱要」中華人民共和国中央人民政府ホームページ，2013 年 3 月 13 日，http://www.gov.cn/xinwen/2021-03/13/content_5592681.htm。

30 「公開征求対《“十四五” 智能制造発展規画》（征求意見稿）的意見」中華人民共和国工業・情報化部ホームページ，2021 年 4 月 14 日，https://www.miit.gov.cn/gzcy/yjzj/art/2021/art_df7ef807d8a34de185e776ab34a7343e.html。

31 「財政部 海関総署 税務総局関於“十四五”期間支持科技創新進口税収政策的通知」中華人民共和国財政部ホームページ，2021 年 4 月 20 日，http://gss.mof.gov.cn/gzdt/zhengcefabu/202104/t20210420_3688785.htm。

32 たとえば，尹鴻祝・蔣建科「知識産権局負責人介紹専利法修改情況指出 保護知識産権 推動科技創新」『人民日報』，2000 年 9 月 2 日。

33 中華人民共和国国務院「国務院関於印発国家知識産権戦略綱要的通知」国発〔2008〕18 号，2008 年 6 月 5 日。

34 「習近平在中央政治局第二十五次集体学習時強調 全面加強知識産権保護工作 激発創

新活力推動構建新発展格局」新華網，2020年12月1日，http://www.xinhuanet.com/politics/leaders/2020-12/01/c_1126808128.htm。

35 ハイルマンは，こうしたデジタル技術による衆人監視の手法やそれを支える思想を「デジタル・レーニン主義」と表現した。Sebastian Heilmann, *Event Recap-Leninism Upgraded: Restoration and Innovation Under Xi Jinping*, Harvard University Asia Center, April 13, 2017. また，「デジタル権威主義」については，たとえば以下を参照。Adrian Shahbaz, "The Rise of Digital Authoritarianism, Freedom House," October 31, 2018, https://freedomhouse.org/article/rise-digital-authoritarianism-fake-news-data-collection-and-challenge-democracy.

36 Erol Yayboke and Sam Brannen, "Promote and Build: A Strategic Approach to Digital Authoritarianism," CSIS Briefs, October 15, 2020, https://csis-website-prod.s3.amazonaws.com/s3fs-public/publication/201015_Yayboke_Brannen_PromoteAndBuild_Brief.pdf.

37 Ken Coates, "Authoritarian Innovation: The Intrusive Potential of Emerging Technologies," Centre for the Study of Science and Innovation Policy, Johnson Shoyama Graduate School of Public Policy, November 25, 2020, https://www.schoolofpublicpolicy.sk.ca/csip/publications/making-waves/authoritarian-innovation.php.

第 6 章

経済安全保障から見た重要技術とイノベーション・エコシステム：米国の事例から

中山智弘・鈴木和泉

はじめに

米中対立，コロナウイルス感染症やウクライナ侵攻に伴うサプライチェーンリスク等を背景に，「経済安全保障」の議論が活発化している。国内では 2022 年 5 月に「経済安全保障推進法」が成立し，同年 8 月から一部の法律が施行されている。同法では「経済安全保障」について明確な定義がなされていないものの，「安全保障の確保に関する経済施策を総合的かつ効果的に推進すること」を目的とするとされており，安全保障の射程が旧来の国防と併せて国民の安全・安心にかかわる多様な領域（経済，気候変動，食糧，健康医療等）にまで拡大して理解されていると考えられうる。

このような中，科学技術についても優位性の確保が安全保障上の課題として重要な論点として挙がっている。「経済安全保障推進法」の 4 つの柱にも先端的な重要技術の開発支援に関する制度の立案が組み込まれており，先端技術の優位性の確保が経済，国家安全保障上の課題として重要な位置付けとなっている。

このような動きは，わが国だけのものではない。米国においても 2020 年に「重要・新興技術」（CETs）[1] が設定され，国家安全保障にとって潜在的に重要であるとされる新興技術を取り上げている。同リストそのものが政策立案や資金調達の優先順位のための戦略ではないとされながらも，米国の科学技術分野の競争力の優位性が安全保障においても重要な位置付けにあるということを再認識するものである。また欧州においても地政学的不安定さの拡大，貿易摩擦の脅威，コロナウイルスの拡大等の影響を受け，「技術覇権」（Technology Sovereignty）について議論がなされ始めている[2]。欧州でいう「技術覇権」とは，「国家もしくは国家の連合体が福祉，競争力，実行する力において重要であると認識する技術を獲得できる力，もしくはこれらの技術を一つの地域にのみ構造的に依存することなく他の経済地域から獲得できること」と理解されており，米中対立，コロナ等の不安定な状況が高まる中，重要技術が何であるかと同時にいかにして確保していくか，について議論されている。

本章では，科学技術分野での中国の存在感が増す中，米国の新興技術の獲得の方法の変化が見られる点に着目し，現状について整理をする。米国はこれまでも安全保障，経済発展，生活の質向上等国益の基盤として科学技術を位置付け，同分野でのリーダシップを維持するための取り組みを行っている。その中で国防部門による技術獲得の果たす役割は，予算規模からも極めて大きかった。第2次世界大戦後は，宇宙，原子力，コンピュータ開発の分野で軍産複合体が大きな役割を果たし，重要な先端技術開発が国防部門中心に比較的閉じられた世界の中で行われてきていた。1980年前後から経済的な国際競争力獲得のために科学技術イノベーションが位置付けられたことによって，民間部門技術を積極的に利用するための研究開発体制へと移行していった[3]。

そして今時，このような民間部門の科学技術を国防分野に活用する流れは一層加速しているように見受けられる。情報通信技術，コンピュータ科学の進歩により学術機関で行われるサイエンスベースの研究成果の社会実装までの時間とコストが格段に小さくなっていることが背景にある。これまで非競争領域とされてきた基礎的研究，新興技術をいち早く発見し，スタートアップを通して社会実装し，スタートアップを生み出すオープンイノベーションやイノベーション・エコシステムの構築が重要となっている[4]。このような流れを受け，近年米国では，国防総省において新興技術の獲得方法の中心にイノベーションを据え，技術力の強化に加え，国防総省全体の能力強化のためのイノベーション・エコシステムの構築を行い始めている。

以下では技術的優位性の確保と安全保障の関係について述べた後，この数年で国防総省が行っているイノベーション・エコシステム創出に向けた取り組みを整理し，米国の新興技術の新たな獲得の動きについて考察する。

1. 技術優位性の確保と安全保障の関係の変化

1.1 技術優位性と安全保障

そもそもなぜ安全保障において技術の優位性が重要なのか。確かに米国においてはこれまでも安全保障における技術優位性の確保の重要性は理解されてきた。いわゆる「オフセット戦略」という考え方にも科学技術の重要性が現れ出ている。オフセット戦略とは，兵器，システム，作戦概念を新たに組み合わせることで敵国の優位性を相殺して軍事能力の確保を行い，抑止力を生み出す作戦として理解されている[5]。1950年代，ソ連に対して核兵器の優位性を確保することで，欧州に対する地理的劣位を相殺し，また1970〜80年代にかけては，情報技術とマイクロプロセッサ技術が中核となり，精密誘導兵器と戦闘ネットワークを統合し，戦略上の優位性を確保したといわれる[6]。核開発技術，コンピュータ技術，情報通信技術等が核心的技術となり，これらの技術を確保していることが国家の安全保障につながっていた。

冷戦期においては，敵対する国よりも早く大量に先端的な兵器を獲得することが目的となり，そのための科学技術研究開発体制が構築されていった。当時の鍵となる科学技術は，宇宙，原子力，コンピュータ開発であり，国防総省を中心とする巨大な研究開発投資と国防総省やNASA等を頂点とする軍産複合体という中央集権的な組織体制，秘匿性の高い研究開発によって支えられていた。このような研究開発は，「ビッグサイエンス」といわれ，冷戦型科学技術の特徴である。特に，軍産複合体は閉じられた垂直型のエコシステムであり，国防とは直接関係のない基礎研究に対しても大規模な研究開発投資が行われた[7]。

1970年代は，国力の源泉として産業イノベーションによる国際競争力の優位の確保が主要な政策的課題となる。カーター政権時の「産業イノベーション・イニシアティブ」[8]（1979年）や産業競争力委員会「ヤングレポート」[9]（1985年）は，米国の産業競争力の低下を認め，科学技術，資本，人材育成，通商の面から競争力獲得の方向性を示すものであった。特許権を含む知的財産権の保護強化や実用化に向けた取り組みが加速する。1980年代に入ると半導体やコンピュータなどそれまで軍需が産業の発展に貢献していた分野においても，民間市場が成長することで民生技術の方が高い技術水準を持つものが出てきた。加えて国防にかかわる研究開発費が削減されたことにより，軍事技術のスピルオーバーから民間部門の研究開発の成果の活用が問われるようになった。1990年代のクリントン政権時には，軍事技術と民生技術の垣根を低くするデュアルユース推進政策[10]がとられ，民生用の技術を軍事用に導入していくスピンオンが進んでいった。国防高等研究計画局（DARPA）に対して，ハイリスク・ハイインパクトの両用技術の技術開発を行わせようという動きが高まったのもこの時期からである。この頃から研究開発を担う主要なアクターが国防部門から民間部門にシフトし始めた。

そして昨今では，国防総省および関係機関では，安全保障の強化の観点から民間部門，とりわけスタートアップ，ベンチャー企業からの新興技術を獲得することに力を注ぎ始めている。2014年に国防総省が発表した「第3次オフセット戦略」[11]では，軍事・安全保障を目的として新興技術を活用する取り組みに関する戦略を立てた。同戦略を推進するため，国防イノベーションユニットや Defense Wargame Alignment Group といった国防イノベーションに焦点を当てた組織を設立している。2018年の「米国国防戦略」[12]においても，新興技術（高性能コンピュータ，ビッグデータ分析，AI，自律性，ロボティクス，指向性エネルギー，極超音速，バイオテクノロジー）を確保することが未来の戦争に勝利することにつながるとして新興技術の迅速な獲得について言及している。また，2022年10月に発表された「国家国防戦略」[13]においても，新興技術の商業化の動向にいち早く追従していくとしている[14]。

新興技術を外部から迅速に獲得することへの強い意識は，国防総省の研究開発を担う部門である研究技術担当次官（The Under Secretary of Defense for Research and Engineering USD: R&E）が発表した「競争時代における技術ビジョン（Technology Vision for Era of Competition）」[15]（2022年2月）でもよく表れている（**図表6-1**）。米国ではこれまでも競争によって新たな民間企業とテクノロジー産業が創出されてきたことを確認し，現在の戦略的競争の時代においては，集団的協調（collective cooperation）とが必要であると述べている。その

図表 6-1 「競争時代における技術ビジョン」の 3 つの技術戦略ピラー

Ⅰ ミッションフォーカス	Ⅱ 基盤構築	Ⅲ チームワークによる成功
・ミッション立案者と研究開発チームとの継続したコミュニケーションの必要性 ・ミッションに即した技術開発と飛躍的な技術につながる新興技術開発のバランス	・強く，才能のある将来の技術人材を育成し，引き付けるための基盤の構築 ・ラボや実験施設の近代化 ・システムエンジニアリング，ソフトウェアエンジニアリングの実践レベルでの現代化	・産業界，大学，研究機関，同盟国や友好国とのパートナーシップの多様化し，イノベーション・エコシステムの最大化 ・軍のニーズに基づくユニークな能力に資源を集中 ・デュアルユース技術の商用化の迅速な実践

上で科学上のブレイクスルーを発見し，研究開発を進め，実際の環境下での迅速な実験，およびユーザーへの迅速な実装が求められているとする。競争時代におけるイノベーションの位置付けが示されている。ビジョンで示された技術戦略ピラーの 3 つ目「連携による成功」(Succeed through Teamwork) では，産業界，大学，研究機関，同盟国や友好国とのパートナーシップを多様化し，イノベーション・エコシステムを最大化すると記載されている。

1.2 民間部門がリードする先端技術開発

研究開発の主要なアクターとして民間部門の力が拡大していることは，研究開発費における民間部門と政府部門の割合を見ても明らかである（**図表 6-2**）。米国における研究開発費の推移を見ると，GDP に占める研究開発費の割合は 1965 年以降一度減少傾向に転じたが，1979 年以降多少増減があるものの 1995 年以降は増加傾向にある。2016 年以降は毎年最高値を更新し，2019 年では過去最高の 3.12% であった。政府部門と民間部門の負担割合を見ると，民間におけるプレゼンスが拡大してきていることがわかる。1960 年代，政府は米国の研究開発費の 3 分の 2 を拠出しており，そのうち国防総省の負担は約半分であった。現在，米国全体の研究開発費のうち連邦政府が占める割合は 4 分の 1 未満まで減少し，その差を埋めているのが民間からの研究開発投資である。

研究開発費負担における民間での役割が大きくなることは，研究開発の主体が政府から民間に移行し，加えてイノベーションが民間で起きていることを意味している。国防総省は民間部門による先端技術の消費者であり，国防部門の

図表 6-2　米国における GDP に占める研究開発費の割合

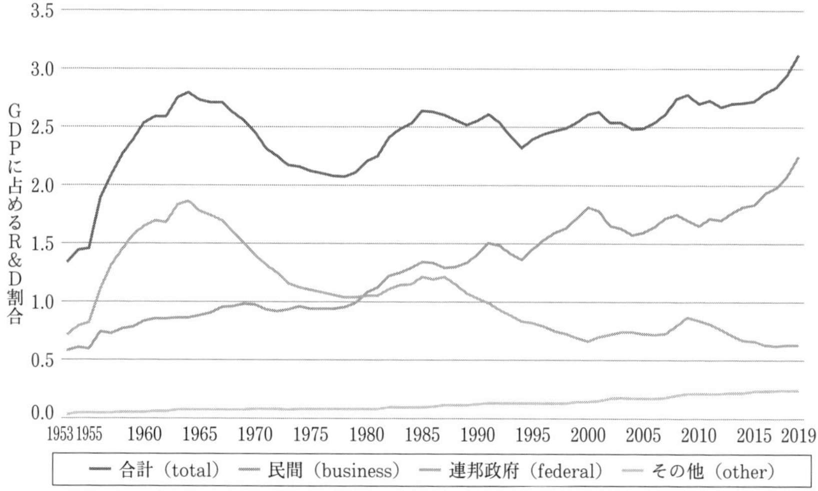

外で行われている先端技術の成熟度と実装可能性を把握し，研究開発の成果をできるだけ早く実装できる環境構築の重要性が高まっている。

以下では，新興技術のうち，AI，量子技術，合成生物学の研究開発動向を事例として取り上げながら，民間部門の役割について示していく。

① AI

AI は人間の知的活動（認識，判断，計画，学習等）をコンピュータで実現するための技術群である。これまでの研究開発の発展プロセスから第 1 の波から第 4 の波があるといわれている。第 1 の波は 1980 年代からの AI ブームを指し，学習能力もなく定義された問題に対してのみ回答する既存のルールに沿う処理を行うものであった。指紋や文字認識，辞書，ルールベースの自然言語処理が事例として挙げられる。第 2 の波は 2000 年以降を指し，大量の教師データを使い機械学習化が進んだ時代である。データからモデルを作成し，画像認識，音声認識，機械翻訳，囲碁，将棋等多くの分野で実装が進んだ。2000 年以降，コンピュータやインターネットの高速化に伴い，多くの AI 応用システムの社会実装が進んだとされている。現在が第 3 の波で特定の機能や特定の状況下でのみ人間に近い振る舞いをするシステムの開発が活発に進められてい

図表 6-3 AI 研究をリードする研究組織ランキング

順位	企業名	国	スコア
1	Google	米国	220.1
2	スタンフォード大学	米国	106.1
3	MIT	米国	99.6
4	UC バークレー	米国	86.7
5	カーネギーメロン大学	米国	71.3
6	マイクロソフト	米国	66.5
7	オックスフォード大学	英国	51.9
8	Facebook	米国	48.5
9	清華大学	中国	46.8
…			
48	理化学研究所	日本	13.5

出典：Gleb Chuvpilo, “AI Research Rankings 2020: Can the United States Stay Ahead of China?”, https://chuvpilo.medium.com/ai-research-rankings-2020-can-the-united-states-stay-ahead-of-china-61cf14b1216（2022 年 12 月 15 日アクセス）.

図表 6-4 世界 AI ユニコーン企業ランキング

順位	企業名	評価額	国
1	Toutiao（Bytedance）	$140B	中国
2	SenseTime	$12B	中国
3	Scale AI	$7.3B	米国
4	Argo AI	$7.25B	米国
5	Gong	$7.25B	米国

出典：CBINSIGHTS, “The Complete List Of Unicorn Companies”, https://www.cbinsights.com/research-unicorn-companies（2022 年 12 月 15 日アクセス）.

る[16]。

第 3 の波には，大きく 2 つの流れがあるとされている。一つが大量の教師データなしで知識を獲得する AI や，学習範囲外に対応する AI の開発である。AI は大量の学習データ・計算資源が必要である一方で，学習範囲外の状況に弱いことや，意味処理・説明等の高次処理ができていないこと等が課題として指摘されていることから，これを克服する AI の開発が進んでいる。もう一つは，「信頼される AI」である。教師データまたはモデルの結果としてアルゴリズムがバイアスを受ける可能性については指摘がある。安全性・信頼性・公平性・解釈性・透明性等を含む AI 社会原則・AI 倫理指針が採択され，世界レベルでも「信頼される AI」の開発が重要な課題になっている。フェイクが社会問題化する中で人間の思考に着目した『意思決定・合意形成支援』，AI・ビッグデータ技術を活用した社会・産業・科学の変革にかかわる『データに基づく問題解決』への取り組みが進展している。そして第4の波は，人間の知能のさまざまな側面を広くカバーし，さまざまな状況で人間の知能のように動作する汎用性の高いシステム（汎用 AI）である。汎用 AI の実現に向けて，各国で研究が進んでいる。

AI の研究開発は，米国と中国が二強といわれており，研究開発，スタートアップ，ベンチャー企業による社会実装が進んでいる[17]。AI 研究をリードする研究組織ランキングでは，1位から6位までを米国の組織が占めており，Google が圧倒的なリードを見せている。研究開発では大学の研究機関が強く，スタンフォード大学，MIT，UC バークレー，カーネギーメロン大学等が上位に入る（**図表6-3**）。一方，AI のユニコーン企業ランキングでは1位，2位を中国企業が占めており，社会実装に近いフェーズでは中国企業の強さがうかがえる（**図表6-4**）。

中国においては，国内の監視ネットワークを活用した言語，顔認証技術の開発が進んでいる。また，陸海空軍を中心に自律型軍用車両の開発，群集技術の開発，サイバー作戦に向けた AI ツールを開発が行われているとされている。

②量子技術

量子技術は，以下のとおり主要3領域で研究が進んでいる。現在は大学で実施されている研究開発も多く，公的資金が多く流れている。一方で，民間による投資も盛んな領域で，Amazon は理論的量子科学と実験的量子科学の両方に投資しており，カリフォルニア工科大学のキャンパスに理論量子研究専門の研究所を建設している。米国の国防科学委員会の量子技術の応用に関するタスクフォースにおいても，量子センシング，量子コンピューティング，量子通信の3つの領域の応用が米軍にとても有益である旨言及されている。

(1)　量子コンピュータ

量子コンピュータは，量子の持つ性質である量子重ね合わせや量子もつれといった量子力学の現象を利用して並列計算を実現するコンピューティングである。古典系コンピュータでは不可能な情報処理を可能とする新たなコンピューティングであり，これまでのコンピュータよりも圧倒的に速い計算速度を実現することができるとされる。また，複雑なモデルの作成から暗号解読まで，多様な問題を解決する等，可能性の幅が広い。Google，IBM，Microsoft，Intel，Alibaba といった IT 企業が研究開発投資を拡大し，スタートアップも多く出始めている。研究開発レベルは，ハードウェア・ソフトウェアともに米国が高く，中国がその後を追随する[18]。

(2) 量子暗号・通信

量子暗号による高度なセキュリティを必要とする応用分野は，重要な領域として認識されている。特に，高機密情報（国家機密，ゲノム情報や医療データ，金融データ等）を保護対象とした量子暗号鍵配送（QKD）の開発が期待されている。社会実装にあたっては，鍵配信速度，伝送距離のさらなる向上や通信インフラとしての安定性を実現するとともに，QKD 装置の低価格化が課題となる。QKD ネットワークについては，2017 年に中国が北京―上海間 2000 km の幹線と合肥等での都市ネットワークを実現し，また米国においても民間企業が同分野を牽引している[19]。

また，特に米国は耐量子計算機暗号（PQC）にも力を入れている。PQC は，量子コンピュータでも解読が困難と考えられている暗号の総称である。中国が先行しているといわれる QKD に対して，その後追いでない研究開発が重要との認識がある。

(3) 量子計測

量子力学が記述する電子や光子等が持つ性質（量子性）を積極的に活用して，古典系では実現できない高感度な計測・センシング技術を開発する。従来の光や電気を用いた計測技術における感度や分解能などの限界を，個々の光子，電子や原子の量子状態を制御することで，打ち破ることが可能になる。要素技術や基盤となる理論は，量子コンピュータや量子通信とも密接に関連している。

応用先として光格子時計や量子慣性センサーが挙げられる。光格子時計は時間標準として使われているセシウム原子時計を2桁も上回る高い時間精度を持つことから，地殻変動，火山活動の観測への応用が期待されている。また量子慣性センサーは，衛星に依存した位置標定システムであるGPSを補完する技術として期待されている。光格子時計技術は日本がリードしているが，磁場計測や温度計測の実証研究，量子もつれ光を用いた研究では，米国の大学（ハーバード大学，メリーランド大学，ボストン大学，イリノイ州立大学，カリフォルニア州立大学アーバイン校，NIST）によるアカデミアフェーズの研究開発が行われている。

③合成生物学

合成生物学は，組織，細胞，遺伝子といった生物の構成要素を組み合わせる手段に関する研究を指す。再生医療や細胞治療，抗体医薬，遺伝子治療等の医療・ヘルスケア分野，バイオエタノール等のエネルギー分野，材料科学や製造，スマート育種，代替食品等の農林水産，食品分野と広範な応用可能性があるとされている。

合成生物学は，現存する生物の構成要素を分解し，各要素の役割や要素間の相互作用を解明する解析的アプローチ（トップダウン）と，これらの構成要素を「部品」と見なし，組み合わせることで人工細胞や生命の機能の一部を創り出す構成的アプローチ（ボトムアップ）に大別される。ゲノム編集技術等により細胞をリデザインするものであり，発酵・代謝工学の発展形としての有用分子生産が注目され，産業化のフェーズに入りつつある。一方で後者のボトムアップアプローチは，理学的な側面が大きい領域で，人工細胞についてはまだ産学連携・社会実装のフェーズに到達していないとされている。「ありえた生命」を作ることで生命を理解するという理学的な側面と，作る手段の進展を活かして人類にとって有用な分子や生命システムを構築するという工学・医学的な側面が共存する分野である[20]。また，同分野の発展は，安全保障との強い関連もあることから，米国国防総省，国務省，国土安全保障省，および国家情報長官室からは，国防上の性能向上と併せて化学兵器や生物兵器への応用の可能性について評価がなされている[21]。

合成生物学では，研究開発および産業化において米国がリードし，英国，日本がそれに続く。いずれの国においても官民で研究開発，産業化に向けた動きが活発化している。たとえば米国ではオバマ政権時に打ち立てられた戦略「National Bioeconomy Blueprint」に基づき，複数の政府機関によって研究開発支援が行われた。中心的な役割を担うのがエネルギー省とDARPAで，エネルギー省ではクリーンエネルギー，バイオエネルギー作物，バイオ燃料等を出口領域とした支援が行われ，DARPAでは生体システムの基本的な代謝プロセスのプログラミング等を目的とした，Living Foundries，Safe Genes等のプログラムが実施されている。また産業分野では合成生物学等の技術開発に必要な装置群を集積・オートメーション化した技術パッケージである「バイオファウンドリ」において，Ginkgo Bioworks，Zymergen，Amyris等バイオ系スタートアップが研究開発を推進している[22]。

2. 米国における国防イノベーション・エコシステム

以上のとおり，昨今の新興技術の多くは研究開発費の多くを担う民間部門によって研究開発が牽引されている。また，米国の安全保障上の重要技術リストに入っている先端技術の多くは，コンピュータ科学に関連している。コンピュータ科学の進歩によって，基礎研究の成果が社会実装されるまでの時間は一層短くなっている。特に，先に示したAI，量子，バイオテクノロジーの分野などは，学術機関やスタートアップでの研究開発が盛んであり，また量子と深層学習やバイオテクノロジーとAIなど分野を超えた研究が重要となる。目的に応じて多様なアクターと知識を共有し，製品やサービス開発へ素早く転換できる柔軟かつ開放的なネットワークが必要となる。

以下では，現在の新興技術と社会実装までの特性に合わせて，米国国防総省が行っているイノベーション・エコシステム構築に向けた取り組みを概観する。国防総省では，安全保障上の新興技術獲得の強化にあたって，産業界，大学，研究機関，同盟国や友好国とのパートナーシップの多様化し，イノベーション・エコシステムを最大化させることを掲げている[23]。まずイノベーション・エコシステムに関するこれまでの議論からイノベーション・エコシステムで考慮される要素を整理し，その上で具体的に国防総省を中心に行われている各種取り組みを整理する。

2.1　イノベーション・エコシステム

イノベーション・エコシステムの概念は，エコシステムという物質とエネルギーの流れを概念化した「生態系」という生物学で使われてきた用語をビジネス分野でも活用しようとした動きで，15年程前から広く普及し始めている。イノベーション・エコシステムは，ビジネス・エコシステムという「企業が提供する製品・サービスを一貫して顧客向けのソリューションとして結合するための協調的な取り組み」という概念をルーツにし説明されているもの[24]や，エコシステムに参画するアクターとネットワークに着目して，共有された技術，知識，ノウハウをともに高め合い，新しい製品やサービスを開発するために協力的かつ競争的に働く企業や他の事業体の緩く相互接続したネットワークのことと説明されているもの[25]もある。一般的に使われている概念でありながらも，学術的に定まった明確な定義はないとされている。

明確に定まった定義はないが，関連する文献から，イノベーション・エコシステムの概念要素を整理したものがある。そこではイノベーション・エコシステムとは，「アクター」，「製品，サービス，技術」，「活動」が一体となって存在していることが挙げられる。加えてその中でのルールである「制度」と補完関係と代替関係にあることで，アクターが革新的な成果を生み出すことができるものの総体をイノベーション・エコシステムとしている（**図表6-5**）[26]。またイノベーション・エコシステムを構築するためのステークホルダーに着目したものもある[27]。そこでは，イノベーション・エコシステムは，相互依存するアクター間のネットワークによって特徴付けられるとする。ネットワークの中で，知識・情報やリソースを共有，交換できる公式・非公式の慣行が制度となることがイノベーション・エコシステムを有効に機能させる。その上で，イノベーション・エコシステム構築に必要なステークホルダーとして，「政府」，「企業」，「起業家」，「大学」，「リスク資金提供者」が提示されている。近年のイノベーション・エコシステムにおけるステークホルダーの特徴は，「起業家」が含まれていることである。かつてのエコシステムの機能を果たした「軍産複合体」の産官の二者関係でもなく，産官学の三者関係でもなく，新たなアクターとし

図表 6-5　イノベーション・エコシステム

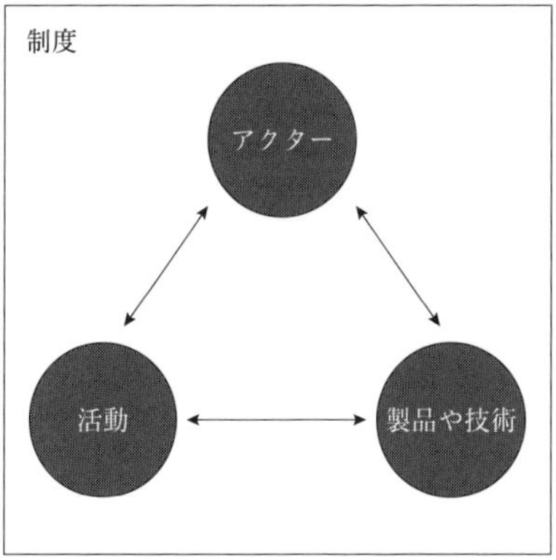

図表 6-6　イノベーション・エコシステムステークホルダー

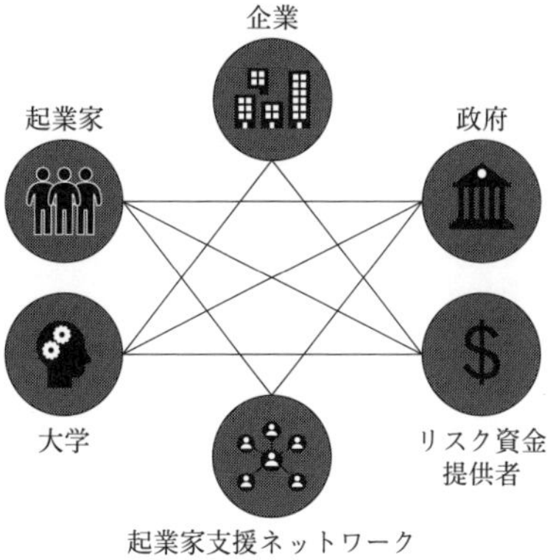

て起業家が加えられている。また起業家を支援するインキュベーターやアクセラレーターなどにも着目し「起業家支援ネットワーク」もエコシステムに加える場合もある（**図表 6-6**）。

これらの議論から，イノベーション・エコシステムとは，必要なステークホルダーが参画しネットワーク化され，知識・情報やリソースを共有，交換できる「制度」が構築されている状態だといえる。このような状態が作られるためには，適切な人材，資金，ネットワークとインセンティブが投入される必要があり，国や地域ごとに上記要素の強み弱みの考慮が必要である。

米国の国防分野においては，かつては軍産複合体によって政府，企業，一部の大学に強い結びつきがあった。また 1990 年代以降は，民生用の技術を軍事用に導入していくスピンオンが進み，電子産業分野を中心に民間部門がネットワークに組みこまれていく。併せてハイリスク・ハイインパクトの両用技術獲得については，DARPA の仕組みを促進し基礎研究を行う大学からの技術獲得も行い始めた。そして，2015 年頃からこれまで関係が少なかった起業家やスタートアップ企業，大学などの新しいアクターを国防分野に巻き込みながら，イノベーション・エコシステムの構築が試みられ始めている。

2.2　国防分野におけるイノベーション・エコシステム構築に向けた取り組み

以下では具体的に米国の国防総省を中心に行われているイノベーション・エコシステム構築に向けた取り組み事例の一部を整理する。上記イノベーション・エコシステム構築に必要とされるステークホルダーを参照し，各機関の活動内容からイノベーション・エコシステム内での役割を示していく。国防イノベーション・エコシステムのステークホルダーとの関係図は以下のように示す（**図表 6-7**）。

図表 6-7　国防分野におけるイノベーション・エコシステム

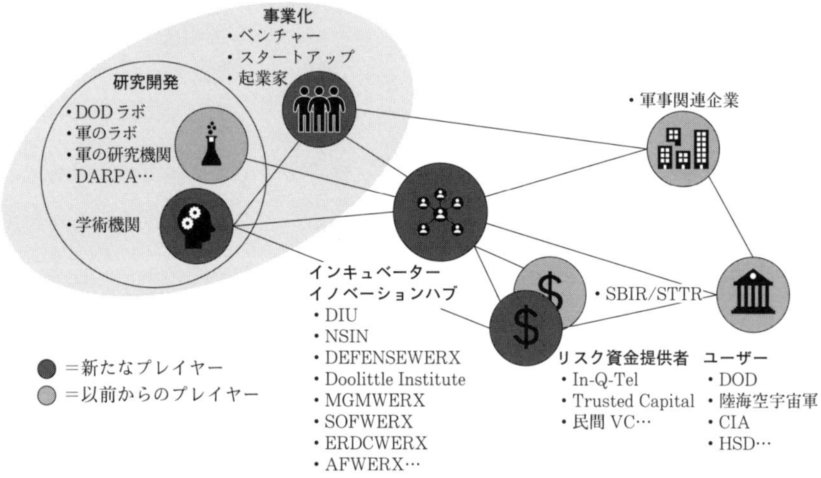

①国防イノベーション委員会（Defense Innovation Board: DIB）

国防イノベーション委員会は，2016年，オバマ政権時のカーター国防長官のイニシアティブで設置された。カーターは，デジタルテクノロジー産業と国防部門との橋渡しを行い，米軍の戦略からオペレーション全体のイノベーションを活性化するための司令塔的機能を持つ組織を作ることを目指して同委員会を設置した。米国の技術的優位性および軍事的優位性を確保するため，国防総省の文化，技術，組織構造，プロセス，機能の諸課題に対して独立した立場から助言と勧告を行う。初代委員長に Google の元 CEO であるエリック・シュミットを据え，デジタル技術分野で優れた見識を持つ新たなステークホルダーが参画した。現在は，大手通信会社 Bloomberg の創設者であるマイケル・ブルームバーグが委員長である。連邦政府諮問委員会法（Federal Advisory Committee Act）に基づき設置される。

これまでに AI 導入に向けた米国民間部門や同盟国との連携方策，獲得競争が進むデジタル人材に向けた提言，米軍への AI 倫理原則の採用を行ってきた。デジタル人材育成では，AI 人材育成の司令塔として「統合人工知能センター」[28]（Joint Artificial Intelligence Center: JAIC）の創設に貢献した。また，2022 年 12 月，「国防科学技術戦略」の評価も同委員会が行うことが決まった[29]。

②国防高等研究計画局（Defense Advanced Research Projects Agency: DARPA）

国防高等研究計画局（DARPA）は，安全保障においてブレイクスルーとなる科学技術に対して研究資金を配分する資金配分機関である。DARPA のミッションは，先端科学技術と高度な研究開発能力を活かして米国の国家安全保障を維持していくために，政府内外のイノベーターと協力して，革新的な概念を実用的な能力に変換することにある。技術成熟度レベル（TRL）が低いものでも技術的可能性があるものについて長期的研究開発を支援する。

(1) DARPA のアプローチ

DARPA はソ連が人工衛星の打ち上げに成功した「スプートニク・ショック」への対応として，1958 年に設立した。陸海空軍から独立し，軍事システム・兵器開発に資する研究開発を行う組織であり，国防力を引き上げ，ブレイクスルーを起こすような新興技術の研究開発を重視してきた。研究開発テーマを設定し公募をかけ，大学や国立研究所，企業に属する研究者が応募をすることで研究開発を進める。インターネットの原型である ARPANET，GPS，自動音声認識・言語翻訳などを開発したことで知られる。近年では自動運転「グランド・チャレンジ」（**図表 6-8**），4 足歩行ロボットの「Big Dog」，負傷した退役軍人のための電気機械式義肢「義肢革命」など，が有名である。国防上の課題を設定して従来の枠組みにとらわれない技術的解決策を募り，優勝者に賞金が出る競技会形式で行われている。新規参入企業を促すと同時に，研究開発の実装までのスピードの加速化を狙う。

図表 6-8　DAPRA のグランド・チャレンジに類するプログラム（例）

名称	概要
グランド・チャレンジ（2004）	・自動運転車技術の開発加速プログラム ・カリフォルニア州バーストウからネバダ州プリム（総距離 150 マイル（240 km））までルートを指定し完走したチームに賞金を与える
サイバー・グランド・チャレンジ（2016）	・ソフトウエアの公表される前や修正用プログラムがリリースされる前ゼロデイ脆弱性へのパッチの自動化を目指したプログラム
スペクトル・コラボレーション・チャレンジ（2019）	・無線ネットワーク（CIRN）のエラー予測のための深層学習解決を目指したプログラム
DARPA Launch Challenge（2020）	・迅速かつ柔軟なロケット打ち上げ能力を実証 ・打ち上げのインフラを最小限にし，短期間での打ち上げを競う

(2) 運営方法

資金配分機関としての DARPA を特徴付けるものとして以下が挙げられており，「DARPA モデル」といわれている[30]。設立当初から国防総省外で起きている新興技術を獲得する試みがなされている。

【DARPA の特徴】

- プログラム・マネージャー（PM）に裁量と権限が委ねられていること。
- 委託研究開発契約：契約には事業内容，明確なマイルストーン，定期的なプログラムレビューが行われる。ただし，契約で定められる成果指標は技術特性の議論を刺激するような非現実的な高さで設定。
- PM は通常の公務員制度とは別に採用され，報酬形態も異なる。
- 3 階層のみからなるフラットな組織：長官，オフィス・ディレクター，PM
- 人材流動性の高さ：PM は 3 年～5 年，長官はさらに短いケースもある。
- 外部の下請け業者（コンサルティング会社）等からのサポート要員を活用できる。
- プログラムの継続的なレビューと議論：プログラムの目的を問い続ける機会を設け，契約期間中に何度も議論する。

また研究ポートフォリオは，6 つの技術室（生物技術室（BTO），国防科学室（DSO），情報イノベーション室（I2O），マイクロシステム技術室（MTO），戦略技術室（STO）および戦術技術室（TTO））によって管理されており，約 220 名の職員が所属している。そのうち，上級技術管理職（局長，局次長，室長，室次長等）が約 20 数名，PM が約 100 名所属し，約 250 のプログラムが運営されている。

研究公募は一般的には「Proposal Day」といわれるワークショップを開催し，ウェブサイトを通じて共同研究者を募る。研究者の選定にあたっては同分野の研究者によるピアレビューではなく，PMによって選定された研究者が行う。

その他，中小企業プログラム室の下で技術移転や商業化に向けた取り組みとして，中小企業技術革新プログラム（Small Business Innovation Research: SBIR）や中小企業技術移転プログラム（Transition & Commercialization Support Program: STTR）も活発に行っている。近年では，DARPAのSBIR/STTRによる資金提供を受けフェーズII[31]以上のプロジェクトを持つ中小企業に対しては，移転・商業化支援プログラム（Transition & Commercialization Support Program: TCSP）を設け，無償で支援を行っている。またDARPAから研究開発資金を受託した技術を利用して起業するスタートアップに対して，The Embedded Entrepreneurship Initiative（EEI）を設け，資金（起業家や経営幹部の人件費等），メンター，投資家や企業とのネットワークを提供するプログラムも提供している。

(3) 予算

DARPAの予算は，国防総省の研究開発費の約4%（科学技術予算の約25%）を占めており，2021年度の支出総額は約38億6,800万ドルである。DARPAの研究開発費の配分先は，産業界へ約66%（約24億ドル），大学等の学術へ約19%（6.8億ドル）である（2021年度）。研究開発ステージで内訳を見ると予算の約14%が基礎研究，約38%が応用研究，約42%が先端技術開発にあてられている[32]。

(4) イノベーション・エコシステムでの役割

公募による研究開発への資金提供だけでなく，近年ではDARPAチャレンジ，ハッカソンなどの賞金獲得のための競技会を実施している。またSBIR/STTR，TCSPといったDARPAを通じて生まれた技術の商業化支援の役割も果たしている。

③国防イノベーションユニット（Defense Innovation Unit: DIU）

国防イノベーションユニット（DIU）は，オバマ政権時の 2015 年にアシュトン・カーター国防長官の主導の下設置された。当初は，「Defense Innovation Unit Experimental（DIUx）」の名称で設立されたが，2018 年に DIU として常設化した[33]。カーターは，商用の先端技術に多大な研究開発費が投じられていること，加えて技術開発のスピードが極めて速いことを鑑み，民間部門で進む先端技術に米軍がアクセスできるイノベーションハブとなる組織の設置を試みた。特にこれまで国防分野との関係が少なかったデジタル新興企業へのアクセスを強化するため，シリコンバレーに本拠点を置き開始した。現在はバイオベンチャーを多く排出するボストン，新興技術拠点の一つであるオースティンの他，シカゴ，国防総省内にも拠点を置いている。DIU が焦点を当てて獲得を目指す技術分野は，人工知能，自律性，サイバー，エネルギー，ヒューマンシステム，宇宙等である。

DIU のミッションは，①国防総省の商用技術の採用を加速化させること，②商用技術を迅速にプロトタイプから実践まで展開させ米軍の能力強化に資すること，③新興技術を持つ企業と国防総省の関係機関とを連携させ，米国の安全保障分野におけるイノベーション基盤を強化することである[34]。

(1) DIU のアプローチ

これまで国防総省は既存の軍事産業を中心に技術調達を行っており，これまでに契約のない新興企業の製品が活用されることは少なかった。また調達の仕組みは組織，部門による縦割りが強く，プロセスが長いことから時間もかかっていた。調達にかかる複雑かつ長いプロセスを改善し，DIU が直接技術をスクーリングし商業化していく。この取り組みによってこれまで国防総省との契約がない新興企業の国防市場の参入障壁を下げ，新興技術の積極的な採用を試みている（**図表 6-9**）。

国防総省と新興企業の間に入り，調達に向けたプロトタイプ製作へとつないでいく。具体的には，国防総省の持つ課題やニーズから，それらに対応できる技術があるかを評価していく。ニーズを企業が理解できるように書き下し提案を募集する。公募に対して出てきた提案書から書類審査，ピッチを通して，プ

図表 6-9　DIU のプロトタイプ支援

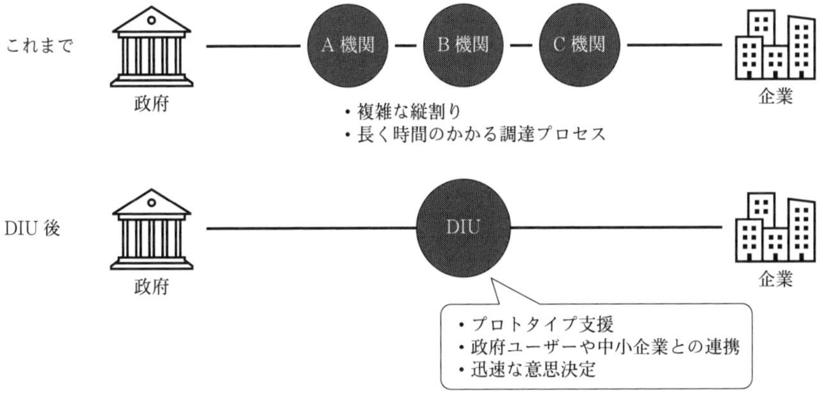

出典：DIU ウェブサイトを元に作成（一部執筆者加筆）。

ロトタイプ製作の契約交渉につなげていく（**図表 6-10**）。ここでの特徴はスピード感である。通常，調達契約は，約 18 か月以上かかるところ DIU のこの取り組みは 60〜90 日という短期間でプロトタイプ契約締結を行う。そして同契約に基づき 1〜2 年のプロトタイプ製作のプロジェクトを実施していく。プロトタイプが成功した企業とはニーズを持つ国防総省内の関連機関と生産契約に移行する。プロトタイプ契約が成功すれば国防総省の持つネットワークに参入できるというメリットがある。実際の調達にかかる費用は製品を使用する機関（軍）が負担する。参加する企業は，国内企業に限られず，同盟国，パートナー国（英国，豪州，カナダ，イスラエル等）からも参加可能であり，海外の最新技術も調達につなげている。

企業からの審査にあたっては，書類審査では，これまでの政府との契約実績は問われず，DIU が示した課題に対していかにイノベーティブな解決策を簡潔に提示できているかが重視される。また書類審査後のピッチでは，DIU の職員だけでなくユーザーである国防総省関係者も参加することから，現場のニーズ・課題を理解するよい機会となる。

(2) 運営方法

DIU は，国防総省で研究開発を担う部門である研究技術担当次官（The Un-

図表 6-10　DIU の技術の商業化プロセス

<table>
<tr><td>課題収集，選別</td><td></td><td>・DOD およびパートナー機関の課題の評価
・課題に対する商業技術が存在するか確認</td><td></td></tr>
<tr><td rowspan="3">商業技術公募</td><td>Phase 1</td><td>・提案概要と評価：ウェブサイトを通じて提案募集
・DIU と DOD およびパートナー機関が企業の提案書概要を評価
〈評価の観点〉
✓課題との関係性
✓技術的利点
✓イノーベーティブで注目に値するか
✓企業による実行可能性</td><td>〜10 営業日</td></tr>
<tr><td>Phase 2</td><td>・書類選考通過した企業によるピッチ
〈選定基準〉
✓概算見積もり
✓スケジュール
✓納期
✓企業による実行可能性</td><td rowspan="2">60〜90 日</td></tr>
<tr><td>Phase 3</td><td>・受賞者の選定と契約交渉
〈交渉内容〉
✓開発提案書
✓期間と条件
✓仕様・作業範囲
✓支払い計画</td></tr>
<tr><td>プロトタイプ製作</td><td></td><td>・プロトタイプ製作の実施</td><td>12〜24 ヶ月</td></tr>
<tr><td>移行</td><td></td><td>・プロトタイプに成功した企業は非競争的提携を結ぶ
・受け手となる DOD およびパートナー機関へ引き渡し，商品のスケールアップ</td><td></td></tr>
</table>

出典：DIU event “How to Pitch to DIU” を元に作成（一部筆者加筆）。

der Secretary of Defense for Research and Engineering USD（R&E)）の下に設置されている。ユニット全体を統括するディレクター1名，人工知能，自律性，サイバー，エネルギーなどの技術分野のディレクター5名，国防，商業化，調達，国際連携などの運営部門のディレクター5名を中心に，軍人と民間人など約100名程度で構成されている。DIU のディレクターは，国防等業界または民間部門で豊富な経験を持ち，技術の商業化とイノベーション・エコシステムの専門知識を持つ。民間人からは google，GE，テスラなどのテック系新興企業経験者，スタートアップ創業経験者，議会の調査ワーキンググループ勤務者，コンサルタントなどが集まる。

(3) 予算

DIUの予算額は，2019年度，2020年度に約2,900万ドル，2021年度に約3,500万ドル，2022年度に約2,600万ドルであった[35]。2023年には議会においても超党派で増額に向けた動きが起きている。

(4) イノベーション・エコシステムでの役割

DIUは，民間部門による新興技術をプロトタイプ製作支援を行うことで迅速に国防分野に取り込んでいき，国防総省全体のイノベーション基盤を構築してく，という役割を担う。これまで連邦政府との契約がない，もしくは実績がない企業を広く受け入れていく民間部門とのインターフェイスになっている。政府の調達契約につながる役割を果たすと同時に，スタートアップ企業と国防関係者，政府関係者，企業とのネットワークの場の機能も果たしている。

④国家安全保障イノベーションネットワーク（National Security Innovation Network: NSIN）

NSINは国家安全保障に関連する課題を解決するための新たなコミュニティ形成のために2016年に設立された。設立当初は，国防次官補代理（産業政策担当）の下にMilitary District 5 National Security Technology Acceleratorという名称で設置されたが，2019年，DIUの下に再編成され現在のNational Security Innovation Network（NSIN）となった。

NSINのミッションは，国家安全保障上の課題を解決するために起業家，アカデミアなどの新たなイノベーション人材を国防総省および国防総省の研究所とつなげ，デュアルユースベンチャーの創出を促進することである。本拠地はバージニア州クリスタルシティにあり，全米11か所に地域ディレクター，19か所の大学にプログラムディレクターを配置している[36]。

(1) NSINのアプローチ

NSINの活動は，①人材育成，②スタートアップ企業と国防総省との連携，

③スタートアップ企業の成長加速の3つから成る。人材育成は，STEM分野，サイバー分野の研究者や起業家と国防総省職員の間にある差を埋めるため，研究者が国防総省でインターンシップに参加するフェローシップを実施している。ベンチャー企業と国防総省との連携では，「Hack4Defense」[37]というプログラムを設立している。Hack4Defenseは，実際の安全保障上の課題をアントレプレナーシップ教育やイノベーション理論を通じて解決策を導き出す教育プログラムである。2016年にスタンフォード大学で始まった同プログラムは，カリフォルニア大学サンディエゴ，ジョージタウン大学，ピッツバーグ大学などでも展開されている。スタートアップ支援では，アクセラレータープログラムを用意し，アーリーステージのスタートアップ企業に対してスポンサーとなる国防総省の関係機関とのネットワークや公的資金へつなぐ支援を行う。たとえば2022年に公募されたアクセラレーションプログラムでは，空軍のニーズに基づくプロトタイプ製作を目指し，空軍，軍の研究所，ベンチャーキャピタル，投資家ネットワークへのアクセスなどが提供されている。

(2) 運営方法

NSINは局長1名，事務局長1名の他，運営（契約やコミュニケーション），地域，ポートフォリオのディレクター9名が幹部として在籍し，その他60名弱が職員として所属している。国防総省や国土安全保障省の行政組織，起業家，CSIS，CNASなどのシンクタンク経験者などが参画している。

(3) 予算

NISNの予算額は，2020年度，2021年度ともに約4,000万ドル，2022年度に約3,600万ドルであった[38]。2023年度は増額に向けた動きがある。

(4) イノベーション・エコシステムでの役割

スタートアップ企業および大学の研究者，学生などを国防イノベーション・エコシステムの中に組み込んでいき，国防総省全体のイノベーション基盤を構築してく。2021年の実績では，4,566人の個人と180のアーリーステージのベンチャー企業を国防総省とつなげ，555ケースが国防総省の課題解決に採用さ

図表 6-11　DEFENSEWERX が持つイノベーションハブ

イノベーションハブ名	場所（州）	主体／概要
Doolittle Institute	オーガスタ（ジョージア）	米国空軍研究所。民間技術のライセンス供与と商品化を実施。
Cyber Fusion Innovation Center	ニースビル（フロリダ）	米国陸軍サイバー軍。新興技術の調査，実験，評価を実施。
DHS Pilot Innovation Hub	ナイスビル（フロリダ）	米国国土安全保障省（DHS）の科学技術局。技術移転・商業化支援。
ERDCWERX	ビックスバーグ（ミシシッピ）	米国陸軍技術者研究開発センター（ERDC）
ICWERX	タンパ（フロリダ）	中央情報局（CIA）
MGMWERX	モンゴメリー（アラバマ）	航空大学の教育と連携。革新的研究シーズの実装強化。
Nautilus	アーリントン（バージニア）	海軍および海兵隊
NPSWERX	モントレー（カリフォルニア）	海軍大学院（NPS）
SOFWERX	タンパ（フロリダ）	米国特殊作戦司令部（USSOCOM）。

れた[39]。

⑤ DEFENSEWERX（DWX）

DEFENSEWERX（DWX）は，内国歳入法（IRC）501(c) の規定で定められている非営利法人の一つとして 2012 年に設立された。同規定で定められる非営利法人の中でも 501(c)(3) は最も税制優遇を受けることができる組織である。DWX の設立目的は，兵士と国家の安全保障に利益をもたらす革新的なソリューションを迅速に提供するエコシステムの構築である。DWX は個人，企業，学術機関，政府関連機関の間の中立的な「ファシリテーター」として機能し，国防総省に革新的なソリューションを提供する。

(1) DEFENSEWERX のアプローチ

DWX の主な活動は 3 つある。①イノベーションハブを通じた多様なアクターの連携促進，②技術移転，③人材育成である。DWX は，全米各所にイノベーションハブを設けている（**図表 6-11**）。エンドユーザーとなる陸軍，海軍，サイバー軍等のニーズに対応する技術を持つ企業等との関係の構築を行う。DWX のスタッフは国防総省とイノベーションハブのディレクターと緊密な連携をとり技術に対するニーズ収集，技術的な注目領域の同定，実際に必要となりうる能力と技術とのギャップを検討する。また新興技術探査に資する活動やコミュニティにも継続的に参加し，最先端技術の最新動向を国防総省に報告する。

(2) SOFWERX について

上記イノベーションハブの中の一つである SOFWERX は，2015 年に設立され実績があるイノベーションハブである。米国特殊作戦軍（US SOCOM）の戦闘員が持つ課題解決に対して，新興企業，アカデミアによるソリューション提案，プロトタイプ製作や調査を実施する。SOCOM の本拠地のあるタンパに開設したことで，特殊作戦部隊のコミュニティと緊密な協力と連携が可能になった。技術デモ，技術試験，ハッカソン，ワークショップなどを行える非軍事施設を作り，ベンチャー企業やアカデミアと連携できる場を提供する。施設内には，3D プリンター，溶接機械，プラズマカッターを揃えた連携スペースを設け，ラピッドプロトタイピング，PoC（概念実証）も行える。ベンチャー企への投資の機能は持たず，あくまで連携の場の提供を行う。「Tech Tuesday」等イベント通じてこれまで SOCOM と関係がなかった企業が市場開拓できるものとしている。

(3) イノベーション・エコシステムでの役割

DEFENSEWERX は，全米にイノベーションハブを設置することで，スタートアップ企業，学術機関と国防総省とをつなぎ，民間部門が持つソリューションを国防関連への市場へつなげる役割を果たす。

⑥ AFWERX

AFWERX は，2017 年に設立された空軍が実施するイノベーションプログ

図表 6-12　AFWREX の活動概要

活動	概要
AFVentures	**技術基盤の拡大** ・空軍の能力拡大のため新興技術を持つベンチャー企業や学術界の研究開発支援を通して先進技術の防衛産業基盤を拡大を目指す ✓フェーズⅠ：フィージビリティスタディ。実施期間は最長 9 か月で最高賞金 15 万ドル ✓フェーズⅡ：プロトタイプ製作。実施期間は最長 27 か月で最高賞金は 125 万ドル ✓フェーズⅡとフェーズⅢの間の「死の谷」を橋渡し ✓フェーズⅢ：技術移転。兵器システム等使用する製品，サービス，技術の試験評価の実施
Spark	**人材の拡大** ・空軍の人材と起業家等を結びつけネットワークを開発支援するプログラム ・能力開発として，空軍人材の起業家精神教育，投資の好事例などについてトレーニングを提供す ・トレーニングを受けた空軍人材は，「Spark Tank」というピッチの機会に自身のアイディアを提案することができる
Prime	**技術移転の拡大** ・市場調査や機能評価を行い運用能力への移行を推進し，スタートアップ企業の「死の谷」のリスクを下げる ・迅速な調達と実戦配備を目指し，政府による早期調達の機会検討

ラムである。これまで空軍とのつながりがなかった起業家，ベンチャーキャピタル，企業，学術機関と空軍との間の触媒となり，技術移転を簡素化し，研究成果の空軍への適応を加速化と能力向上を目指している。

(1) AFWREX のアプローチ

AFWREX は，技術基盤の拡大，イノベーション人材の拡大，技術移転の拡大という 3 つの要素に合わせて活動を行っている（**図表 6-12**）。技術基盤の拡大では，SBIR 制度を利用した「AFVentures」プログラムを提供し，フィージビリティスタディ，プロトタイプ製作の研究開発費を支援する。対象とする分野は人工知能，情報技術，航空宇宙，ロボット，自律走行，VR/AR などが多い。イノベーション人材の拡大では，空軍と起業家とマッチングさせ，空軍内のイノベーション人材を強化する「Spark」プログラムを提供する。エンドユーザーである空軍，企業，投資家，学術機関などのステークホルダーを集め，製品と市場の間のギャップを検討する場を設けたり，空軍に所属する職員がアントレプレナーシップや投資などのイノベーション教育プログラムを提供する。技術移転のフェーズでは「Prime」プログラムを通して，調達までの市場調査や評価の実施しスタートアップ企業の「死の谷」のリスクを下げる支援を行う。2022年からは，空軍に加えて宇宙軍のためのプログラムも提供し始めている。

(2) イノベーション・エコシステムでの役割

ミドルステージのスタートアップ企業を支援することで，空軍の持つ課題に対して迅速かつアジャイルに概念実証や技術評価を行い，調達までの道筋をたてていく。

⑦ In-Q-Tel

In-Q-Telは，安全保障に関する先端技術獲得を目的とした米国バージニア州アーリントンに本拠を置く非営利ベンチャーキャピタルである。1990年代，中央情報局（CIA）が情報通信技術の進歩が社会に与える影響を踏まえた上で，CIAが民間部門で起きている技術革新や新興技術の社会への普及スピードの速さに対応できていないという問題意識の下，1999年に設立された。CIAの外部に新興技術を民間部門，とりわけIT産業とつながる組織を設立し，直接投資を行うと同時に必要な技術を迅速に獲得することを目指した。In-Q-Telは，CIAの資金で開発した技術はCIAが独占するという伝統的な発想ではなく，ベンチャーキャピタルの形態を採用することで，シリコンバレーを中心とする新興ハイテク産業へのアクセスを可能にした。

(1) In-Q-Telのアプローチ

In-Q-Telは，安全保障に影響を与える可能性のある新興企業を発掘し，投資を行うことが主たる業務である。投資にあたっては，民間の大手ベンチャーキャピタル[40]と共同出資を行う（**図表6-13**）。

In-Q-Telの投資技術領域は多岐にわたる。現在は，デジタルインテリジェンス，インフラにおけるサイバーセキュリティ（信頼できるインフラ），自律

図表 6-13　In-Q-Tel と他のステークホルダーとの関係

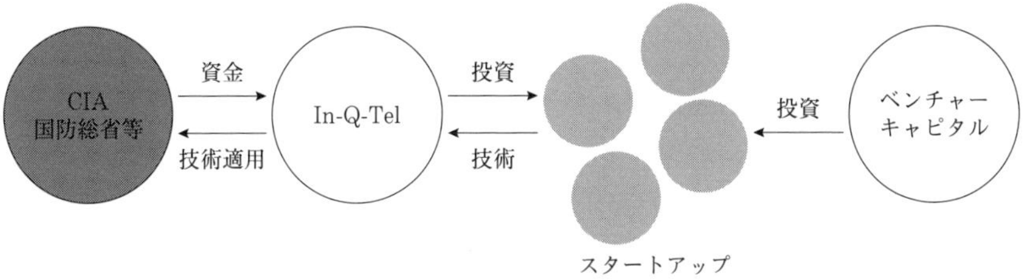

システム，データ分析，AI・機械学習，IT プラットフォームなどがある[41]。またこれまでのポートフォリオからは，AR，VR，ロボティクス，バイオテクノロジー，材料と製造，パワーエナジー，センサー，宇宙のスタートアップにも投資をしている。投資先は米国内企業に限られず，カナダ，英国など海外のスタートアップにも投資を行っている。投資金額は 1 案件 50 万ドルから 300 万ドル程度といわれている。

また，近年では IQT Labs を設立し，安全保障に資する新興技術の開拓の加速化を目指す。特にサイバーセキュリティ，AI による高度データ分析，バイオ技術分野の技術開拓に焦点を当てている。ラボ内には機械学習，地理空間分析，サイバーセキュリティ，バイオテクノロジー，データデザインと可視化の専門家を配置すると同時に公的機関，アカデミア，産業界の幅広い専門家と連携し，新たな AI ツールやプロトタイプを実験できる場としての機能を持たせている。

(2) 運営方法

In-Q-Tel は投資業務を行うベンチャーキャピタルである一方で政府による非営利機関である（投資による収益は否定しない）。そのため，利益を生むことよりも安全保障上重要な新興技術を特定し，国防コミュニティや諜報機関の能力向上に資する技術獲得へ貢献すること，およびコミュニティ形成が目的となる。

安全保障上のニーズを理解した上での新興技術開拓を目指すことから，チームにはビジネス，投資の専門家だけでなく，インテリジェンス，国防部門等の行政経験を持つ者，AI 等の新興技術がわかる者など多様なバックグラウンドを持つ人が集まる。

(3) イノベーション・エコシステムでの役割

In-Q-Tel は，政府のニーズに合うスタートアップへの投資および開発契約を行う。政府において技術の試験運用が成功すれば調達へとつながる。一方で，In-Q-Tel だけで成立するのではなく，新興技術開発支援を行うベンチャーキャピタルが集まるエコシステムがあることが前提となる。In-Q-Tel のやり方は In-Q-Tel モデルとして，政府系ベンチャーキャピタルの設立につながった。

おわりに

本章では，安全保障の対象が軍事力に加えて産業競争力へと広がる過程で，新興技術の担い手が国防部門だけでなく民間部門へと拡張していく経緯を冷戦期から振り返ってきた。長期的には政府の研究開発費負担割合が減る一方，民間部門の研究開発費負担割合は増加しており，民間部門による新興技術の開発が盛んになっている。AI，量子，バイオテクノロジーといった新興技術は学術機関で生まれた研究成果をいかに迅速にスタートアップ企業でスケールアップし商業化していくかが重要となっている。現在の新興技術の特性とそれらを商業化するための環境は，かつての軍産複合体のような閉じられた垂直型のエコシステムではなく，研究シーズ，資金，商業化のノウハウ，ユーザーである政府や企業とを結びつける柔軟で開放的なネットワークが必要となる。米国の国防部門では，新興技術が生み出される仕組みの変化を捉え，民間で生まれる新興技術情報を恒常的に得られるように，学術機関やスタートアップとの接合点を増やし国防部門と学術機関やスタートアップとの間にある差を埋めるための取り組みが多く行われていた。それが中国の技術力の台頭と相まって，ここ数年で新興技術を取り込むためイノベーション・エコシステムの構築が加速化しているように見受けられる。このような動きは，閉ざされた空間で研究開発を実施することが所与のものとして捉えられてきた国防部門において，まさに出現しつつある新興技術をできるだけ速く，多く獲得するためには，実際に新興技術を生み出すアクターの取り組みに合わせ，場合によってはオープンかつ柔軟なコミュニティを構築することもいとわない取り組みとも見える。日本における経済安全保障と科学技術をめぐる議論においては，政府による研究開発費の増額と機微技術研究のあり方，技術流出対策など秘匿性の高い研究開発のあり方について論じられることが多い。一方で米国の事例を見れば，新興技術を創出しているアクターや環境に適合する新たな技術獲得の仕組みを生み出しているように見える。このような米国の取り組みは，わが国において経済安全保障の観点から重要技術育成を検討する際にも示唆的な視点であるといえる。

【注】

1　National Science and Technology Council, “Critical and Emerging Technologies List Update”（2022年10月15日アクセス）.

2　Jakob Edler et al., “Technology sovereignty: From demand to concept”, https://www.isi.fraunhofer.de/content/dam/isi/dokumente/publikationen/technology_sovereignty_executive_summary.pdf（2022年10月15日アクセス）.

3　小林信一「ポスト冷戦，ポスト911の科学技術イノベーション政策」冷戦後の科学技術政策の変容：科学技術に関する調査プロジェクト報告書，2017年，宮田由紀夫『アメリカの産業政策』八千代出版，2001年。

4　元橋一之「日米中の科学技術力比較と経済安全保障問題に対するインプリケーション」RIETIポリシー・ディスカッション・ペーパー，2022年。

5　森聡「米国の『オフセット戦略』と『国防革新イニシアティヴ』」日本国際問題研究所編『米国の対外政策に影響を与える国内的諸要因』2016年，第5章。

6　Katie Lange, “3rd Offset Strategy 101: What It Is, What the Tech Focuses Are”, Chips, March 30, 2016.

7　佐藤靖『科学技術の現代史』中公新書，2019年，p. 19, pp. 42–43.

8　Jimmy Carter, “Industrial Innovation Initiatives Message to the Congress on Administration Actions and Proposals”, https://www.presidency.ucsb.edu/documents/industrial-innovation-initiatives-message-the-congress-administration-actions-and（2022年10月15日アクセス）.

9　ヒューレット・パッカード社の社長であったJ. A. ヤングを委員長とする「産業競争力委員会」が1985年に大統領に提出した報告書「Global Competition: The New Reality」である。日本や欧州の経済力の高まりとそれに反する米国の製造業の優位性の低下に対して，産業界からの国際競争力強化の施策を唱えた。科学技術の面では特許権を含む知的財産権の保護強化を強く打ち出した。

10　クリントン政権時には，①国防関連品の民生品の活用，②民生技術の国防関連技術へのスピンオンの推進，③両用技術（dual use technology）の開発推進が進められた。

11　2014年にChuck Hagel米国防長官が発表した「国防革新イニシアティブ（The Defense Innovation Initiative: DII)」の中で述べられた戦略概念。第 2 次オフセット戦略までに米国が築きあげてきた技術的優位性が劣勢になりつつあるとして，技術やシステムを新たな作戦概念と結びつけていくとした。

12　Department of Defense, “2018 National Defense Strategy of The United States of America”, https://dod.defense.gov/Portals/1/Documents/pubs/2018-National-Defense-Strategy-Summary.pdf（2022 年 11 月 10 日アクセス).

13　Department of Defense, “2022 National Defense Strategy of The United States of America”, https://media.defense.gov/2022/Oct/27/2003103845/-1/-1/1/2022-NATIONAL-DEFENSE-STRATEGY-NPR-MDR.PDF（2022 年 11 月 10 日アクセス).

14　前掲注 10 のデュアルユース推進戦略では，信頼できる AI と自律性，統合ネットワークシステム，マイクロエレクトロニクス，宇宙技術，再生可能エネルギー生成・貯蔵，ヒューマンマシンインターフェースが挙げられている。

15　USD（R&E), “Technology Vision for Era of Competition”, https://www.cto.mil/wp-content/uploads/2022/02/usdre_strategic_vision_critical_tech_areas.pdf（2022 年 11 月 10 日アクセス).

16　科学技術振興機構研究開発戦略センター「研究開発の俯瞰報告書　システム・情報科学技術分野（2021 年)」(CRDS-FY2020-FR-02)，2021 年 3 月。

17　前掲注 16。

18　科学技術振興機構研究開発戦略センター，戦略プロポーザル「量子 2.0～量子科学技術が切り拓く新たな地平～」(CRDS-FY2019-SP-03)，2019 年 3 月。

19　前掲注 18。

20　科学技術振興機構研究開発戦略センター「研究開発の俯瞰報告書ライフサイエンス・臨床医学分野（2021 年)」(CRDS-FY2020-FR-04)，2021 年 3 月，学技術振興機構研究開発戦略センター「特定課題ベンチマーク報告書『合成生物学』」(CRDS-FY2009-GR-02)，2010 年 3 月。

21　CRS, “Advanced Gene Editing: CRISPR-Cas9”, by Marcy E. Gallo et al., https://crsreports.congress.gov/product/pdf/R/R44824/6（2022 年 12 月 15 日アクセス).

22　Arthur D. Little「生物化学産業に係る国内外動向調査」経済産業省令和 3 年度商取引・サービス環境の適正化に係る事業，2022 年 3 月，未来工学研究所「我が国の経済安全保障・国家安全保障の未来を左右する新興技術　中間報告書」2021 年 5 月。

23　前掲注 12。

24　Ron Adner, “Match your innovation strategy to your innovation ecosystem”, *Harv. Bus. Rev.*, 84（4), 2006, pp. 98–107.

25　Satish Nambisan, Robert A. Baron, “Entrepreneurship in innovation ecosystems: entrepreneurs’ self-regulatory processes and their implications for new venture success”, *Entrep. Theory Pract.*, 37（5), 2013, pp. 1071–1097.

26　Granstand et al., “Innovation ecosystems: A conceptual review and a new definition”, *Technovation*, Volumes 90–91, 2020, pp. 1–12.

27 Budden et al., “MIT’s Stakeholder Framework for Building & Accelerating Innovation Ecosystems”, *MIT Innovation Initiative*, April 2019.

28 2022年6月にJAIC, Defense Digital Service, 国防総省のデータベースであるADVANAが統合し，Chief Digital and Artificial Intelligence Officeとなる。

29 Heidi Shyu, “Memorandum for the Defense Innovation Board”, https://innovation.defense.gov/Portals/63/TOR%20DIB%20National%20Defense%20S%26T%20Strategy%20Review.pdf（2022年12月31日アクセス）.

30 William Boone, *The Darpa Model for Transformative Technologies*, Open Book Publishers, 2019.

31 SBIRはフェーズⅠ〜Ⅲの3段階で構成されている。フェーズⅠは研究開発の提案内容の技術的優位性，実現性，商業化可能性を検証・評価（最長6か月，15万ドルまでの支援），フェーズⅡはフェーズⅠのR&Dを継続するが実施金額と実施期間がフェーズⅠよりも大きい（最長2年，100万ドルまでの支援），フェーズⅢは実用化，商業化支援を行うとされている。

32 Preliminary Department of Defense obligations for research, development, test, and evaluation, by agency and performer: FY 2021.

33 Deputy Secretary of Defense Memorandum, “Redesignation of the Defense Innovation Unit”, https://www.fedscoop.com/wp-content/uploads/sites/5/2018/08/REDESIGNATION-OF-THE-DEFENSE-INNOVATION-UNIT-OSD009277-18-RES-FINAL.pdf（2022年12月26日アクセス）.

34 DIUのウェブサイトでは3点が挙げられているが，詳細は以下。DOD Directive 5105.85, “Defense Innovation Unit（DIU）”, file:///C:/Users/izumi.suzuki/Downloads/DOD%20DIRECTIVE_DIU_2016.pdf（2022年10月15日アクセス）.

35 DoD Budget Request, Defense Budget Materials, https://comptroller.defense.gov/Budget-Materials/よりFY2021-2023を参照。

36 DIU, “Annual Report FY 2021”, https://assets.ctfassets.net/3nanhbfkr0pc/5JPfbtxBv4HLjn8eQKiUW9/cab09a726c2ad2ed197bdd2df343f385/Digital_Version_-_Final_-_DIU_-_2021_Annual_Report.pdf（2022年11月30日アクセス）.

37 スタンフォード大学では技術や製品が実際の防衛システムに運用されるまでのPoCから調達までの道筋を検討するプログラムを提供している。たとえば海軍のONR NEPTUNE Programがスポンサーとなり，都市で運用するためのUAV（無人航空機）の開発を検討する課題や，米国陸軍研究所がスポンサーとなって，AIモデルの開発，修復における人間とAIのチーム化についての検討などを実施している。

38 前掲注35。

39 NSIN, “NSIN Year in Review FY2021”, https://www.nsin.mil/assets/downloads/NSIN%20Year%20In%20Review%20-%20FY21_web.pdf（2022年11月30日アクセス）.

40 シリコンバレーのArch Venture Partners，Accel Partners，Greylockなどの大手ベンチャーキャピタルと共同投資を実施する。

41　In-Q-Telのウェブサイトにミッション・クリティカル領域が示されている。https://www.iqt.org/（2022年11月30日アクセス）。

第7章

新領域の防衛と技術イノベーション

――ロシアによるウクライナ侵攻から見える未来の戦争――

長島　純

はじめに

2022年2月24日，ロシア軍が，ウクライナへの軍事侵攻を開始した。当初，米国の情報機関は，ロシアの圧倒的な優勢を確信し，ウクライナの首都キーウが，ロシア軍によって数日で占領されると見ていた[1]。しかし，2022年12月の時点においても，予想を超えるウクライナ側の抵抗の結果，ウクライナ軍の善戦が続いており[2]，依然として状況は流動的であるように見える。ロシアは，いくつかの戦闘において勝利を収めてはいるが，戦術的な形勢を逆転されたことで，ロシアの作戦上の失敗の可能性が色濃くなってきている。これまで，ロシアは，サイバー攻撃，欺瞞，妨害行為，偽情報の流布等の非軍事的攻撃と物理的な軍事攻撃を組み合わせ，対象国の情勢を不安定化させた上で，軍事作戦を開始するというハイブリッド戦争[3]を繰り返してきた。そして，この戦い方で，2008年のロシア・ジョージア紛争では直接的な戦闘行動を5日で，そして2014年のクリミア併合でも4日で遂行してきたが[4]，今回，ロシアは，そのハイブリッド戦争[5]を成功裡に進められているとはいえない。本章では，主に技術的側面から，ロシアによるウクライナ侵攻の教訓を導き出し，日本として，東アジアにおける危機事態の発生を念頭に，事前に準備，処置しておくべき事項について考察する。

1. ウクライナ侵攻の背景と現状

侵攻前におけるロシアの政治・外交上の立場は，地政学的な緩衝地帯としてのウクライナの現状変更を認めず，その領内や周辺地域にロシアを攻撃可能な打撃兵器の配備を許さない，そして，ロシアの安全を確保するための法的拘束力のある合意が必要であるというものであった。その一方，ロシア軍は，2021年3月以来，組織化された何万人もの兵士，戦車，大砲，装甲部隊，軍用無人機（ドローン），電子戦システム，最新ミサイル防衛システム（S-400）を増強配備し，ベラルーシを含むウクライナ国境周辺において継続的な軍事力増強を続けてきた。また，戦術核兵器の使用を想定した軍事演習の実施などを通じて，2014年のクリミア併合の時と同様の形で，ウクライナのみならず欧米諸国に対しても核の威嚇を繰り返し行っている。それは，伝統的なロシアの偏った経験知から，NATO諸国が紛争のエスカレーションを憂慮して，その脅しに屈するに違いないという計算に基づいた行為と見られている[6]。

地政学上，ロシアは，ユーラシア大陸の中心部「ハートランド」に位置し，15世紀イヴァンⅢ世がモスクワ大公に就任して以来，ナポレオンの遠征やヒットラーの対ソ侵攻を凌ぎながら，支配する領域の放棄と領有を繰り返してきた。そのため，欧米諸国は，東西両陣営による冷戦の緊張状態の中で，G. F. ケナンの「X論文（1947年）」で提唱されたロシア「封じ込め」戦略に則って，ロシア（当時ソ連邦）の領土拡大を阻止することに最大限の努力を費やしてきた。その結果として，冷戦に勝利することに成功した自由主義陣営は，民主的な手続きによるNATOの東方拡大という形で，その影響圏をロシアに向かって延伸していくことになる。1991年のソ連邦崩壊によって弱体化したロシアは，そのNATO拡大を黙認せざるをえなかったが，2014年のクリミア併合を契機として再び領土的な膨張へ回帰したように見える。その背景には，米国のモンロー主義（相互不干渉）的な政治・外交姿勢への変化をうかがうことができる。冷戦後，世界秩序における一極体制を築いてきた米国は，21世紀以降の中国や新興国の台頭による多極化時代の到来の中，2013年の「米国は世界の警察官ではない」とするオバマ大統領の発言や2017年に誕生したトランプ政権の米国第一主義によって，米国の大国としての地位低下と国際協調路線からの離脱が懸念されることになった。そのような米欧同盟の団結のゆらぎは，ロシアに軍事的にウクライナへつけ込むすきを与えたと考えられる。

しかし，現代の国際環境の中で，軍事力による戦争を国家間の問題解決の手段として用いるのは容易なことではない。19世紀，軍事戦略家であるクラウゼヴィッツ（Carl von Clausewitz）は，『戦争論』の中で「戦争とは他の手段をもってする政治の継続である」[7]としたが，現代においては，政治的，経済的，社会的に大規模な犠牲を伴う戦争は，世界的に忌避されるような風潮となっている。それは，国連が公表する，戦闘による犠牲者が，大国間の軍事力による戦争ではなく，紛争，テロ，内戦などによって多くが生じているという事実によっても裏づけられる[8]。そして，軍事力を用いた作戦が大きな政治的リスクをはらむことから，為政者たちの「犠牲者なき戦争（Post Heroic Warfare）」[9]を重視する傾向が強まるものと見られている。事実，サイバー，宇宙，認知の各空間における非軍事的な攻撃と伝統的な軍事的手段を組み合わせ，対象国の情勢の不安定化や社会全体の脆弱化を導くハイブリッドな戦い方が，より身近で魅力的な攻撃手段となりつつある。

実際に，2008年のロシアによるジョージア侵攻の際には，不安定化した国内治安の中で，ジョージア国防省などを含む政府機関への大規模なサイバー攻撃が行われ，それとほぼ同時にロシア軍による戦車や軍用機による軍事侵攻が開始された。また，2014年のクリミア併合の際には，核兵器による威嚇を含む[10]，より高度化されたハイブリッド戦争が展開され，世界に，非軍事的手段を組み合わせた同戦争への抑止と対処の難しさを知らしめた[11]。グローバルな相互依存の進化や急速な技術の進歩に伴って，戦いの速さ，規模，強度が増大を続ける中で[12]，今回も，プーチン大統領は，軍事手段と非軍事手段を組み合わせたハイブリッド戦争の成功を期待していたものと考えられる。

ロシアは，2022年2月の軍事侵攻前から，ハイブリッド戦争の中核となるサイバー攻撃を，ウクライナの政府，金融[13]，防衛，航空部門に対して，大規模なDDoS（分散型サービス拒否）攻撃，破壊的なマルウェア送付，ウェブサイト改竄などの形態で行ってきた[14]。そして，2月24日の侵攻当日には，民間衛星通信会社Viasat社のKA-SATブロードバンド衛星に対してサイバー攻撃を強行し，ウクライナ国内の軍民の通信や電力に対して広範な被害や影響を与えることになった[15]。また，ロシアは，偽情報の流布，偽旗作戦（False Flag），ナラティブ（物語り）などの手段を使って，ウクライナや西側諸国の認知領域への攻撃を展開している。ロシア・トゥデイやSputnikといったロシア系ウェブメディア，Facebook，Instagram，TikTokなどのSNSを通じて，国際世論を分断させるとともにウクライナ国内を混乱させることを目的とした多くの偽情報を拡散させ，相対的に自らを有利にする状況を作り出すための偽旗作戦も繰り広げた。さらに，ナラティブと呼ばれる「ウクライナの政治体制はネオナチである」，「NATO拡大はロシアの主権を脅かしている」，「ロシアとウクライナは本来一つの国である」などの不正確な表現が，プーチン自身の演説やSNSを通じて広く拡散されている。これらは，真意が異なる文脈で用いられることで，ロシアのウクライナ侵攻を正当化させる効果が期待されたものと見られる。

しかし，そのようなハイブリッド攻撃が繰り返すロシアの期待と予想に反して，依然として，ウクライナの政治機能は生き残り，国内の社会秩序は維持され，市民生活も最低限ながら保証された状況を続けている。以下では，ロシアによるハイブリッド戦争におけるさまざまな攻撃が期待された成果を収めていない背景について，情報，技術，パートナーシップの観点から考察を加える。

1.1 情報

ウクライナ侵攻直前の2月19日，バイデン米大統領は「現時点で，プーチン大統領がウクライナ侵攻の決定を下したと確信している」とした上で，「ロシア軍が来週，すなわち数日以内にウクライナを攻撃する計画，意図があると信じる理由がある。標的は，首都キーウを含むであろう」と述べて，ロシアの挑発に動揺を続ける世界を驚かせた。その大統領の発言の伏線として，2003年の米国によるイラク戦争がある。2005年，ブッシュ元米大統領は，イラク戦争を振り返り，「最大の痛恨事は，イラクに関する情報の誤りだった」として，米国を開戦に踏み切らせた大量破壊兵器に関する情報が実際には正しくなかったことを悔やむ旨の発言を行った。このような情報の誤りは米情報機関のみならず米国政府の信頼性を大きく傷つけたことは間違いない。そして，17

年後のロシアによるウクライナ侵攻を受けて，ブリンケン米国務長官は，国連安保理において，このイラク戦争に関わる「米国の苦い歴史」の教訓を念頭に置き，米国は，ロシアによるその戦争の遂行を阻止すべく，関連する情報をウクライナや同盟国等に積極的に開示すると明言した。その背景には，米国として，2014年のクリミア併合において，ロシア軍の兆候に関する軍事情報を得ていながらも，ウクライナと共有しなかったオバマ政権の失態の挽回，2012年のタリバンによるアフガン陥落時の米国と欧州諸国の間で情報共有の失敗による大規模な混乱への反省など，さまざまな判断要因があったと考えられる。

米国は，現在も，国家安全保障担当大統領補佐官が統括する「タイガーチーム」が省庁横断で情報分析にあたるとともに，関係者に対して，積極的な情報の共有と開示を行っている。それは，ロシアが流布する偽情報を打ち消し，ロシアのハイブリッド戦争の機先を制するばかりでなく，国際社会の関心と注目をウクライナに向けることにも功を奏している。インテリジェンスの観点からは，そのような積極的な開示行為は，自らの情報の手の内をさらけ出すことになり，相手が意図的に反対の行動をとることによって，情報活動そのものへの信頼が失われるという危険性もあった。しかし，今回は，同盟国，パートナー国の団結を強化し，その後の対応の準備時間を確保すべきという政治的判断が優先されたと見られる。このような積極的な情報公開は「開示による抑止（Deterrence by disclosure）」と呼ばれ，ロシアがとりうる行動オプションへ大きな影響を与え，欧米諸国間の情報に対する信頼感を取り戻すことに貢献した[16]。そして，その積極的な情報開示は，作戦様相が複雑で，その推移も早いハイブリッド戦争においても有効であることが明らかになった。

さらに，民間の宇宙通信サービスがサイバー攻撃に対する情報通信の脆弱性を補完し，作戦運用の円滑化に，情報面から直接的な貢献を果たした。それは，ウクライナの作戦運用面におけるレジリエンスを増大させたスターリンク（Starlink）システムであり，SpaceX社による宇宙空間低軌道に展開する衛星コンステレーション（Satellite constellation）[17]と地上におけるシステム端末によって構成される人工衛星経由のインターネットサービスを指す。この通信システムは，ロシアのサイバー攻撃や電磁波攻撃による妨害への対抗手段となり，通信インフラが提供されない地域における情報の共有や送受信を可能にしている。この事実は，世界的に，宇宙接続通信の重要性を再認識させるとともに，ロシア軍の軍事活動がリアルタイム化された「OSINT（Open Source Intelligence)」情報として関係者間で即時に共有されることを可能にし，ウクライナ軍の作戦運用上の優位性を高めることになった。ロシアによるスターリンク・システムへの電磁波妨害が懸念されたものの，その周波数変換やシステム・ソフトウェアのアップデートにより，実際の妨害攻撃を回避したとされる[18]。

その一方，2022年2月のウクライナ侵攻前後から，ロシアのウクライナ国境付近への戦力移動や展開配置の状況が，軍隊とは無関係の個人によって，スマートフォンなどの情報ディバイスを用いて撮影され，Facebook，Twitterや視覚性と即時性に優れるTikTokなどのSNSアプリを通じて，世界中に発信された。それらの夥しい数の画像情報は，ビッグデータ化される過程において，軍事情報に加工処理され，ほぼリアルタイムで戦場に還元されていく情報サイクルの一部となった。これは，情報ディバイスやアプリケーションの進化によって，一般市民が，膨大な軍事情報データの収集，配布に寄与しうるようになったことを意味する。そして，世界中の人々は，情報通信技術（ICT）や情報アセットの進化によって，戦場の悲惨な状況を時間的，距離的な制約を超えて共有しうることなり，使用している人々の意識の有無にかかわらず，情報の質的向上に貢献するのである[19]。

今回のウクライナ侵攻では，衛星画像情報，OSINT情報，SNS等で共有される非戦闘情報が総合的に組み合わされる中で，敵味方各々の部隊の状況が正確に把握され，俯瞰的に戦域全体を見通すことが可能となった。それは，ロシア軍の展開や配置に関する情報によって戦場が可視化され，「ガラス箱の中の戦争」という状況が現出されたことに等しい。また，戦争における情報通信技術（ICT）の抗堪性（レジリエンス）を高める上で，民間商用の情報通信技術の重要性が改めて認識された。このようなさまざまな情報環境の変化に鑑みると，情報の収集，分析，処理，配布という活動サイクルの健全性を保つ上で，一国のみによる自己完結的な情報業務だけでは対応できないことが明らかである。それは，パートナーシップや多国間の関係強化を基盤とする，情報の協調や分業を加速化させる誘因となる。

1.2　技術

先進技術の指数関数的な進化や軍事・民生双方に適用可能なデュアルユース技術の敷衍によって，宇宙・サイバー・電磁波という新たな領域（以下「新領域」）の作戦領域化が急速に進み，さらに作戦上の優越性を求めて，サイバー空間や宇宙空間が戦闘領域化する事態に直面している。今回のウクライナ侵攻に際しても，現実空間における陸海空での戦闘だけでなく，仮想空間における作戦運用の重要性がより一層強く認識されるようになった。クラウゼヴィッツは，「戦いそのものが変わることはないが，時代の流れの中で，戦争において無力化すべき敵の重心は遷移する」と指摘し[20]，戦争が変容と進化を繰り返す中で，戦略的重心が変わりうることを示している。それは，サイバー空間や宇宙空間で行われる「目に見えない戦争」に対して戦略的重心としての重要性が高まる可能性を示唆しており，その戦いを支える新興・破壊的技術（Emerging Disruptive Technology: EDT）[21]としての人工知能（AI），ビッグデータ，量子コンピューティング，量子暗号，自律制御，バイオテクノロジー，極超音速技術，先端素材，先端エネルギー工学への期待も増大するであろう。従前から，EDT の社会への実装化は，軍事・民生双方に適応可能なデュアルユース技術の敷衍と並んで，軍事分野における戦場と仮想空間の接続性を強め，戦いの方法をより効果的なものに変える触媒として期待されてきた。その過程において，戦争が，これまでの軍事力による線形エスカレーションの軌道を辿るのみならず，仮想空間にその重心が広がる結果，非線形的な様相変化を起こす可能性が高い。それは，戦争と平和，軍事と非軍事，破壊と非破壊，それぞれの境目が曖昧になる中で，一つの統合された戦場が誕生し，軍隊が，従来の距離や時間という物理的制約から解放されることを意味している。

2020 年 9 月，ナゴルノ・カラバフにおいて，アゼルバイジャン軍が攻撃型ドローンを使用して戦いに勝利したことから，戦場におけるドローン攻撃が注目を集めている[22]。このような非対称な戦力は，主に補助戦力としての役割が期待されてきたが，費用対効果に優れる汎用装備品への EDT の実装化によって，既存装備品の能力が凌駕され，新たな装備体系に転換していく可能性が生まれている。また，無数の小型のドローンを一つの群れのように制御して攻撃を行う，自律型の「攻撃群（Swarm）」では，数千，数万もの無人機を相互に調和して個々に行動させるための AI 技術が応用され，その実用化が進んでいる。そのような自律的な群攻撃から，空母を含む大型艦艇や防空能力を持たない地上装備品を防護することは難しく，次世代の費用対効果に優れる攻撃兵器としての期待も高い[23]。

今回のウクライナ侵攻において，ロシアは極超音速ミサイル「キンジャール」を実戦で使用し，今後，現在開発中の自律型無人攻撃機「KUB-BLA」を実験的に投入する可能性が噂されている[24]。ウクライナと西側諸国は，戦局の挽回を図るロシアがこれらの高技術集約型の非対称戦力を戦場に積極的に投入する可能性に対して，軍事面および技術面から高い警戒感を強いられている。その一方で，今回，ロシア軍の侵攻を遅延させたのは，最新鋭の技術集約型の兵器ではなく，携行型の対戦車砲「ジャベリン」や地対空ミサイル「スティンガー」，次世代軽対戦車「NLAW」，そして，上空から地上戦力に襲いかかる攻撃型のドローン（無人攻撃機）「バイラクタル TB2」などの防御的兵器であった事実は瞠目に値する。これらは，ウクライナを支援する NATO 諸国等から供与されたものが多くを占めているが，ロシアの戦艦「モスクワ」を撃沈したとされる対艦ミサイル「ネプチューン」や GPS やドローンからの情報に基づいて攻撃速度を大幅に向上させた砲撃支援システム「GIS Arta」は，ウクライナの国産兵器である。しかも，それらは，先進技術が実装化された最新鋭の新型装備品とはいえないものの，ウクライナ軍が，ロシア軍の高度な科学技術（High-Technology）による極超音速兵器などと対峙しながらも，情報での優越を基盤に，非対称（Low-Technology）な防御戦力を効果的に運用し，ロシア軍の脆弱性を把握することによって，その戦力を無力化したものである。それは，将来戦において，従来の戦いの中核を担ってきた，戦車，艦艇，戦闘機などの技術集約型の正面装備品が，ドローンなどの民間製品から派生した軍用装備品によって，将来的に，その優位性を奪われかねない可能性を暗示している。その理由として，将来戦の考え方が，複数の独立した戦闘単位システムをネットワークで結合した融合的な統合システム，所謂，システム・オブ・システムズ（System of Systems）としての能力を最大発揮する傾向を強めていることが挙げられる。それは，最先端の技術を搭載した高付価値の装備品の戦闘能力に依存するのではなく，EDT を備える非対称な戦力群を，そのシステムの中に一元的に統合し，外部から見ると一つに見えるような分散兵器システム（distributed weapon systems）の構築を意味する。

そのような将来戦においては，兵器体型はよりシステム化し，個々の戦闘能力の高さよりも，システム全体としての能力発揮が重要視される時代を迎えることであろう。その結果，膨大な研究開発費を必要とする従来の延長線上にある高性能兵器を追求し続けるよりも，軍事・民生双方に適用可能なデュアルユース技術を取り入れた，安価で効率的なプラットフォームを多面的に取得する傾向がより強まるであろう。

1.3 パートナーシップ

今回，ウクライナのパートナー諸国等との連携・協力が，ロシア軍との戦闘を有利に進める上で果たした役割は非常に大きかった。すでに，ウクライナは，冷戦終了後，1994年に平和のためのパートナーシップ（PFP）に参加し，NATOとの実践的な軍事協力を模索し始めている。そして，1997年，ウクライナ憲章に基づきNATO–ウクライナ委員会（NUC）が設立され，2008年のNATOブカレスト首脳会合では，ジョージアとともに，ウクライナはNATO加盟を歓迎される立場に位置づけられることになる。さらに，2020年には，豪州，フィンランド，ジョージア，ヨルダン，スウェーデンに並んで，NATOの「高次機会パートナー（Enhanced Opportunity Partner）」への昇格を果たし，さらなる連携強化や能力構築支援が期待されていた。これらの関係強化を実務的に進めていくために，1997年には，NATO–ウクライナ委員会（NUC），NATO情報文書センター（NIDC），NATO連絡事務所（NLO）が設立され，①情報共有，②計画，作戦，後方支援，③訓練，教育などの面における協力が恒常的に行われる枠組みも整備された。

そして，2014年のロシアのクリミア併合以降，二国間ベースながら，NATO加盟国である米国，英国，カナダ，さらにはトルコが中心となって，ウクライナに対して各種装備品を供与し，軍人の教育訓練に関する支援を行ってきた。今回の軍事侵攻に際しては，首都キーウに所在するNLOが仲介役となって，サイバー防御，指揮通信，商用衛星画像の提供，後方兵站などの総合的な支援が行われ，ロシア軍の攻撃に対するウクライナ軍の防御能力の抗堪性や持続性の維持に寄与したものと見られる[25]。

その一方で，欧州内では，2008年のジョージア侵攻以来，サイバー攻撃や偽情報などの非軍事的手段がより実存的な脅威として捉えられ，NATOやEUを中心として，ロシアのハイブリッド戦争へ対抗するための組織的な努力が積み重ねられてきた。事実，組織的かつ持続可能なウクライナへのデジタル支援の基盤となる，ハイブリッド脅威にかかわる独立した中核的研究機関（Center of Excellence: COE）が次々と設立され，NATO，EUとの間で連携強化が進んでいったものである[26]。

また，同盟や国境の枠を超えたインテリジェンス・コミュニティによる情報面での直接協力が実現したことも，ウクライナのレジリエンス強化の一助となっている。情報同盟であるファイブアイズ（Five Eyes）[27]が，戦闘地域における衛星画像，ドローン映像，レーダー情報，傍受された通信へのアクセスを一部開放したのである[28]。これは，地理的な成約を超えて，豪州，ニュージーランドという太平洋諸国がウクライナを情報支援したことに等しく，情報資源が限られるウクライナにとって，ロシア側と情報戦で対峙する上で効果的な作戦支援になったことは間違いない。すなわち，それらの欧米諸国や非国家主体からの幅広い協力支援は，ロシアの偽旗作戦などで用いられる偽情報を否定するためのカウンターインテリジェンス（counterintelligence）となり，ロシアによるハイブリッド脅威による攻撃の効果を低減させることに結びついたのである。

2. ウクライナ侵攻の教訓

2.1　多様化する情報と変化への適合

現代の情報戦の特徴としては，技術の進化に伴う情報の質的，量的な増大に加えて，サイバー空間や宇宙空間から流入する膨大なデータによって情報のデジタル化が急速に進んでいることが挙げられる。それは，古典的な陸海空の軍事力によるアナログ的な戦い方が依然として大きな役割を占めつつも，ハイブリッド戦争に象徴されるデジタル空間へ戦いの重心が遷移することを意味し，情報戦の多様性と複雑性が増す原因にもなっている。事実，ロシアによるウクライナ侵攻において，商用光学・SAR衛星，電波情報収集衛星，商用衛星インターネットサービスやSNSアプリケーションからのOSINT情報が急増する中で，それらの集積された情報がビッグデータ化され，作戦運用上の優越に貢献することになった。しかし，情報のビッグデータ化への流れは，技術進化に伴う仮想空間と現実空間の融合が進むことによって，集積される情報量にその処理技術が追いつかなくなる可能性を増大させることになる。そのような情報を取り巻く環境変化の中で，歴史的に，人を媒体とするインテリジェンスの共有を通じて発展してきたファイブアイズは，インターネットなどの情報通信技術（ICT）の急速な進化に伴って，それらの変化に柔軟に適合するための取り組みを開始している。

2020年6月以降，ファイブアイズは，共通の安全保障政策の強化やパートナー諸国との関係強化などを確認したとする国防相会合の概要を公表した。また，財務大臣会合においてはコロナ感染症の経済的課題について議論し，さらに香港問題でも中国との摩擦を恐れないなど，外交・経済分野でも存在感を強めようとしている。その一方で，情報の質的・量的変化と技術進化に伴う仮想・現実の空間融合に対して，ファイブアイズは，人工知能（AI）や量子力学などのEDTの積極的な情報アセットへの取り込みに着手している。その背景には，対外的な技術協力の枠組みを活性化して，優先的かつ加速度的に進化を続ける技術環境へ適合し，新たなデジタル駆動型世界における情報活動を主導しようとする組織戦略を垣間見られる。

その戦略実現の主眼は，戦局が目まぐるしく変化する中で，絶えず適切な戦術判断が求められる情報部門の責任者に対して，AIによって意思決定のための最適な支援を実現することである。それは，現代戦の複雑な環境下で，情報活動の分散と現場への権限委譲を実現する情報システムを構築することであり，大容量高速処理と意思決定支援を可能とするAIや自律システムの実装化が不可欠となる。AIは，アルゴリズムとデータ入力によって進化を続けるデジタルエコシステム（生態系）であり，実証的に使用されながら新たなデータのインプットを繰り返すことによって進化を遂げていく。現実に，過去に蓄積されたそれらデータとAIが実施する深層学習を通じて，現場におけるリアルタイムの情報データと予測分析が組み合わされ，意思決定者に対して最適な情報判断のオプションが提供されることとなる。そのために，技術進化に伴う情報アセットの増加と多様化に加えて，国家間およびさまざまな情報機関の間での各種情報データの共有も重要な課題として受け止められている。ファイブアイズとしては，情報関係者を取り巻く高いストレス環境下において，AI，量子力学，ビッグデータなどの技術的進化を活用することを通じて，情報判断の正確性と適時性をより高めようとしていると考えられる。

今回，ロシアのウクライナ侵攻への対処を通じて，インテリジェンスにおける技術とパートナーシップの重要性が再確認されたわけであるが，新領域を通じて集積されたデジタル情報だけでなく，アナログ情報の重要性にも注目が集まった。近年，米情報機関は，アフガニスタンにおけるタリバン首都制圧やロシアによるウクライナ侵攻に際して，人的情報（ヒュミント）の重要性を過小評価していたとの批判を受けている。それは，米軍や米情報機関が，アフガニスタンでは，米国の撤退後にも政府とその軍隊が少なくとも6か月間は持ちこたえることができると見積もり，ウクライナでは，ロシア軍がウクライナの首都キーウを数日以内に占領すると想定していたとする報道を根拠としたものであるが[29]，事実であれば，情報機関は，その分析において基本的かつ重大な失敗を犯したことになる。それは，アフガニスタンにおけるタリバン勢力の戦闘意欲，そしてウクライナにおける政府や市民の抵抗する意思という，人間に起因するアナログ情報を情報機関が誤って判断していたことにほかならない。今後，インテリジェンスの属性が，時代の変化と技術の進化の中で変化を遂げ続けることは疑う余地もないが，情報戦における「アナログとデジタル」，「開示と秘匿」という対称的な価値基準の中において，情報責任者は，戦争や作戦の目的に応じて，これらを最善に組み合わせ，情報としての最適解を選択し続けなければならない。それは，急速に変化する時代環境の中にあって，次世代の為政者や軍のリーダーに求められる重要な資質の一つでもあろう。

2.2 技術進化への果敢な挑戦

2019年に公表された中国国防白書で示された「智能化戦争（Intelligentized Warfare)」によれば，インテリジェントな自律型無人システムやロボットが主役となる戦場の未来図が現実に近づきつつあることになる[30]。このような新たな戦争で主導権をとるには，AIの能力を支える量子（計算機），高精度センサー，画像認識システム，超高速ネットワーク，ビッグデータなどEDTの進化も不可欠であり，それらを有機的に組み合わせて，システム化を図らねばならない。そして，人工知能（AI），画像認識，群制御などのEDTが急速に進化することで，それらの低コストの無人兵器が戦力プラットフォームとして置き換えられる流れも急速に進むであろう。それは，「犠牲者なき戦争」を求める政治環境も相まって，兵器を用いて戦う兵士が中心の伝統的な戦争から，戦場から人間が解放される戦争へと変わりゆく可能性を意味する。戦場における兵士の犠牲が減らされ，より費用対効果の優れる戦闘が展開される一方，人間が関与しない戦闘が戦場の常態となり，その中で，武力に対する脆弱性の高い民間人の犠牲だけが増えかねない懸念も新たに生じうることとなる。

現在，国連では，特定通常兵器使用禁止制限条約（Convention on Certain Conventional Weapons: CCW）の政府専門家会合（Group of Governmental Experts: GGE）において，自律型致死兵器システム（LAWS）に関するさまざまな議論や調整が行われている。このような新たな技術にかかわる倫理面での合意を得るのは難しく，協調的な動きが停滞していることは否めない。その結果，国家や関係企業などが独自のAI倫理や自主規制にむけての動きが先行するという逆転現象が見られている。今後，人工知能や自律化システムの装備品への実装が加速し，新たな戦争の形態が，変化する時代とともに刻々と変化していく中で，早期の国内外の合意形成を，たとえ限られた国々の間であっても急ぐべきであると考える。

また，ウクライナ侵攻において，ウクライナ国境付近や黒海上空からロシア軍に対する警戒監視を行っている早期警戒管制機（E-3 AWACS）や情報収集機（RQ-4Dグローバルホーク）は，NATOにとって極めて重要な戦略的な共有アセットである。NATOは，今回の警戒監視の常続性と不可欠性に注目し，同盟全体としての戦力を融合システムとして捉える考え方に立って，同盟国間での将来装備品にかかわる総合調整の必要性を重視している[31]。そのことは，NATO標準化という流れの下で，EDTの動向に対する強い関心となって表面化し，中・長期的な行動指針文書「NATO2030」においては，EDTが，平和，危機，紛争の性質を変化させつつあるとの認識とともに，人工知能（AI）分野で世界のリーダーになることを目指す中国を念頭に，NATO加盟国はもはや自国の技術的優位性を当然と考えるべきではないと強い警鐘を鳴らしている。ロシアと比較すれば，NATOにとって，中国は未だに直接的な脅威ではないが，軍民融合戦略により軍事力の近代化が急速に進展する中で，それらが地理的に一帯一路を通じた中国の影響力の拡大に結びついていけば，それは直接的な脅威になりうると考えられている。

NATOは，その創設から70年間に，作戦運用と研究開発の両面において，イノベーションを支援してきたが，先進技術の指数関数的進化の中で，ウクライナ侵攻後の軍事におけるデュアルユース技術の重要性を深刻に受け止めている。NATOとしては，重層的かつ包括的な支援体制に加えて，EDTに関する長期的計画を設定した上で，これらの技術の将来装備品への実装化を支援し，各加盟国がそれら技術を実際に抑止と対処に活用しうるよう，検討と促進のための基盤的役割を果たすことが考えられる。ウクライナも，NATOの重要なパートナーとして，このNATOのEDTの進化と標準化の方向性に沿って，1991年以来，「平和と安全のための科学（SPS）プログラム」に参加している。特に，2014年のロシアによるクリミア併合以降，両者間の安全保障に関する市民科学技術の分野での協力が強化され，ウクライナはSPSプログラムの最大の受益者となっている。なお，その中には，先進技術，テロ対策，放射性および核（CBRN）剤に対する防御，エネルギーおよび環境の安全保障が含まれている。

そして，NATOは，EDTを，敵対する国家や非国家主体がそれらの技術を獲得することは同盟にとって脅威になると捉える反面，軍の変革にとってレジリエンスや持続可能性を備える機会と肯定的に考えている。そのため，NATOは，EDTの安全保障面における大西洋協力の不可欠なフォーラムとなることを目指し，具体的に主要なEDT分野を明示して，NATOの技術的優位性を確保するための包括的な取り組みを続けている。それは，ウクライナ侵攻への対応に忙殺されながらも，NATO加盟国および民間企業，投資ファンド，アカデミックなどからの幅広い協力を得つつ，今後数十年を対象期間とする長期戦略の策定とともに，EDTにかかわる育成支援への制度，枠組みを構築する動きとして具現化している。優先的かつ積極的な資源投資を喚起して，次世代の戦争における優越性を確保するためのEDT戦略アプローチでは，組織制度面から，北大西洋防衛イノベーションアクセラレーター（Defense Innovation Accelerator for the North Atlantic: DIANA），EDTに関する諮問グループ（NATO Advisory Group on Emerging and Disruptive Technologies），イノベーション委員会（NATO's Innovation Board），イノベーション基金（NATO Innovation Fund）などを立ち上げ，無人自律車両，軍用ブロックチェーン・アプリケーション，意思決定支援AIなどのプロジェクトへの取り組みを開始している[32]。また，科学技術機構（STO）では，さらに先進的な強化型兵士，戦闘負傷者等の無人輸送，救急システム，宇宙気象環境モデリングなどの基礎的技術プロジェクト支援を行っている。その他にも，NATOの平和と安全のための科学プログラム（SPS），海洋研究実験センター（CMRE），NATO情報通信局（NICA）の間の連携を図り，実装化に向けての支援体制を整備しようとしている。

今回，ウクライナ支援の中核をなす装備品，弾薬，ミサイル等に関しては，制御等のために多くの軍規格（Mil Spec）半導体が実装され，ロシア軍への反撃を効果的に行う上で必要不可欠な支援品にほかならない。その一方で，高度な製造技術と生産施設を要求されるため，急激な所要増加に応じた追加的な生産，補給が困難であるという現実に，ウクライナ支援の中心となる欧米諸国が直面している[33]。特に，将来的にEDTの装備品への実装化が加速し，それに応じて，膨大な量の高精度の半導体などが必要となる場合，NATOや各加盟国の努力だけで対応を続けることは困難であり，官民，学会，市民社会団体などとのパートナーシップを強化し，スタートアップ企業等との協業を通じた解決策を探ることも考えられている。2021年10月にNATO国防大臣会合において，初めとなる「NATOの人工知能（AI）戦略」が採択され，民間部門との幅広い協力，協業態勢の構築を加速することが確認されたが，これも将来の作戦継続にとっても半導体などの高度な技術集約部品の確保が最優先されるべきという考えが背景にあるのであろう。

2.3　変容するパートナーシップ

2021年12月，オースティン（Lloyd James Austin III）米国防長官は，新たな国防戦略について言及する中で，重大なサイバー攻撃などの非対称脅威が戦端を開く事例を挙げ，新領域から予期しえない危機事態が発生する可能性を指摘した[34]。さらに，オースティン長官は，新たな国防戦略の核となる「統合抑止（Integrated Deterrence）」に関して，米軍は，戦闘領域を区分することなく，相互融合を強めるすべての空間領域における優位性を獲得することで，敵の非対称な戦い方を抑止する決意を示した。

このようなマルチドメイン（多重領域）の戦いへの指向を強める中で，サイバー，宇宙，電磁波，そして認知領域における戦いが，ハイブリッド戦争の敷衍に伴って一層多用されることは間違いない。そして，戦闘範囲が仮想空間にまで広がる結果として，早晩，物理的な地理や国境の概念も，作戦上の意味を持たなくなる可能性がある。そこに将来の戦い方における，地域や国家の枠を超えたパートナーシップの重要性を見出しうる。特に，新領域にかかわる攻撃被害が一国だけの問題にとどまらない以上，その対処においても，多国間の連携・協調が基本となるのは当然であろう。たとえば，今回のロシアによるウクライナ侵攻の際に発生した人工衛星に対するサイバー攻撃は，ウクライナの国内にとどまらず，ドイツをはじめとする他の欧州諸国にもさまざまな影響を及ぼすとともに，予想外の被害を長期にわたって生じさせることになった[35]。また，2021年5月31日，ブラジルの世界最大の食肉加工会社JBSのコンピューターネットワークがハッキングされた事例は，「食料のデジタル化」に対する不法なサイバー攻撃であったが，豪州，カナダ，米国における事業が一時停止に追い込まれるなど，世界規模の被害が引き起こされたことに注目が集まった[36]。さらに，台湾有事を想定した場合，中国は，接近阻止／領域拒否（A2/AD）の実効性を高めるため，駐留米軍が所在する周辺国や関係国にもノンキネティックな事前攻撃を行うと見られている。そのため，中国を起点とする各種事態においては，日本を含む周辺国もその新領域からの攻撃の影響から逃れることができないことを前提として，被害の共有に基づく，関係国との積極的かつ実効的な協調行動を追求することが求められている。そのような協調的行動の具現化は，平時からの政治・外交面での牽制行動となって，攻撃者に抑止的な効果を与えるかもしれない。そして，同盟，友好国の間で，新領域からの攻撃を武力攻撃と判断し認定する基準（レッドライン）を早期に具体化，明文化し，さらに共有することは，複数国にまたがる新領域攻撃の帰属の特定に際して，多面的かつ包括的な分析や判断を進める上でも欠かせない要件となるに違いない。

また，サイバー空間，宇宙空間などの新たな領域と陸海空の既存領域間のシームレスな戦い方を実現するには，その作戦対象の領域もグローバルに拡大し続けることから，同盟国，パートナー諸国との共同対処の重要性がより強調される。その一方で，大きな課題となりかねないのが，新領域にかかわる作戦におけるパートナー諸国等との相互運用性の確保である。1989年，米ソ両国首脳の冷戦終結宣言により，東西冷戦の勝者となったNATOは，その10年後の「同盟の力」作戦（Operation Allied Force）[37]において，同盟内の能力格差（capability gap）の問題に直面した。それは，NATOとして初めての主権国家への空爆作戦であったが，米軍とその他の加盟国軍の間の攻撃システムにかかわる「相互運用性（Interoperability）」[38]の欠如によって，作戦参加国間のコミュニケーションが困難になり，共同の作戦行動がとれないという，同盟としての死活的な問題を突きつけられることになったのである[39]。同盟国が一体となって効率的・効果的に行動しうる能力を意味する相互運用性は，共通の戦術，作戦，戦略目標に向けて，その鎖の環同士を強く結束させる接着剤の役割にたとえられ，あらゆる作戦協力の成功の鍵を握ることは間違いない。欧州が依然として相互運用性の問題に悩む中，今後，新たな領域間のシームレスな戦いにおけるパートナーとの関係強化が前提となる中で，加盟国間の先進技術の規模と装備化への速度の違いに起因する新たな能力ギャップが表面化する可能性も憂慮される。それは，新たな領域間のシームレスな戦いにおける相互運用性の欠如であり，EDTの取り組みを通じた分断（self-decoupling）にもつながりかねない。たとえば，米国の人工知能に関する国家安全保障委員会（National Security Commission on Artificial Intelligence: NSCAI）は，「AIは軍事の相互運用性にとっても大きな課題であり，AIの能力格差が軍事同盟の有効性を減じる」という報告を行い，同盟国やパートナー諸国に対して新たな作戦受け入れに伴う先進技術をめぐる分断の可能性を指摘している[40]。NATOやEUは，AI，自律化，量子力学などのEDTがより普及する中で，新たな技術上の自己分断（self-decoupling）への懸念が高まることを想定し，同盟の枠にとどまらない，グローバルな調和と調整を図っていくことを考えている。

その一方で，現実には，パートナー諸国間の国益，国力も異なることから，安全保障上のパートナーシップの基礎となる相互運用性について，複数の異なる国家間のアセットを連結させ，全体として一体的に機能させることを追求するだけではなく，同一ネットワークへの同時接続を実現するための「接続性」，置き換えにより代替機能を実現するという「互換性」も，その相互運用性の範疇とするような柔軟な思考様式が求められる。たとえば，多国間の宇宙作戦においては，宇宙状況監視に加え，早期警戒衛星コンステレーション，海洋監視，革新的輸送システム，データ・セキュリティ，低軌道ネットワーク，空中発射，洋上打ち上げを含めた新射場の整備，超小型衛星システムの整備など，多種多様な協力案件が考えられる。しかし，これらすべての能力を各国が重複して整備し，保有することが合理的とはいえず，能力や地域による役割分担や機能の代替により相互補完の態勢を準備することで，重複性を排除し，実質的な相互運用性を実現するという考え方も取り入れられるべきであろう。

3. 日本への含意

現在（2022年12月時点），ウクライナは，引き続き，西側諸国からの装備品や情報の支援を受け入れながら，果敢に戦いを続けている。しかし，戦争状態の長期化に伴う西側諸国の支援疲れも見られる中，ロシアは，ウクライナを取り巻く国際環境の変化を静かにうかがいながら反転攻勢を図っている可能性もあり，依然として，欧米諸国に最大限の警戒が必要であることはいうまでもない。そして，日本を含む自由主義陣営としては，他の地域でも武力による現状変更への動きが生起することがないように，このウクライナ支援を粘り強く続け，今回のロシアによる武力による挑戦を排除し，その領土膨張への野望を頓挫させなければならない。

その一方，東アジアでは，休戦状態が続く朝鮮半島における軍事衝突の可能性や中国による台湾の武力併合の懸念が依然として残されており，この地域を取り巻く不安定，不透明な安全保障環境に好転の兆しは見られていない。また，この地域には，NATOのような集団安全保障のメカニズムが存在せず，ハブ＆スポークと呼ばれる米国との二国間同盟と各国の防衛努力によって，地域の安全を確保することが常態化している。現在，新たに，日米同盟や米韓同盟などの従来の二国間同盟に加え，日米豪印による戦略対話（Quadrilateral Security Dialogue: QUAD），豪英米三国間安全保障パートナーシップ（trilateral partnership among Australia, the UK, and the US: AUKUS），ファイブアイズなどの既存の安全保障枠組みの連携を通じて，集団防衛同盟と同様の効果を得るという考え方もあるが，その具現化には，さらなる時間と努力が必要であり，引き続き，日本を取り巻く安全保障環境は厳しいものと見られる。

今回，ロシアによるウクライナ侵攻の数々の教訓から，われわれは，EDT と呼ばれる先進技術群とグローバルなパートナーシップの重要性を学び，より強固で実体的な多国間協力と積極的な EDT の実装化が急務となっていることを改めて確認した。奇しくも，オースティン米国防長官も，新国防戦略の核となる統合抑止の重要な要素として，先進技術によるイノベーションとともに，パートナーシップの重要性を挙げ，シームレスに統合された戦闘領域における同盟国やパートナー国との緊密な協力を呼びかけている[41]。

3.1 先進技術とイノベーション

現在，軍民融合戦略を進める中国では，近年の技術革新の急速な進展による軍事技術と民生技術のボーダレス化を背景として，軍事技術にも応用しうる先進的な民生技術であるデュアルユース技術に対して軍事目的での多額の投資が行われている。西側諸国は，これらの投資が，他の競合国の技術的および運用上の優位性を損ない，自由で開かれた国際秩序を不安定にしかねないとして懸念を露わにしている。

また，中国は，国際的な相互依存の深化や社会環境の変化の中で，先進国との戦いにおいて，正面からの戦争を避け，ハイブリッド戦争における優越性を確保するために，宇宙，サイバー，電磁波，さらには認知空間における非対称戦の能力強化を続けている[42]。そして，その成否の鍵を握る破壊的な先進技術，すなわち EDT の研究開発に集中的な資源を投資し，人工知能（AI）やロボットなどの無人化・自律化技術をはじめ，バイオ技術などの軍事アセットへの実装化を急いでいると見られる。中国には独裁体制の強みがあり先進技術を徹底して強制的に導入しうるが，欧米諸国は軍需産業や民主主義的な国民世論への配慮があるがゆえにこうした転換に後れをとる可能性も十分考えられる。実際に，中国は，新型コロナウイルス（Covid-19）への初期対応のために，ドローンやロボット，顔認証，監視ネットワーク，ビッグデータなどの先進技術を，躊躇なく，感染地域の封鎖や市民の移動制限に速やかに導入したことは，安全な社会実装を最優先する西側諸国に衝撃を与えた[43]。そして，これらの先進的な技術がそのまま軍事技術として戦場に安易に投入されれば，最新の情報通信技術（ICT）によって接続された監視ドローンが高度な画像認識で敵か味方かを識別し，人が関与しない形で，自律攻撃を行うという最悪な事態が現実のものとなりかねない。西側諸国は，中国に対して技術面で遅れをとることがないよう，EDT の実装化という点でも連携，協力を深め，ハイブリッド戦への対抗手段として，速やかに AI を中核とした技術集約型の装備システムの研究，開発を急ぐべきであろう。

また，今回，技術の指数関数的進化に伴う，情報通信分野における商用技術の急速な発展から，戦争下における民間アセット防護の必要性が，改めて指摘されることになった。それは，ウクライナにおいて，商用光学・SAR 衛星，電波情報収集衛星，商用衛星インターネットサービスや SNS アプリケーションなどの民間アセットが重要な役割を戦場で果たした事実を背景としている。今後，EDT の急速な発展とさらなる進化によって，ハイブリッド戦争を含む各種戦闘において，デュアルユース技術を実装化した民間アセットの重要性は一層高まるであろう。敵からは軍事目標と判断される可能性が高い，これらの民間の能力を国家としていかに敵の攻撃や妨害から守るのか，軍事的にも大きな課題になるはずである。さらに，各国および多国間で，その民間アセットの敵の攻撃からの具体的な防護の実施要領や被害を受けた際の損害補償等に関しても，その解決へ向けての準備を完了しておくことは，有事における民間アセットの信頼性を維持し，機能発揮を保証するという観点からも急がれるべきである。

3.2　パートナーシップと多国間協力

日本としては，平時でも有事でもない状況が継続するグレーゾーン事態も含む複雑な危機事態において，サイバー攻撃や偽情報等の認知戦のようなハイブリッド脅威に対するレジリエンスを強化することが求められている。そのためには，国境を越える新たな脅威に対して，関係国間で情報共有や作戦協力が円滑かつ適時適切に実施できるよう，多国間協力の枠組みと人的ネットワークを確保しておくことが重要である。特に，今回，ロシアが仕掛けたハイブリッド戦争が，西側の連携や協力によって，その期待される効果を発揮しえなかったことから，域内の西側諸国は，引き続き，多国間の連携や協力を前提とした，サイバー，宇宙，認知領域における防衛的な作戦能力を高めるよう努力すべきである。そして，その実現には，パートナーシップに基づいて，柔軟かつ強固に協力，連携しうるべき枠組みやMOUを平時から成立させることも不可欠である。

そのようなパートナーシップの基盤の構築は，戦争における継戦能力を確保する上でも欠かせない要件になる。現在，欧米諸国では，ウクライナへの戦車や大砲のような正面装備品の供与に加えて，弾薬，ミサイル，部品などの消耗に対応する継続的な支援が大きな政治課題となっている。特に，支援国内の火器，弾薬，誘導弾等の備蓄が，支援品の払い出しに伴って減少を続け，自国の継戦基盤への影響を及ぼし始めている状況を背景としている。これは，物理的な戦争の機会が大幅に減少する中，防衛産業の余剰的な製造能力に限界が生じており，あらゆる装備品に半導体などの技術集約型の部品が組み込まれていることもあって，西側諸国の生産，調達，補給の脆弱性が表面化していることにほかならない。NATOは，この状況に対して，加盟国が弾薬やミサイルの共通化に加えて，加盟国間のサプライチェーンを緊密に調整することで，それらのストックを融通し合うシステムの検討を行っているものと見られる[44]。これは，有志国間で相互補完性をより充実し，限られた資源の中で，継戦能力を維持しようとする試みであり，戦局の推移の見極めがきわめて難しい中で，同盟としての結論が重要な意味を有することになる。

そして，NATOが実際にウクライナに対して行う後方支援上の新たな検討を参考にして，NATOのアジア太平洋パートナー（AP4）[45]が弾薬や装備品の共通化を共に推進することは，自由主義陣営の相互運用性を高める上でも大きな意義を有するに違いない。もし，地域の枠を超えて相互運用性の促進を図る基盤が整備されることになれば，有事の際に，後方・補給物資をグローバルに融通，供与する可能性を広げることとなり，結果的に，地域内で火器，弾薬，誘導弾等が不足するという問題を解決する一つの重要なステップになるかもしれない。それは，西側諸国にとって，グローバルなサプライチェーンの再構築を促す機会を提供することに等しく[46]，経済安全保障の観点からも重要な問題提起となるであろう。

おわりに

ウクライナにおいては，現代における戦争が，単なる物理的な軍事力だけでなく，他の政治，経済，社会などの要因によって大きな影響を受けることが，改めて明らかになった。そして，ハイブリッド戦争のようなデジタルの戦いが主流となる中でも，抵抗する人間の意思，士気，エネルギー，さらには第三者をも交えた多国間協力というアナログの要素が，依然として極めて重要であることが浮き彫りになった。その結果，戦争が，定量的な戦力の比率だけで勝敗が決せられるのではなく，さまざまな諸条件や諸要因によって，流動性を帯びるということが改めて認識させられた。それは，技術の進化や環境の変化とともに，戦争の実態とその性格が変容を続ける中で，軍事力以外の要素をいかに組み合わせて，総合的な国力を発揮するのかという方程式を解くことに等しい。そして，その方程式の解を求めるには，国家としての戦略的な取り組みとして，国際的な協調に加えて，技術的イノベーションの加速化が前提となるはずであり，為政者には時代を先取りする精神の発揮が最優先に求められるのは間違いない。

【注】

1　James Risen, Ken Klippenstein, “The CIA thought PUTIN would quickly conquer Ukraine. Why did they get it so wrong?”, *The Intercept*, October 6, 2022, https://theintercept.com/2022/10/05/russia-ukraine-putin-cia/（2023年6月6日アクセス）.

2　Atlantic Council military fellows, “Russia Crisis Military Assessment: Why did Russia’s invasion stumble?”, *Atlantic Council*, March 2, 2022, https://www.atlanticcouncil.org/blogs/new-atlanticist/russia-crisis-military-assessment-why-did-russias-invasion-stumble/（2023年6月6日アクセス）.

3 Nick Amies, “Cyber Warfare”, https://www.dw.com/en/nato-includes-threat-of-cyber-attack-in-new-strategic-concept-document/a-6072197（2023 年 6 月 6 日アクセス）.

4 ジョージア侵攻は 2008 年 8 月 8 日から開始され，8 月 12 日に停戦が成立した。また，クリミア併合では 2014 年 2 月 27 日から 3 月 2 日の軍事作戦でクリミア半島占領が達成された。John E. Herbst and Alina Polyakova, “Remembering the Day Russia Invaded Ukraine”, *Atlantic Council*, February 24, 2016, https://www.atlanticcouncil.org/blogs/ukrainealert/remembering-the-day-russia-invaded-ukraine/（2023 年 6 月 6 日アクセス）.

5 NATO, “The Secretary General’s Annual Report 2019”, March 19, 2020, p. 31, https://www.nato.int/nato_static_fl2014/assets/pdf/2020/3/pdf_publications/sgar19-en.pdf（2023 年 6 月 6 日アクセス）.

6 CRS REPORT, “Russia’s Nuclear Weapons: Doctrine, Forces, and Modernization”, Congressional Research Service, January 2, 2020, p. 35, https://fas.org/sgp/crs/nuke/R45861.pdf（2023 年 6 月 6 日アクセス）.

7 Carl von Clausewitz, *On War*, ed. and trans. by Michael Howard and Peter Paret, Princeton, Princeton University Press, 1984, p. 87.

8 国際連合広報センター「主な活動 紛争と暴力の新時代」2020 年 1 月，https://www.unic.or.jp/activities/international_observances/un75/issue-briefs/new-era-conflict-and-violence/（2023 年 6 月 6 日アクセス）.

9 石津朋之・山下愛仁『エア・パワー 空と宇宙の戦略原論』日本経済新聞出版社，2019 年，57 頁。

10 “Ukraine conflict: Putin ’was ready for nuclear alert’”, *BBC News,* 15 March 2015, https://www.bbc.com/news/world-europe-31899680（2023 年 6 月 6 日アクセス）.

11 Michael Rühle, “Deterrence: what it can（and cannot）do”, *NATO Review*, April 20, 2015, https://www.nato.int/docu/review/articles/2015/04/20/deterrence-what-it-can-and-cannot-do/index.html（2023 年 6 月 6 日アクセス）.

12 NATO, “Topics: NATO’s response to hybrid threats”, Aug. 8, 2019, https://www.nato.int/cps/en/natohq/topics_156338.htm?selectedLocale=en（2023 年 6 月 6 日アクセス）.

13 Steve Holland and James Pearson, “U.S., U.K.: Russia Responsible for Cyberattack Against Ukrainian Banks”, *Reuters*, February 18, 2022, https://www.reuters.com/world/us-says-russia-was-responsible-cyberattack-against-ukrainian-banks-2022-02-18/（2023 年 6 月 6 日アクセス）.

14 Andrew E. Kramer, “Hackers Bring Down Government Sites in Ukraine”, *The New York Times*, January 14, 2022, https://www.nytimes.com/2022/01/14/world/europe/hackers-ukraine-government-sites.html（2023 年 6 月 6 日アクセス）.

15 Gordon Corera, “Russia hacked Ukrainian satellite communications, officials be-

lieve", *BBC News*, March 2, 2022, https://www.bbc.com/news/technology-60796079（2023 年 6 月 6 日アクセス）.

16　Eric Edelman, "The Pros and Cons of 'Deterrence by Disclosure'", *The Dispatch*, February 21, 2022, https://thedispatch.com/article/the-pros-and-cons-of-deterrence-by/（2023 年 6 月 6 日アクセス）.

17　コンステレーションとは，「もともと『星座』を意味する言葉であるが，人工衛星の分野では全地球規模で人工衛星を多数機配置したシステムを指す」。齋藤宏文「宇宙研発，小型レーダ衛星の多数機コンステレーション」JAXA 宇宙科学研究所，2019 年 2 月 26 日，http://www.isas.jaxa.jp/feature/forefront/190226.html（2023 年 6 月 6 日アクセス）.

18　Valerie Insinna, "SpaceX beating Russian jamming attack was 'eyewatering': DoD official", *Breaking Defense*, April 20, 2022, https://breakingdefense.com/2022/04/spacex-beating-russian-jamming-attack-was-eyewatering-dod-official/（2023 年 6 月 6 日アクセス）.

19　Chris Stokel-Walker, "TikTok Was Designed for War", *Wired*, March 1, 2022, https://www.wired.co.uk/article/ukraine-russia-war-tiktok（2023 年 6 月 6 日アクセス）.

20　P. W. Singer and Emerson T. Brooking, "What Clausewitz Can Teach Us About War on Social Media", *Foreign Affairs*, October 4, 2018, https://www.foreignaffairs.com/articles/2018-10-04/what-clausewitz-can-teach-us-about-war-social-media（2023 年 6 月 6 日アクセス）.

21　NATO によれば，新興技術とは，2020 年から 2040 年の間に成熟することが期待される技術を指すが，現在一般に普及するまでには至っておらず，これからも軍事，安全保障，経済面での影響は未知数とされる。他方，破壊的技術とは，2020 年から 2040 年の間に，軍事，安全保障，経済面で大きく，革命的な影響を与えると予想される技術が想定される（NATO Science & Technology Organization, "Science & Technology Trends 2020–2040", March 2020, https://www.nato.int/nato_static_fl2014/assets/pdf/2020/4/pdf/190422-ST_Tech_Trends_Report_2020-2040.pdf（2023 年 6 月 6 日アクセス））。

22　Robyn Dixon, "Azerbaijan's drones owned the battlefield in Nagorno-Karabakh—and showed future of warfare", *The Washington Post*, November 11, 2020, https://www.washingtonpost.com/world/europe/nagorno-karabkah-drones-azerbaijan-aremenia/2020/11/11/441bcbd2-193d-11eb-8bda-814ca56e138b_story.html（2023 年 6 月 6 日アクセス）.

23　Weapons Defence Industry Military Technology UK, "Suppressing Air Defenses by UAV Swarm Attack", JUNE 25,2018, https://www.armyrecognition.com/analysis_focus_army_defence_military_industry_army/suppressing_air_defenses_by_collective_operations_of_attack_uavs.html（2023 年 6 月 6 日アクセス）.

24 Donatas Palavenis, "The Use of Emerging Disruptive Technologies by the Russian Armed Forces in the Ukrainian War", Air Land Sea Application Center, October 1, 2022, https://www.alsa.mil/News/Article/3170285/the-use-of-emerging-disruptive-technologies-by-the-russian-armed-forces-in-the/（2023 年 6 月 6 日アクセス）.

25 NATO, "Press conference by NATO Secretary General Jens Stoltenberg following the Extraordinary meeting of NATO Ministers of Foreign Affairs", March 4, 2022, https://www.nato.int/cps/en/natohq/opinions_192739.htm（2023 年 6 月 6 日アクセス）.

26 NATO Strategic Communications Centre of Excellence, "EU Commission President and NATO Secretary General visit NATO StratCom COE", November 28, 2021, https://stratcomcoe.org/news/eu-commission-president-and-nato-secretary-general-visit-nato-stratcom-coe/145（2023 年 6 月 6 日アクセス）.

27 ファイブアイズは，米国，英国，カナダ，豪州，ニュージーランドの 5 か国から構成され，構成国間の相互監視を行わないというお互いの信頼関係の上に，情報の共有，特に電子的な通信の監視結果を多国間で共有する枠組みとされる。Margaret Warner, "An exclusive club: The 5 countries that don't spy on each other", *PBS News Hour*, October 25, 2013, www.pbs.org/newshour/world/an-exclusive-club-the-five-countries-that-dont-spy-on-each-other（2023 年 6 月 6 日アクセス）.

28 Aaron Patrick, "Australian spies know location of Russians 'almost to the tank", *Financial Review*, March 1, 2022, https://www.afr.com/policy/foreign-affairs/australian-spies-know-location-of-russians-almost-to-the-tank-20220301-p5a0i5（2023 年 6 月 6 日アクセス）.

29 Julian E. Barnes, "Why the U.S. Was Wrong About Ukraine and the Afghan War", *The Network Times*, March 24, 2022, https://www.nytimes.com/2022/03/24/us/politics/intelligence-agencies-ukraine-afghanistan.html（2023 年 6 月 6 日アクセス）.

30 Elsa B. Kania, "Innovation in the New Era of Chinese Military Power", *The Diplomat*, July 25, 2019, https://thediplomat.com/2019/07/innovation-in-the-new-era-of-chinese-military-power/（2023 年 6 月 6 日アクセス）.

31 Alliance Future Surveillance and Control プロジェクトは，NATO を通じて協力して防衛能力を構築する際，各国の貢献を明示している。情報を収集して共有するために相互に接続する新しい技術と空中，地上，宇宙，または無人システムの潜在的な組み合わせを探求し，2035 年に引退予定の NATO 空中早期警戒管制システム（AWACS）に代替する予定。

32 NATO, "Topics: Emerging and disruptive technologies", April 7, 2022, https://www.nato.int/cps/en/natohq/topics_184303.htm（2023 年 6 月 6 日アクセス）.

33 William Inboden and Adam Klein, "A lesson from the Ukraine war: Secure our semiconductor supply chains," The Hill, May 22, 2022, https://thehill.com/opinion/technology/3494860-a-lesson-from-the-ukraine-war-secure-our-semiconductor-supply-chains/（2023年6月6日アクセス）.

34 U.S. Department of Defense, "Transcript: Secretary of Defense Lloyd J. Austin III Interview With Bret Baier, Fox News, at 2021 Reagan National Defense Forum", December 4, 2021, chinadaily.com.cn/a/201904/25/WS5cc181c5a3104842260b8626.html（2023年6月6日アクセス）.

35 Carly Page, "US, UK and EU blame Russia for 'unacceptable' Viasat cyberattack", *Tech Crunch*, May 10, 2022, https://techcrunch.com/2022/05/10/russia-viasat-cyberattack/（2023年6月6日アクセス）.

36 David Claughton and Nikolai Beilharz, "JBS Foods pays $14.2 million ransom to end cyber attack on its global operations", ABC Rural, June 10,2021, https://www.abc.net.au/news/rural/2021-06-10/jbs-foods-pays-14million-ransom-cyber-attack/100204240（2023年6月6日アクセス）.

37 "Topics: Kosovo Air Campaign（Archived）Operation Allied Force", NATO, April 17 2016, https://www.nato.int/cps/en/natohq/topics_49602.htm（2023年6月6日アクセス）.

38 The Joint Staff Washington DC, "Chairman of The Joint Chiefs of Staff Instruction: RATIONALIZATION, STANDARDIZATION, AND INTEROPERABILITY ACTIVITIES", March 31, 2023, https://www.jcs.mil/Portals/36/Documents/Library/Instructions/CJCSI%202700.01H.pdf?ver=_h8VC7XYweEXN1wX0RnBVw%3d%3d（2023年6月6日アクセス）.

39 Dr. James Derleth, "Enhancing interoperability: the foundation for effective NATO operations", *NATO Review*, 16 June 16 2015, https://www.nato.int/docu/review/articles/2015/06/16/enhancing-interoperability-the-foundation-for-effective-nato-operations/index.html（2023年6月6日アクセス）.

40 NSCAI, "Interim Report", November 2019, p. 45, https://www.nationaldefensemagazine.org/-/media/sites/magazine/03_linkedfiles/nscai-interim-report-for-congress.ashx（2023年6月6日アクセス）.

41 U.S. Department of Defense, "Remarks by Secretary of Defense Lloyd J. Austin III at the Reagan National Defense Forum（As Delivered）", December 4, 2021, https://www.defense.gov/News/Speeches/Speech/Article/2861931/remarks-by-secretary-of-defense-lloyd-j-austin-iii-at-the-reagan-national-defen/（2023年6月6日アクセス）.

42 Bates Gill and Martin Kleiber, "China's Space Odyssey: What the Antisatellite Test Reveals About Decision-Making in Beijing", *Foreign Affairs*, May/June 2007, https://www.foreignaffairs.com/articles/china/2007-05-01/chinas-space-odyssey-what-antisatellite-test-reveals-about-decision（2023年6月6日アクセス）.

43 Pratik Jakhar, “Coronavirus: China’s tech fights back”, *BBC News*, March 3, 2020, https://www.bbc.com/news/technology-51717164（2023年6月6日アクセス）.

44 NATO, “Pre-ministerial press conference by NATO Secretary General Jens Stoltenberg ahead of the meetings of NATO Defence Ministers”, October 11,2022, https://www.nato.int/cps/en/natohq/opinions_208037.htm（2023年6月6日アクセス）.

45 NATOが，グローバルな課題に対処するため，アジア太平洋のパートナー諸国との関係強化を図る中で，日本，豪州，ニュージーランドおよび韓国の4か国を対象とする協力枠組みの総称を指す（NATO, “Relations with partners in the Indo-Pacific region”, April 11, 2023, https://www.nato.int/cps/en/natohq/topics_183254.htm（2023年6月6日アクセス））。

46 Michele Ruta, “How the war in Ukraine may reshape globalization”, *Rieti*, May 05, 2022, https://www.rieti.go.jp/en/special/p_a_w/183.html（2023年6月6日アクセス）.

第8章

拡大するイノベーション・エコシステムとコンセンサス形成

——米国における AI 戦略の課題——

齊藤孝祐

はじめに

「新興技術（Emerging Technologies）」の波及効果は軍事や経済産業を中心とするさまざまな政策領域に及び，多くの国々が対応を加速させている。中でも，人工知能（AI）は米中の競争的関係における戦略的安定への影響が懸念（期待）されるだけでなく，軍事・民生にまたがる幅広い用途の想定ゆえに，積極的な開発・利用や保護のための政策が模索される技術領域の一つとなっている。各国は技術の自律性を高め，競争力を維持しようとする一方で，産業や研究開発体制のオープン化やグローバル化，さらにコストの増加といった問題に対処するために，他国との協力関係を構築することになる。

米国においても，オバマ（B. H. Obama）政権後期から現在に至るまで，安全保障分野や経済産業分野における AI の開発・利用・規制が一貫して重要な政策課題となっており，比較的早い段階から AI をめぐる国家戦略が提唱されてきている。そうした中，米国は AI をめぐるイノベーション・エコシステムを強化するための方策の一つとして，国内アクターの連携関係を構築・強化していくと同時に，同盟国・友好国を中心とする国際的な技術協力を模索する姿勢も打ち出してきた[1]。

だが，新興技術がかかえる用途や効果の不確実性，また，イノベーションのオープン化に伴うステイクホルダーの多様化は，AI エコシステムの構築に際して国内外でいかなるコンセンサスを形成することが可能かという課題を投げかける。国内の，あるいは同盟国間のコンセンサスの強さ（弱さ）は，政策の実現可能性だけでなく，国際レベルでの技術競争力にも影響を与えることになるだろう。

本章ではこのような問題意識に基づき，AIをめぐる国内外のコンセンサスの状況を手掛かりとして，米国におけるAI戦略の展開を概観する。その上で，利害や規範をめぐる議論や枠組みの多面性と，それゆえに生じるコンセンサス形成の諸課題を考察していく。

1. なぜコンセンサスが問題になるのか

1.1 イノベーションをめぐる構造変化と安全保障

AIに限らず，なぜ，新興技術の開発や利用をめぐってコンセンサスが問題になるのか。その背景には，冷戦終焉前後から現在にかけて蓄積されてきた，先端技術の開発・利用・流出管理を取り巻く環境の変化がある。

伝統的に，安全保障に関連する技術の研究開発は，政府や軍，一部の大企業，あるいは一国に閉じた安全保障（国防）コミュニティにおいて進められることが多かった。もちろん現在もそのような側面は残っており，国際関係においてそれは特定の重要技術をいかに囲い込み，独占的に利用するかという政策課題として表出する。しかし同時に，1990年代以降，先端技術を囲い込む，いわゆるテクノナショナリズム的な政策の限界や，生産構造のグローバル化が進むことで生じる安全保障環境への影響が指摘されるようになり，そうした中で民生部門と軍事部門の相互影響関係も強まっていくこととなった（Weiss 2014; Brooks 2005；山田 2001)。とりわけ，近年では民間セクターにおける研究開発投資が増大し，大企業だけでなく，中小企業やスタートアップ，さらには大学のような研究機関に多くの先端的な知識が存在していること，さらにその先端的な知識を作り上げるヒト・モノ・カネが国境を越えて移動することが，技術管理をめぐる構造的な問題として捉えられるようになっている（齊藤 2021b)。

今日の新興技術をめぐる諸問題は，技術を取り巻くこうした構造変化の延長線上に生じたものとして位置付けられる。新興技術の概念定義は必ずしも一つに定まっているわけではないが，本章で着目するイノベーション・エコシステムとの関係で重要なのは，それが，①デジタルないし無形であること，②民間セクターがその発展において支配的な役割を果たすこと，③無形の技術が軍民問わず広範囲にわたって使われるといった特徴を備えているとされる点である。新興技術がこのようなかたちで社会に「遍在（omnipresent）」することによって，当該技術の利用や規制にさまざまなアクターの利害や規範が絡むようになる（Dekker and Okano-Heijmans 2020）。それと同時に，新興技術は潜在的に“disruptive”な技術としての側面を持ち（Brockmann 2018），そこには，①急激な目新しさ，②比較的速い成長，③一貫した社会的影響，④影響の顕著さ，⑤不確実性を伴う（Rotolo, Hicks, and Martin 2015）。新興技術の持つこのような流動的な性質は，その取り扱いをめぐる議論において，技術的ないし社会的な問題認識が，多様なステイクホルダーの間で共有されにくい状況を生み出しうる。

1.2 イノベーション・エコシステムとコンセンサス

こうした，イノベーション・エコシステムをめぐる問題構造の変化を要約するならば，技術の利用や管理をめぐる，①「担い手」の官民境界のあいまい化，②管理すべき技術や産業分野における国境のあいまい化，③技術がもたらす効果のあいまい化が並走するかたちで進んでいるものとまとめられよう。その結果として，先端技術の管理に際して，これまでになかったアクターの参画やその管理の問題が突きつけられている。

国内レベルでは，イノベーション・エコシステムに関与するさまざまなアクターの利害や規範にどこまで配慮し，いかに調整するかという問題が生じる。一般論として，安全保障政策という観点からは，先端技術の軍事利用や重要技術の流出防止を，ほとんど自明の目的であるかのように扱う考え方もある。しかし同時に，安全保障を目的とした技術管理の強化は，民間の経済活動や学術活動を阻害することがあるため，いかにしてそれらの価値のバランスをとるかということが伝統的な争点となってきたことも確かである。また，技術の安全保障利用が民間の活動を妨げない場合でも，そもそもそのような応用が許されるのか否か，という価値判断が求められるケースも出てくる。後述するように，AI についても，自律性の程度や利用のあり方をめぐる「倫理」の問題が議論されている。とりわけ民主主義国家の意思決定において，各アクターの判断や価値観を尊重するならば，国内のリソースを集約するためには研究開発や技術応用のあり方についてイノベーション・エコシステムに参加するアクターの間で一定のコンセンサスを形成することが重要な要件の一つとなる。

国際レベルにおいても，技術開発の方向性をめぐるコンセンサス形成は重要な要件となる。米国をはじめとする多くの先進国はその戦略的重要性を強く認識しながらも，同時に政府独自の，あるいは一国内に閉じた研究開発を実施することの困難にも直面する。その結果として，各国は国内の研究資源を集約しながら莫大な投資を実施し，自律的な研究開発能力を高める取り組みを進めつつ，その一方で国際連携を通じた研究開発の枠組みを構築してきている。しかし，各国の技術レベルや関連する産業構造は大きく異なる場合が多く，それによってもたらされる摩擦は基礎研究に近い協調領域以上に，より応用・実装に近い競争領域においてはっきりと現れるかもしれない。また，研究開発をめぐる安全保障目的の国際協力の枠組みを構築するにあたって，脅威認識のズレも大きな問題となろう。とりわけ現在では，中国に対する脅威認識や経済的依存関係の差異が，協力相手の選択や技術管理のあり方にも影響を及ぼしうるのである。

2. 米国における新興技術戦略とAIの位置付け

2.1　対中脅威認識とAI戦略の展開

以下ではこのような観点から，AIの戦略的な安全保障利用が進んでいる米国の事例を検討してみることにしたい。2000年代以降に米国でAIへの取り組みが加速した背景の一つに，冷戦後に米国が享受してきた国際政治上の優位が失われつつあるとの認識があった。特に昨今の中国の経済・軍事両面での興隆，そして2014年のクリミア侵攻を契機に改めて警戒されるようになったロシアの動きは，こうした懸念を急速に顕在化させた。また，米国自身が財政面で厳しい制約下に置かれたことも重要な背景である。アフガニスタン，イラクでの軍事行動が長引くことで戦費がかさみ，2008年には追い打ちをかけるようにリーマン・ショックが発生したことで，予算環境は大きく悪化した。

そうした中で膨大な資源を割き，中国やロシアとの軍拡競争を真っ向から引き受けるのは難しい。オバマ政権が打ち出した「サードオフセット戦略」はこうした諸々の制約の中で，中国やロシアに対する長期的な優位を確立しようと模索するものであった[2]。そのための一つの手法として，AIやロボティクス，ビッグデータ解析，宇宙関連技術，3D造形など，米国側に競争優位があると見られていた分野に着目し，技術的な非対称性を利用するかたちで戦略全体における優位を獲得しようと試みたのである。また，こうした取り組みを進めるために，国防イノベーションユニット（Defense Innovation Unit: DIU）の設置に代表される民間セクターとの連携を加速させたのも大きな特徴である。

もっとも，AIについては，サードオフセット戦略が掲げられたオバマ政権後期には必ずしも実用に十分なレベルの技術を保有していたわけではなく，米国政府もそれを自覚していた。2016年10月に発表されたAI戦略に関する文書では，AIに基づく経済発展をはじめ，倫理の問題や自律型致死兵器システム（Lethal Autonomous Weapon Systems: LAWS）の規制に至るまで広範な論点が提起される一方，当時の技術レベルでは汎用的（general）なAIの実現は今後数十年にわたって困難であり，用途を限定した特化型（narrow）AIですら発展の初期段階にあるとの認識も示された[3]。だからこそ，米国は民間も含めたAI分野での競争力を高めつつ，それによって国防分野でのAI活用を進めていくという段取りを必要としたのである（齊藤2021a）。

トランプ（D. J. Trump）政権が発足すると，米国におけるAIの開発・利用の取り組みは大きく加速した。トランプ政権の政策はオバマ政権の実績を否定しながら組み立てられていくことに一つの特徴があったが，AIを含む先端技術の開発・利用をめぐる取り組みに限れば，表現は違えどその多くが踏襲されたといってよい。政権発足後，2017年に発表された「国家安全保障戦略」では，米国の比較優位を維持するために経済成長や安全保障に重要な新興技術の利用に向けた取り組みを優先することが掲げられ，そこで重点化される技術分野の一つとしてAIも取り上げられることとなった[4]。その背景として，米国の競争相手として中国やジハード主義者への警戒が示され，これらのアクターがAIや機械学習の技術を基礎として民間情報を統合していくことを安全保障上のリスクとみなしていたことも重要である[5]。すなわち，すでにこの段階で，オバマ政権下のサードオフセット戦略が掲げていた，優位性のある技術分野を中心に戦略を組み立てるとの前提が揺らぎ始め，先端技術領域でもより対称的な競争環境に置かれつつあることが意識され始めていたといえよう。

とりわけ，AIをめぐる中国との技術競争が非対称的なものからより対称的なものへと移行しつつあるとの認識は強まっていた。2017年には「中国の軍事力」報告書においてデュアルユース技術の利用を推進する軍民融合の取り組み，さらに第13次5か年計画が研究開発やイノベーションを重視した方針を打ち出していることに注目しつつ，その文脈において中国のAIがもたらす国防上の影響が問題として指摘されるようになった[6]。その翌年には，中国が2030年までにAI領域における世界のリーダーとなることを目指しているとの警戒が示され，また，兵器の自律化や群制御，サイバー能力の向上など，中国が目指すAIの軍事応用の見通しにも言及されるなど，中国がもたらすAIの脅威がより具体的なかたちで表現されるようになっている[7]。

それだけでなく，2017年の米中経済・安全保障検討委員会（U.S.-China Economic and Security Review Commission: USCC）報告書では，百度（Baidu）社に代表される中国企業がAI分野で米国に比肩しつつあるとの見解も示された。また，そうした中国の能力が，中国政府の支援だけでなく，米国における研究機関の設置や米国由来の人材の採用，米国のAI関連スタートアップへの投資，商業的・学術的な協力関係の構築を通じて培われているとの見方もあり，中国における軍民融合政策への警戒ともあいまって，その後のイノベーション・エコシステムの管理をめぐって生じる争点がこの頃からAI分野においても認識されていたことがわかる[8]。

こうした危機意識を背景に，国防総省は軍事分野におけるAIの導入を加速させることとなった。2018年に国防総省が発表した「AI戦略」では，中国・ロシアを含む諸国がAIを規範や人権面で疑義のあるかたちで利用していること，またそうした取り組みに多額の投資に行われていること，さらに技術や作戦の面だけではなくAIをめぐるこうした他国の動きが国際秩序への脅威となっているとの認識が示された[9]。その上で，国防総省では作戦補助，訓練，維持管理，部隊保護，リクルート，ヘルスケアなどを含むあらゆる分野にAIを導入していく方針が明らかにされている[10]。

この目的を達成するための戦略的アプローチとして，軍事分野におけるAIの多角的な利用やそれを支える人材育成といった項目にも言及されているが，コンセンサスという観点から重要なのは，国内外の連携関係に関するビジョンの問題である。AI戦略では，軍事的な目的を越えて広く社会課題に貢献することを見据え，国内外の連携関係を強化することが構想されており，それには国防総省研究機関と学術界との連携，大企業やスタートアップを含む米国企業との連携を通じたAIエコシステムの強化，オープンソースコミュニティとの連携，さらに国際レベルでは同盟国や友好国とのAI共同開発・配備によるインターオペラビリティや信頼性向上といった取り組みが含まれている[11]。また，軍事倫理や安全性の確保に向けた取り組みについても言及された。ここでは，国防に向けたAI原則の構築，安心・安全で堅牢なAI開発への投資，「説明可能なAI（explainable AI: XAI)」への投資[12]，AI開発の透明性確保，世界的な軍用AI指針の策定に向けた唱導，そしてAIを通じた民間被害の低減といった項目が掲げられたのである。

2.2　重要・新興技術戦略における問題意識の転換

もっとも，この戦略にも明示されているように，米国では，たとえAIのような重要技術であっても，政府に閉じた秘匿性の高い研究開発を進めることができる，ないし進めるべきであるという考え方はもはや主流ではない。また，自国に閉じた開発・管理が実施可能であるとの考え方もない。そうではなく，民間ないし世界に所在する技術を積極的に取り入れ，迅速にイノベーションを推進することが重要な政策課題となる。このようなアイディアはオバマ政権期からトランプ政権期にかけて米国の戦略において支配的なものとなってきたが，それをまとめたのが，米国が2020年10月に発表した「重要・新興技術に関する国家戦略」(以下，CET戦略）であった[13]。

この戦略の対象はAIに限ったものではなく，広く新興技術の取り扱いについての一般論をまとめたものである。そこでは，米国が経済や安全保障の面で競争力を維持するにあたり，新たな科学技術やイノベーションへの取り組みを推進することの重要性が確認された。その上で，この戦略では，①民間セクターを巻き込んだ「国家安全保障イノベーション基盤（National Security Innovation Base: NSIB)」の涵養，②違法な技術窃取の防止や投資規制などを含む技術保護の促進，という2つの柱が掲げられた[14]。

これらは基本的に，トランプ政権がそれまで実施してきた安全保障分野におけるイノベーション推進に向けた方針を再確認するものという性格が強いが，CET戦略の注目すべきポイントとして，重視すべき技術分野に優先順位をつける方針を明示したことが挙げられよう。米国は最も重要な技術分野において世界的なリーダーシップを追求する一方，比較的優先順位の高い分野では同盟国や友好国との協力による技術の発展，保護を図り，さらにそれ以外の分野においてはリスク管理が中心となるという3分類の提示である[15]。

この戦略に表れているように，新興技術をめぐる米国の戦略，とりわけイノベーション・エコシステムの構築方針については，程度の差こそあれ国内外に開かれたものを目指すことが既定路線になっており，それはAI開発の領域についても例外ではない。しかしながら，米国がAIエコシステムを国内外の多種多様なアクターに開こうとするほど，そこでいかなるコンセンサスが形成されうるのか，ということが重要になってくる。

3. 国内における争点とコンセンサスの所在

3.1　AIの普及と官民の価値調整をめぐる問題

では，米国の国内ではAIエコシステムのコンセンサス形成をめぐっていかなる課題が生じているのだろうか。米国の安全保障戦略においては，オバマ政権期以来AIの積極的な利用が重要な指針の一つとなってきたが，現在に至るまで，その用途や自律性がもたらすリスクの問題には大きな注目が集まってきた。2012年に発出された「兵器システムの自律性」に関する国防総省指令3000.09では，早くも兵器システムに対する人の介在を重視する方針が出され[16]，それは無人システムの運用をめぐる指針にも反映されるようになっている[17]。先述した2018年AI戦略でも，この指令を参照した上で，AIをあくまでも人間の管理下に置くという判断の下で倫理基準や安全性の確保に努めていくことが述べられており，AIの開発や運用に際して人の介在を重視する方針は，公式なレベルでは現在のところ揺るぎないものになっているように見える[18]。

2020年2月にはさらに，国防総省から「AI倫理原則」が発表された。ここでは，① AIの開発・展開・使用にかかわる責任，② AIのバイアス排除（公平），③プロセスの追跡可能性，④安全性や効果についての信頼，⑤意図せざる結果に対する人の介入（統治），といった5つの方針が明示されている[19]。この倫理原則が必ずしもトップダウンではなく，商業界，政府，学界，一般市民のAIエキスパートを含む，さまざまなアクターによる協議の結果として発出されたという点は重要である[20]。AI戦略でも示されてきたとおり，米国のAI開発・導入はすでに民間を含むイノベーション・エコシステムの構築を通じて進められることが前提となっており，官と民の価値のすり合わせが避けられない課題となっているのである。

しかしながら，AIをめぐるこうした倫理基準は，あくまでも総論として掲げられたものであり，そこで一体何がどこまで許されるのかという点は依然として固定的なものではない。そして各論における見解の相違は，国内のAIエコシステムを作動させていく上で，一定のコストを発生させうるものとなっている。実際に，国防総省の取り組みとして，DIUでの研究開発やAIインフラ整備事業などを通じて企業や大学との連携が進む一方，多様なアクターがAIのエコシステムに参画してくることによって，ときにAI導入の将来像をめぐる批判も出てくるようになってきた。それがその企業規模ゆえにわかりやすいかたちで表出したのが，Googleによる国防総省プロジェクトへの参画問題であった。

Googleは，米国の主要AI研究開発事業となっていたMAVENプロジェクトに参画していたが，それが致死性を持った兵器の開発につながるとして社内から反対の声が上がっており，最終的に同社はプロジェクト期間の更新をしないことを決めた[21]。同時に，2018年6月には同社のAI利用のあり方に関する原則として，①総合的な危害を引き起こす可能性のある技術，②人を傷つける技術や武器，③国際規範に反する監視のための技術，④人権に反する技術を追求しないとの方針を公表した[22]。その後，国防総省のクラウドコンピューティングプロジェクト（Joint Enterprise Defense Infrastructure: JEDI）に対して，Googleは AI利用に関する自社の価値基準に反する可能性があるとの理由により，応札を回避することとなった[23]。

もっとも，Googleはすべての国防関連事業から撤退したわけではなく，国防省による倫理原則の公表を経て，2020年にはDIUのクラウドサービス事業や，AIとAR（augmented reality）を用いたがん検診に関する事業を受注している[24]。国防総省からAIの利用原則が示され，民間企業の側もそれを参照しながら意思決定が可能になったことは，AIのエコシステムを運用していくに際しての一つの政策的な転換点として位置付けられるだろう。

3.2　NSCAI最終報告書の示唆

米国のAI利用指針をめぐる議論において，攻撃能力をもった兵器に自律性を持たせること自体も，強い警戒を伴う争点にはなってきたが，アイディアとして完全に否定されているわけではないことには注意が必要であろう。2016年の国防科学委員会（Defense Science Board: DSB）が発表した報告書では，A2/AD環境の下で自律性を持った無人機と有人機の置き換えを進めることの軍事的な価値を指摘しているが，その対象となるミッションとして，空中給油，早期警戒，諜報，監視，偵察，指揮と並んで，対艦戦についても触れている[25]。また，致死性を備えた兵器の運用が政策上の問題をはらんでいることを認識しつつ，そのような機能を持つUUVを機雷として敷設する実験など，具体的な提言も見られる[26]。

2021年1月に発表された「人工知能に関する国家安全保障委員会（National Security Commission on Artificial Intelligence: NSCAI）」の最終報告書は，AIの利用をめぐる米国内部の両義的な姿勢が依然として継続していることを表したものといえよう。同報告書では，AIの利用を積極的に進めるのと同時に，その際に国際人道法を含めて倫理基準や，人間による適切な制御のレベルを追求していくことが基本方針として示されており[27]，その点ではこれまで国防総省やホワイトハウスが掲げてきたものから大きく逸脱するものではない。しかし同時に，敵対勢力が米国の遵守する国際的な倫理基準にしたがってAIの開発や運用を進める保証はない，というスタンスを同報告書は採用する。とりわけ，ならず者国家や犯罪者，あるいはテロリストが無謀かつ非倫理的なかたちでAIを利用する可能性は高まっており[28]，また，中国が広範囲にわたって，攻撃能力を備えたものを含む軍事システムの自律性を高めるだけでなく，それらを他国に輸出しているとの見方をとる[29]。さらに，たとえば致死性を持った病原体開発にAIが用いられる可能性も危惧されるなど，ここで示される敵対的なAI利用への懸念はLAWSやそれに類する自律型兵器だけにとどまらない[30]。このような敵対勢力の動向は，対抗措置として米国が兵器の自律性を高めていくことを正当化する動きにもつながりうるといえよう。

同時に，米軍の能力構築という点でも，致死性を持った兵器について積極的なAI導入を進めていくことが望ましいとの見解も示される。同報告書は，致死性を備えたAI兵器の運用判断を含めて，意思決定におけるAIの人間に対する優位性を主張するスタンスをとっている。すなわち，「殺傷能力を伴うすべての交戦段階で人間による明示的な承認が必要であると一律に決定することは現実的でも望ましくもない」ばかりか，こうした判断はむしろ，「精度の低い非誘導型兵器システムの使用を促すことにもな」り，かえって多くの二次被害を発生させる可能性がある，との立場である[31]。このような理解は，「適切に設計されてさえいれば」との条件付きで，AIを活用した攻撃型の自律兵器システムの積極的な導入を主張することにもつながる。

この報告書で示されている提言は政府の決定そのものではないものの，少なくとも，米国のAIエコシステムにおいては，兵器としてのAI利用の線引きは現段階では必ずしも確定的なものではなく，とりわけ国際的な脅威の動向次第でより積極的な自律化路線が採用される可能性を残すものとなっているといえよう。そしてこのようなAIの利用方針をめぐる「揺らぎ」は，今後実装のかたちが具体化するほどに，AIエコシステムに参加する国内外のアクターとの見解の相違を引き起こすことにもつながりうる。

4. 同盟国・友好国間のコンセンサス形成と枠組みの多重化

4.1 バイデン政権のルール・規範形成志向

国際レベルのコンセンサス形成についてはどうか。バイデン（J. R. Biden）は政権発足後の2021年2月，「われわれはサイバー空間，AI，バイオテクノロジー分野において，技術の進歩を制御するためのルールと行動規範を形成し，人びとを縛り付けるために技術を使うのではなく，高めていくために使っていかなければならない」と述べた[32]。このような新興技術をめぐるルール・規範形成志向は，2021年3月に発表された「暫定版国家安全保障の指針」にも反映されることとなった。

同指針は，中国を「安定的かつ開かれた国際システムに持続的に挑戦するだけの経済的，外交的，軍事的，技術的な潜在力を備えた唯一の競争相手」と位置付けることで，これまで以上に対立的な関係を明確にするものとなった[33]。この文脈において，技術競争をめぐる取り組みについてもいくつかの方針が示されている。一つに，バイデン政権は，技術革新が軍事や経済を含む今日のさまざまな問題の背景にあることを再確認し[34]，対応策として将来的な軍事・国家安全保障上の優位につながる先端技術や能力に投資を再配分していくこと，技術開発・試用・取得・配備・保護のプロセスを合理化すること，熟練労働者を保護すること，そして責任ある技術利用のための倫理的・規範的枠組みを形成することを目標として掲げた[35]。科学技術の安全保障上の取り扱いをめぐるこうした指針は，トランプ政権期のものから大きく変更されているわけではない。

国際的枠組みの形成については，新興技術をめぐる法的・規範的な統制が取れていないとの現状認識を示した上で，新たなルール作りや標準の策定による安全保障や経済競争力，価値の増進を目指すとの方針が掲げられた[36]。その際，米国が規範共有や新たな合意形成を主導していくことも述べられている[37]。先に見たCET戦略でも明示されていたように，新興技術をめぐる国際協力志向は，効果的に実施されてきたかどうかはともかく，「米国中心主義」に基づいた一方的な外交政策を展開してきたと評されるトランプ政権においても表現されていたものではあった。バイデン政権では協調的な新興技術戦略を採用する傾向がさらに強まり，同盟国・友好国との間でより具体的な協力関係の構築が模索されるようになったという位置付けとなる。2022年に発表された国家安全保障戦略においても，AIを含む先端技術分野について，同盟国・友好国との間で技術産業基盤を強化するのはもちろんのこと，安全なサプライチェーンの構築や国際標準の整合性確保や，信頼性の高いデータ流通を含む国際的な「技術エコシステム」の確立を進める方針が示されており，今後も対中戦略の

図表 8-1　AI をめぐる主な協力枠組みの多重化

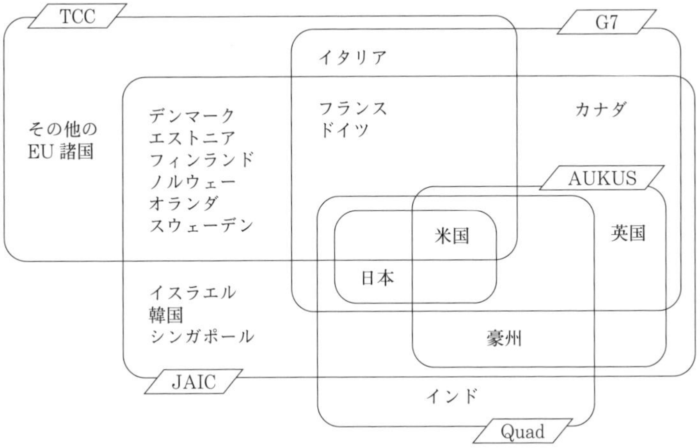

出典：筆者作成。

一部として米国をハブとする同志国間の技術協力は加速していくことになろう[38]。

4.2　多重化する協力枠組み

ここでの問題は，こうした新興技術をめぐる協力関係が，グローバルなルール・規範形成を目指すというよりは，ミニラテラルなかたちで展開されているという点である。実際に，多国間・二国間を含め，近年では米国の同盟・友好国を中心とする先進国間の協定において，安全保障や経済といった分野を問わず，AI の利用や開発をめぐる協調的な枠組みの言及・提案が繰り返されるようになっている。だが，これらの国際枠組みは必ずしも AI への取り組みを主たる目的として形成されたものばかりではなく，構成国も重複してはいるが一致しているわけではない（**図表 8-1**）。

たとえば，国防総省の統合人工知能センター（Joint Artificial Intelligence Center: JAIC）が主催する AI 国防パートナーシップは，同盟国・友好国との間で AI に対応するに際してのアプローチや課題，解決策を調整することを目的として開催され，2021 年 5 月には第 3 回目の会合が開かれ，AI をめぐる協力の必要性や倫理・政策の策定といった共通の関心事について共同声明が発出された[39]。この枠組みには米国のほか,「志を同じくするパートナー(like-minded defense partners)」として豪州,カナダ,デンマーク,エストニア,フランス,フィンランド,ドイツ,イスラエル,日本,韓国,ノルウェー,オランダ,シンガポール,スウェーデン,英国の計16か国が参加している[40]。対話は毎年実施されており,2022年3月の第5回対話では,AIをめぐる政府・産業・学術界の連携に関する意見交換が行われた[41]。

これとは異なる枠組みとして,2021年6月には,米欧間で「貿易技術評議会」(Trade and Technology Council: TTC)が設置され,共通の民主主義的な価値観に基づいた新興技術の開発や基準策定,貿易・投資の増加などが目標として掲げられた[42]。そこで取り上げられた技術標準策定ワーキンググループのトピックには,AIも含まれている[43]。その一方で,並行してQUADにおいてもAIに関する国際標準が論点となった。2021年7月にNSCAIが開催した技術サミットでは,AIやその他の最先端技術の研究開発において中国が発展途上国に影響力を行使することへの警戒が示されるとともに,米日豪印の4か国による先端技術に関するタスクフォースを設置し,さらにAIや5G技術にかかわる国際標準の検討を進めることが合意された[44]。こうした展開は,米国を中心としつつも構成国の異なる複数の枠組みにおいて,AIの技術標準が個別に検討されていることを意味する。

また,そこに絡む各国の脅威認識の問題もある。QUADでは中国を念頭に置いたAI協力の議論が進んでいるが,TTCにおいては必ずしも中国の位置付けが明確ではなく,米国がTTCを中国を念頭に置いた包囲網と位置付けているのに対して,EUは同枠組みにおける対中対決姿勢を薄めることに苦慮しているとの指摘もある[45]。実際,2022年12月の発出されたTTCの共同声明においても,ロシアのウクライナ侵攻に対する強い非難が示される一方,中国については非市場経済的な政策や慣行に関する問題が指摘されるにとどまり[46],米国が単独で発出する中国関連文書・声明における脅威の描き方とは一線を画すものとなっている。こうした国際枠組みの内側で,あるいは異なる枠組みの間に見られる脅威認識の乖離も,AIをめぐる技術協力のあり方に影響を及ぼしうる要因の一つである。

さらに,前後して開催された2021年6月のG7コーンウォール・サミットでは，別の問題が主題の一つとなった。同サミットでは技術の透明性確保を進めるための「大胆な取り組み」として，AIについて「開かれた人間中心のアプローチを中心としてすべてのパートナーを結集することを目指す」ことが謳われた[47]が，AIを含む新興技術の利用規範の問題以上に，国際的な研究協力における知財や個人データの窃取，悪用，不適切な利用を含む不正行為の問題に関心が集まった。近年注目を集めるこうした「リサーチインテグリティ」[48]の問題に対して，G7では「研究エコシステムのセキュリティとインテグリティに関する作業部会」を設立することに合意する「研究協約（Research Compact）」の発表に至っている[49]。

これらに加えて，2021年9月に発表された米豪英3か国の新たな枠組みであるAUKUSでも，AIをめぐる協力に言及されている。AUKUSでは，豪州への原子力潜水艦の配備が優先課題とされ，それをめぐって生じたフランスとの外交関係の悪化に注目が集まっているが[50]，同時にこの枠組みがサイバーやAI，量子情報科学，海洋分野を含む重要技術の優位性を追求していくものであることを明らかにしている[51]。また，その目的は3か国間の統合作戦能力・相互運用性を高めていくことにあるとの認識も示されており[52]，AIをめぐる協力が軍事的アプリケーションにまで至ることが当初から想定されていることが推測される。

このように，バイデン政権が掲げるAI（のみならず，新興技術分野一般）についての国際協力は着実に進められている。しかしこのことが，AIの技術標準や倫理基準，あるいは運用方針についての国際的なコンセンサスの形成に向かっていることをただちに意味するわけではない。実際のところ，AI倫理をめぐる各国の見解も，軍事利用をめぐる倫理や法的枠組みの遵守の必要性，そして人間中心の運用といった点ではコンセンサスがある一方，AIの説明責任や信頼性に対する考え方にはある程度の隔たりが見られることも指摘されている（CSET 2021）。国連でも，AIには依然として人権上のリスクがあることが指摘され，その利用や取引にモラトリアム期間を設けることが勧告された[53]。昨今のAI協力の背景にある対中脅威認識についても，総論としては各国間にコンセンサスがあるように見えるものの，その程度については差異が残る。そうした状況下で，ミニラテラルな枠組みが同時並行的に展開されていくことによって，個別の枠組みで展開された議論が相互に調和せず，かえってAIをめぐる戦略や倫理，技術標準のコンセンサス形成が困難になっていくことも考えられるのである。

おわりに

イノベーションのオープン化が進むほどに，AIの積極的な利用を試みる諸国は，国際共同研究・開発の推進や技術標準の策定，さらには倫理基準の形成に至るまで国内外の関連アクターといかに協力するかという問題に直面する。それは米国も例外ではなく，オバマ政権後期に戦略に組み入れられたAIの活用は，トランプ政権のもとで国内エコシステムの再建とともに重点化されていき，バイデン政権においてはそれに加えて国際連携の強化が加速度的に進められてきた。

しかし，国内における運用方針や倫理基準の策定については，一定のコンセンサスがあるものの，その内実は依然として確定的なものではなさそうである。実際に，個別のアクターの価値基準と米国の戦略的指針が摩擦を起こすケースが発生しており，政府のAI運用基準の変更によって現在のコンセンサスが崩れていく可能性も残されている。国際レベルでも，米国を中心にさまざまな枠組みでAI分野での協力が検討されているが，それらは構成国はもとより言及される課題もすべてが重なっているわけではなく，かといって機能別の棲み分けが行われているかどうかも明らかではない。このような状況に加えて，日米同盟にも見られるように，バイラテラルな協力関係においてもAIをめぐる連携が個別に志向されるとすれば[54]，規範・ルールの共有や利害調整のためのメカニズムはより一層複雑になるはずである。

これらのことは，米国が直面する，AIエコシステムの管理をめぐるジレンマの問題を示唆する。確かに，国内外でエコシステムに参画するアクターが増加するほど，その枠組みが生み出すイノベーションの実効性は大きく高まることになる。しかし同時に，多種多様なアクターがそれぞれの利害を背負って関与を深めることになれば，それだけコンセンサス形成にかかるコストは大きくなる。この問題は，国内アクターをある程度まで権威主義的にまとめることのできる，あるいは必ずしも他国との協調に拠らずやや一国主義的に展開されているようにも見える，中国の研究開発体制と見比べた場合に，政治体制の非対称性がいかにして技術競争力の違いを生み出すのかという論点にもかかわるものとなろう。

【付記】本章は「米国における AI 戦略の展開とコンセンサス形成の課題」日本軍縮学会編『軍縮研究』11 巻 1 号，2022 年，23–36 頁を加筆修正したものである。

【参考文献】

Brockmann, K.（2018），"Drafting, Implementing, and Complying with Export Controls: The Challenge Presented by Emerging Technologies," *Strategic Trade Review*, 4, 6, pp. 5–27.

Brooks, S. G.（2005），*Producing Security: Multinational Corporations, Globalization, and the Changing Calculus of Conflict*, Princeton University Press.

Center for Security and Emerging Technology（CSET）（2021），*Responsible and Ethical Military AI Allies and Allied Perspectives*, CSET Issue Brief, https://cset.georgetown.edu/wp-content/uploads/CSET-Responsible-and-Ethical-Military-AI.pdf（2023 年 7 月 10 日アクセス）.

Dekker, B., and Okano-Heijmans, M.（2020），"Emerging Technologies and Competition in the Fourth Industrial Revolution: The Need for New Approaches to Export Controls," *Strategic Trade Review*, 6, 6, pp. 53–68.

Gentile, G, Shurkin, M., Evans, A. T., Grisé, M., Hvizda, M., and Jensen R.（2021），*A History of the Third Offset, 2014–2018*, RAND Corporation, https://www.rand.org/pubs/research_reports/RRA454-1.html（2023 年 1 月 5 日アクセス）.

Rotolo, D., Hicks, D., and Martin, B.（2015），"What Is an Emerging Technology?," *Research Policy*, 44, pp. 1827–1843.

Weiss, L.（2014），*America Inc.?: Innovation and Enterprise in the National Security State*, Cornell University Press.

齊藤孝祐（2021a）「世界で加速する AI の軍事利用―新時代の日米同盟にも課題―」『Wedge』33 巻 2 号，61–63 頁。

齊藤孝祐（2021b）「イノベーションと安全保障―『軍』と『民』はなぜ接近し，いかなる課題をもたらすのか―」『SYNODOS』，https://synodos.jp/opinion/international/24149/（2023 年 7 月 10 日アクセス）。

齊藤孝祐（2021c）「先端技術情報の管理をめぐる諸課題」『治安フォーラム』27 巻 12 号，30–37 頁。

松村博行（2021）「序論―イノベーション・エコシステムと安全保障―」『国際安全保障』

第49巻第1号，1-17頁。
山田敦（2001）『ネオ・テクノ・ナショナリズム―グローカル時代の技術と国際関係―』有斐閣。

【注】

1 安全保障領域におけるイノベーション・エコシステムの概念整理については松村（2021）を参照。

2 サードオフセット戦略の経緯についてはGentile, et al.（2021）を参照。

3 Executive Office of the President, National Science and Technology Council, Committee on Technology, *Preparing for the Future Artificial Intelligence*, October 2016, p. 7, https://obamawhitehouse.archives.gov/sites/default/files/whitehouse_files/microsites/ostp/NSTC/preparing_for_the_future_of_ai.pdf（2023年1月5日アクセス）; National Science and Technology Council, Networking and Information Technology Research and Development Subcommittee, *The National Artificial Intelligence Research and Development Strategic Plan*, October 16, 2016, p. 14, https://www.nitrd.gov/pubs/national_ai_rd_strategic_plan.pdf（2023年1月5日アクセス）.

4 The White House, *National Security Strategy of the United States of America*, December 2017, p. 20.

5 *Ibid.*, p. 34.

6 Office of the Secretary of Defense, *Military and Security Developments Involving the Peoples Republic of China 2017*, Annual Report to Congress, May 2017, p. 68.

7 Office of the Secretary of Defense, *Military and Security Developments Involving the Peoples Republic of China 2018*, Annual Report to Congress, May 2018, pp. 87–88, 122.

8 U.S.-China Economic and Security Review Commission, *Report to Congress of the U.S.-China Economic and Security Review Commission*, November 2017, p. 25.

9 同報告書は，現段階ではサマリーのみ公表されている．Department of Defense, *Summary of the 2018 Department of Defense Artificial Intelligence Strategy: Harnessing AI to Advance Our Security and Prosperity*, 2018, p. 5.

10 *Ibid.*, p. 15.

11 *Ibid.*, p. 12.

12 AIの導入に伴って，意思決定プロセスの不透明化やAI倫理への問題意識が高まった結果，ユーザーが理解可能，かつ，信頼性のあるかたちで効果的に管理可能な次世代AIが求められるようになった。XAIの開発は，高度な学習レベルを維持しながら，計算結果について説明可能なモデルを示すことを目指すプログラムとして，こうした課題に応えるべく進められている。

13 The White House, *National Strategy of Critical and Emerging Technologies*, October 2020.

14 *Ibid.*

15 *Ibid.*, pp. 3–4.

16 Department of Defense Directive 3000.09, “Autonomy in Weapon Systems,” November 21, 2012.

17 Department of Defense, *Unmanned Systems Integrated Roadmap FY 2013–2038*, pp. 15, 81, 66–73.

18 Department of Defense, *Summary of the 2018 Department of Defense Artificial Intelligence Strategy: Harnessing AI to Advance Our Security and Prosperity*, 2018, p. 15.

19 Department of Defense, “DoD Adopts Ethical Principles for Artificial Intelligence,” February 24, 2020, https://www.defense.gov/Newsroom/Releases/Release/Article/2091996/dod-adopts-ethical-principles-for-artificial-intelligence/（2023 年 1 月 5 日アクセス).

20 Ibid.

21 Wakabayashi, Daisuke, and Scott Shane, “Google Will Not Renew Pentagon Contract That Upset Employees,” *The New York Times*, June 1, 2018, https://www.nytimes.com/2018/06/01/technology/google-pentagon-project-maven.html（2023 年 1 月 5 日アクセス).

22 Sunder Pichai, “AI at Google: Our Principle,” June 7, 2018, https://www.blog.google/topics/ai/ai-principles/（2023 年 1 月 5 日アクセス).

23 Aaron Gregg, “Google Bows Out of Pentagon’s $10 Billion Cloud-Computing Race,” *The Washington Post*, October 9, 2018, https://www.washingtonpost.com/business/2018/10/09/google-bows-out-out-pentagons-billion-cloud-computing-race/（2023 年 1 月 5 日アクセス).

24 “Defense Innovation Unit Selects Google Cloud to Build Secure Cloud Management Solution,” Google Cloud Press release, May 20, 2020, https://cloud.google.com/press-releases/2020/0520/defense-innovation-unit（2023 年 1 月 5 日アクセス); “Defense Innovation Unit Selects Google Cloud to Help U.S. Military Health System with Predictive Cancer Diagnoses,” Google Cloud Press Release, September 2, 2020, https://cloud.google.com/press-releases/2020/0902/predictivehealthdiu（2023 年 1 月 5 日アクセス).

25 Defense Science Board, *Summer Study on Autonomy*, June 2016, p. 65.

26 *Ibid.*, p. 63

27 National Security Commission on Artificial Intelligence, *Final Report*, January 2021, https://www.nscai.gov/wp-content/uploads/2021/03/Full-Report-Digital-1.pdf（2023 年 1 月 5 日アクセス).

28 *Ibid.* p. 22.

29 *Ibid*. p. 96.

30 *Ibid*. p. 52.

31 *Ibid*. pp. 23, 93.

32 Joseph R. Biden, "Remarks by President Biden at the 2021 Virtual Munich Security Conference," February 19, 2021, https://www.whitehouse.gov/briefing-room/speeches-remarks/2021/02/19/remarks-by-president-biden-at-the-2021-virtual-munich-security-conference/（2023年1月5日アクセス）.

33 The White House, *Interim National Security Strategic Guidance*, March 2021, p. 8.

34 *Ibid*., p. 8.

35 *Ibid*., p. 14.

36 *Ibid*., pp. 9, 17.

37 *Ibid*., p. 20.

38 The White House, *National Security Strategy*, October 12, 2022, p. 33, https://www.whitehouse.gov/wp-content/uploads/2022/10/Biden-Harris-Administrations-National-Security-Strategy-10.2022.pdf（2023年1月5日アクセス）.

39 Joint Artificial Intelligence Center（JAIC）, "AI Partnership for Defense Joint Statement," September 16, 2020, https://www.ai.mil/docs/AI_PfD_Joint_Statement_09_16_20.pdf（2023年1月5日アクセス）.

40 Chief Digital and Artificial Intelligence Office, "DoD Joint AI Center Facilitates third International AI Dialogue for Defense," May 28, 2021, https://www.ai.mil/news_05_28_21-jaic_facilitates_third_international_ai_dialogue_for_defense.html（2023年1月5日アクセス）.

41 Chief Digital and Artificial Intelligence Office, "DoD Joint AI Center Holds Fifth International Dialogue for AI in Defense," March 4, 2022, https://www.ai.mil/blog_03_04_22_dod_jaic_holds_fifth_international_dialogue_for_ai_in_defense.html（2023年1月5日アクセス）.

42 The White House, "U.S.-EU Summit Statement," June 15, 2021, https://www.whitehouse.gov/briefing-room/statements-releases/2021/06/15/u-s-eu-summit-statement/（2023年1月5日アクセス）.

43 European Commission, "EU-US Launch Trade and Technology Council to Lead Value-Based Global Digital Transformation," Press Release, June 15, 2021, https://ec.europa.eu/commission/presscorner/detail/en/IP_21_2990（2023年1月5日アクセス）.

44 "'Quad' Nations Agree to Strengthen Cooperation over Advanced Tech," *The Japan Times*, July 14, 2021, https://www.japantimes.co.jp/news/2021/07/14/national/quad-tech-cooperation/（2023年1月5日アクセス）. ブリンケン（A. J. Blinken）国務長官の演説も参照。Antony J. Blinken, "Remarks of Secretary Antony J. Blinken at the National Security Commission on Artificial Intelligence's (NSCAI) Global Emerging Technology Summit," July 13, 2021, https://www.state.gov/secretary-antony-j-blinken-at-the-national-security-commission-on-artificial-intelligences-nscai-global-emerging-technology-summit/ (2023年1月5日アクセス).

45 Barbara Moens and Laurens Cerulus, "US-EU Tech Alliance is Off to a Bad Start," *Politico*, September 21, 2021, https://www.politico.eu/article/us-eu-tech-trade-alliance-bad-start/ (2023年1月5日アクセス).

46 European Commission, "EU-US Joint Statement of the Trade and Technology Council," December 5, 2022, https://ec.europa.eu/commission/presscorner/detail/en/STATEMENT_22_7516 (2023年1月5日アクセス).

47 「G7カービスベイ首脳コミュニケ―より良い回復のためのグローバルな行動に向けた我々の共通のアジェンダ―」2021年6月13日。

48 リサーチインテグリティ（研究公正）をめぐる議論は，従来，科学者の行動規範を示すものとして，捏造や盗用，研究費の不正使用，被験者の保護などを対象としてきたが，近年は研究活動を通じた「不正な」技術流出やそれによって国家安全保障が脅かされることへの懸念を受けて，資金や人の流れを透明化することを求めるかたちで議論が進んでいる。

49 「G7研究協約」G7コーンウォール・サミット成果文書，2021年6月13日。この点については，齊藤（2021c）も参照。

50 ドイツもAUKUSに対して必ずしも肯定的な立場を示さなかったようである。Louis Neal, "AUKUS Security Pact is 'an Insult to a NATO Partner,' Says Merkel Adviser," *Insider Voice*, September 24, 2021, https://insider-voice.com/aukus-security-pact-is-an-insult-to-a-nato-partner-says-merkel-adviser/ (2023年1月5日アクセス).

51 The White House, "Remarks by President Biden," Prime Minister Morrison of Australia, and Prime Minister Johnson of the United Kingdom Announcing the Creation of AUKUS," September 15, 2021, https://www.whitehouse.gov/briefing-room/speeches-remarks/2021/09/15/remarks-by-president-biden-prime-minister-morrison-of-australia-and-prime-minister-johnson-of-the-united-kingdom-announcing-the-creation-of-aukus/ (2023年1月5日アクセス).

52 U.K. Prime Minister's Office, "UK, US and Australia Launch New Security Partnership: 'AUKUS' Partnership Will Work to Protect Our People and Support a Peaceful and Rules-Based International Order," September 15, 2021, https://www.gov.uk/government/news/uk-us-and-australia-launch-new-security-partnership (2023年1月5日アクセス).

53 United Nations, "Urgent Action Needed over Artificial Intelligence Risks to Human Rights," UN News, September 15, 2021, https://news.un.org/en/story/2021/09/1099972 (2023年1月5日アクセス).

54　外務省「日米安全保障協議委員会（「2+2」）共同発表」2022年1月7日，https://www.mofa.go.jp/mofaj/files/100284738.pdf（2023年1月5日アクセス）.

第9章

研究インテグリティと研究セキュリティに関する米国の動向

北場　林

はじめに

経済安全保障政策において，先端技術や新興技術を保護・育成することは重要な政策目的の一つである。先端・新興技術はオープンで国際的な科学技術の研究開発活動の上に成り立っているため，研究の健全性・公正性（研究インテグリティ）を保ち，外国等の不当な影響から守ること（研究セキュリティ）もまた，経済安全保障政策の中心的な課題となっている。

日本では2021年4月に内閣府が政府対応方針[1]を示し，資金配分機関と連携しながら研究インテグリティと研究セキュリティを確保するよう研究コミュニティに対して行動を促している。2022年12月に発表された「国家安全保障戦略」においては，「技術育成・保全等の観点から，先端重要技術の情報収集・開発・育成に向けた更なる支援強化・体制整備，投資審査や輸出管理の更なる強化，強制技術移転への対応強化，研究インテグリティの一層の推進，人材流出対策等について具体的な検討を進める」[2]としており，国家安全保障の観点からも，健全な研究システムを保護することの重要性が指摘されている。

研究のオープン化，国際化が進展する中で研究システムへのリスクをどのように管理するかという問題は，国際的な政策アジェンダでもある。2021年6月のG7コーンウォール・サミットでは共同宣言に，「研究セキュリティ及びインテグリティ並びにオープン・サイエンスの原則を促進するために協働する」「多様で強靭な科学・研究コミュニティを築く」との文言が盛り込まれた。

本章では，米中技術摩擦の中で研究インテグリティと研究セキュリティの重要性を他国に先駆けて問題提起し，官民挙げて対応してきた米国の動向を振り返り，その内容や特徴を分析することで，経済安全保障におけるこの問題の論点や課題の抽出を試みたい。米国政府の研究インテグリティ，研究セキュリティ政策はどのように展開してきたか，政府以外のアクターはどのように対応してきたか，研究セキュリティ確保のためには何が必要と議論されているだろうか。

結論を先取りすれば，米国における研究インテグリティ，セキュリティへの取組は，研究コミュニティの自律性と自助努力の尊重を基本としつつ，多様な政府関連機関が研究コミュニティと可能な限り連携して対応策を随時調整しているところに大きな特徴がある。国家・経済安全保障ニーズへの対応とオープンな研究システムの維持という，両立が難しい目標間の適切なバランスを求めて，現在も試行錯誤が続いている。

以下では，第1節で研究インテグリティ，研究セキュリティ問題の背景や用語の定義，経済安全保障問題との関連について確認した後，米中技術摩擦が明確に表れてきた2017年のトランプ政権以後を中心に，米国の主要アクターである政府，議会，研究コミュニティの動きを見ていきたい。第2節ではトランプ政権前期にあたる2017年から2019年にかけて米国で研究セキュリティ問題が顕在化した時期を，第3節では研究セキュリティ確保への取組が強化された2019～2021年のトランプ政権後期を，第4節ではバイデン政権における研究セキュリティ政策の標準化の取組を扱う。第5節で，米国動向の特徴と今後の課題を抽出し，最後に総括したい。

1. 経済安全保障と研究インテグリティ，研究セキュリティ

研究インテグリティ（research integrity），研究セキュリティ（research security）とは何か。この定義をめぐっては多くの議論がある[3]が，ここでは米国政府による定義を確認しておく。大統領府が2022年1月に発出した「国家安全保障大統領覚書33号実施要領」によると，研究インテグリティ，研究セキュリティとはそれぞれ以下のように定義されている[4]。

研究インテグリティ：研究の提案，実施，評価において，誠実かつ検証可能な方法を用いること。規則，規制，ガイドラインの遵守に特に注意を払って研究結果を報告すること。一般に認められた職業上の規定や規範に従うこと。

研究セキュリティ：国家または経済の安全保障を害する研究開発の不正利用，研究インテグリティに関連する違反，および外国政府の干渉から研究事業を保護すること。

研究インテグリティは，これまで研究公正と和訳されることが多かったことが示すように，従来は研究不正（research misconduct）への対応という形で，国際的な学術コミュニティ内で広く議論されてきた。そこでは，研究不正を防止し研究活動の健全性・公正性を確保することを目的として，改ざん（Falsification）・捏造（Fabrication）・盗用（Plagiarism）といった有害な研究慣行や，データ・サンプル・ノウハウの窃盗・悪用，研究評価における守秘義務違反などをいかに防止するかという問題が取り上げられてきた。研究インテグリティの確保は，それ自体が重要な課題であり，研究不正への対応を中心に，主として研究コミュニティやアカデミア内部の問題として取り組まれてきたといえる[5]。

研究インテグリティと関連して，米国政府レベルでは，政策決定における科学的公正性（scientific integrity）[6]の問題が取り上げられてきた。これは，政府の政策形成プロセスが科学的に公正な証拠・判断に基づいているかを問うもので，経済安全保障政策における研究インテグリティや研究セキュリティとは問題意識が異なっているといえる。科学的公正性確保の立場からは，オバマ政権下の2009年3月に「科学的公正性に関する大統領覚書」が，2010年12月には大統領府科学技術政策局（Office of Science and Technology Policy: OSTP）からも覚書が発出され，各省庁は科学的公正性施策の策定を求められた。以来，20以上の連邦政府機関が，科学的公正性に関する方針を策定し実施している[7]。

経済安全保障の観点から研究インテグリティが取り上げられるようになったのは，研究情報や技術情報の流出を防止するには，研究インテグリティを確保することが有効とされたためである。後述するように，米国における近年の取組の大きな特徴は，従来からあった研究インテグリティの概念を拡張することによって研究セキュリティを確保しようとしたことにある。その具体的運用の柱が，公的資金援助を受けている研究者に利益相反（Conflict of Interest）や責務相反（Conflict of Commitment）[8]に関する情報開示を求め，それに基づいてリスク管理を行うことであった。

研究インテグリティ同様，研究セキュリティも古くて新しい問題である。研究セキュリティをいかに確保するか，科学技術交流と安全保障をどのようにして両立するかについて米国の基本政策は，米ソ冷戦時代に遡ることができる。1980年代初頭，米ソ冷戦の高まりを受け，米国のオープンで自由な研究システムがソビエト連邦など安全保障上の競争国を利しているのではないかとの議論が高まった[9]。当時のレーガン政権は1985年，「国家安全保障決定令189号（National Security Decision Directive: NSDD-189）」[10]を発出し，科学技術情報の安全保障上の管理のあり方について基本的な考え方を提示した。

タイトルに「科学技術工学情報の移転に関する国家政策」と銘打たれたNSDD-189は，基盤的研究（fundamental research）[11]と機密研究（classified research）の間に明確な区別を設けた。同時に，基盤的研究の成果は科学コミュニティに広く共有されるものであり，最大限制約されないことを宣言した。NSDD-189は，機密情報以外の基盤的研究の開放性を原則としたものとして，2001年にはライス国家安全保障担当大統領補佐官が再確認するなど，今日まで米国の科学技術政策の礎となってきた[12]。

国家安全保障に関わる機密でない限り基盤的研究の成果は公開され制約されない，との原則は現在も有効であるものの，近年，基盤的研究といえども研究セキュリティ上の観点から議論されるようになった背景には，相互に関係する3つの要因がある。

第1には，基盤的研究とイノベーションの距離が近くなったことである。基礎・応用研究の成果が，社会に実装される時間が短くなったといいかえることもできる。元橋（2021）は，「イノベーションのサイエンス化（基礎研究とイノベーションの近接化）は，産業競争力の源泉としての技術の特性が，工業化技術を中心とする産業技術から，より基礎的な科学的知見に基づく先端科学技術へシフトする歴史的な流れ」があると指摘する。内閣官房の「国力としての防衛力を総合的に考える有識者会議」報告書（2022年11月）は，「最先端の科学技術の進展の速さはこれまでの常識をはるかに超えており，基礎研究の成果がすぐに実用技術で展開されるようなケースが増えている」として，安全保障の観点からも注意を喚起している[13]。

第2に，先端技術や新興技術の「用途の多様性ないし両義性の問題」[14]がある。多くの識者が指摘するように，先端・新興技術の多くは，軍民両用（デュアルユース）もしくはマルチユース技術であり，軍事技術と民生技術の境界が曖昧になっている[15]。近年はとりわけ，民間で開発された技術が軍事部門に転用される傾向（スピンオン）が強くなっているとされ，民生部門における基盤的研究の成果が軍事的な技術優位につながる可能性が指摘されている[16]。

第3に，国家安全保障において想定される紛争の戦場・戦域が拡大するとともにクロス・ドメイン（領域横断）化していることである。現代の紛争は，陸海空に加えて宇宙，サイバー空間，電磁波領域で行われるとされる一方，ロシアのクリミア併合，ウクライナ侵攻が明らかにしたように，非正規戦，サイバー戦，情報戦などいわゆるハイブリッド戦争が現実のものとなっている[17]。戦闘領域の拡大と手段の多様化に伴い，人工知能（AI）や量子などの情報科学分野を中心として，軍事に応用可能な科学技術の範囲も増大している。

要するに，これまで安全保障の観点から管理対象となっていなかった基盤的研究の成果が，軍事・産業面での技術優位に直結する可能性がかつてなく高まっているのである。先端・新興技術の保護・管理は，貿易管理政策と投資管理政策の対象だが，基盤的研究の保護・管理は科学技術政策の守備範囲であり，研究インテグリティの向上と研究セキュリティの確保が求められる所以である。

研究インテグリティの向上が研究セキュリティの確保にもつながるという点で，両者は密接に関係している。経済協力開発機構（OECD）は2022年の報告書で，「透明性を高め，潜在的な利益相反や責務相反を開示し，リスクを管理することによって研究インテグリティを強化することにより，研究セキュリティは保護される。研究セキュリティ，すなわち外国の国家や非国家による研究への干渉を防止することは研究インテグリティの強化につながる」とし，両者の相互関係を指摘している[18]。

研究インテグリティの向上を図ることはそれ自体重要であるが，経済安全保障政策の観点からは，研究セキュリティを確保することが主目的であり，研究インテグリティの確保は重要な手段の一つといえる。次節以下では，主に研究セキュリティの確保に関する米国の動向に焦点を当て，研究セキュリティに関連する範囲で研究インテグリティの動向にも触れたい。

2. 研究セキュリティ問題の顕在化（2017〜2019 年）

研究事業に対する外国からの影響・干渉という問題については，米国では主に中国が主要な脅威として認識されてきた。その政治経済的背景として，2017 年のトランプ政権発足とともに高まってきた米中貿易摩擦・技術摩擦があることは自明であるが，より直接的な背景としては，米国の研究情報をはじめとす

図表 9-1　米国の研究インテグリティ，研究セキュリティに関連する主な出来事①

年月日	米国の研究インテグリティ，研究セキュリティに関連する主な出来事
1985 年 9 月 21 日	レーガン政権，国家安全保障決定令 189 号（NSDD-189）を発令
2009 年 3 月 9 日	オバマ政権，科学的公正性に関する大統領覚書
2010 年 12 月 17 日	大統領府科学技術政策局（OSTP）による科学的公正性覚書
2015 年	FBI が MD アンダーソンがんセンターに外国人によるスパイ行為の懸念を通知，情報提供を依頼
2017 年 1 月 20 日	トランプ政権発足
2017 年 12 月	国家安全保障戦略を発表
2018 年	米国大学協会（AAU）と全米土地付与大学協会（APLU）が，研究セキュリティ確保策について大学にアンケート調査を実施
2018 年 1 月	NSF，研究資金申請者が外国で研究しようとする場合に説明を要求
2018 年 3 月	NIH，研究者に対し，外国政府や企業との資金的関係を情報開示するよう要求
2018 年 8 月	国防権限法 2019 成立。輸出管理改革法（ECRA）制定。規制対象外の「新興・基盤技術」のうち必要な技術を輸出規制対象に。
2018 年 10 月	ペンス副大統領がハドソン研究所で政策演説
2018 年 11 月 1 日	司法省，「チャイナ・イニシアティブ」を開始
2018 年 12 月	DOE，「対応に慎重を要する国出身の外国人」のアクセスが制限される研究分野・技術リストを作成
2019 年 4 月 22 日	AAU と APLU が「大学における不当な外国の影響とセキュリティ上の懸念への対応」について調査結果を公表

る知的財産が窃取されているという懸念があった[19]。

米国において研究インテグリティ，研究セキュリティへの問題意識が高まったきっかけの一つとして，テキサス大学 MD アンダーソンがんセンターの事件が挙げられる。がん研究で世界トップレベルとされる同センター周辺では，2014 年頃から中国に情報が漏洩しているのではないかとの疑いがもたれるようになり，連邦捜査局（Federal Bureau of Investigation: FBI）は 2015 年，同センターに外国人によるスパイ行為の懸念を通知し情報提供を依頼した。FBI が 2017 年夏に専門情報の盗難可能性について捜査を始めると，嫌疑がかけられていた中国生まれで米国籍の女性研究者は辞職した。捜査が進んだ結果，同センターは 2019 年 4 月に研究者 3 名を解雇した。中国の研究機関に雇用されていたことを報告せず二重で資金を得ていたこと，研究提案審査の査読者でありながら助成金応募者と個人的な関係にあったこと，査読者として入手した応募書類を第三者へ送付していたこと等が理由であった。

研究者はいずれも中国系，もしくは中国政府等とのつながりを有しており，中国政府の人材獲得政策である「千人計画」に参加している者もいた。この事件は全米で大きく報道されたこともあり，米国の研究現場に対する中国の不公正な関与への懸念が広がった[20]。査読者としての不正行為は明白な研究不正であったため，研究インテグリティ確保への意識が高まると同時に，外国との関係における研究者の利益相反にも目が向けられることとなった。

トランプ政権ではすでに 2017 年 12 月の「国家安全保障戦略」[21] において，ロシアと中国を「修正主義勢力」と規定しつつ，中国などの競合勢力が米国の知的財産や技術を盗んでいると明記し，警戒感を顕わにしていた。「最先端技術労働力を確保することの重要性を認識しつつ，知的財産が競合国に移転しないよう，指定国からの科学技術工学数学（STEM）留学生に対する制限を検討する」としてビザ手続きの見直しにも言及し，国家安全保障イノベーション基盤（National Security Innovation Base: NSIB）を防護すると宣言した。

2018 年 3 月には，FBI が「中国：アカデミアへの脅威」[22] と題する報告書を発表して，法執行当局の立場から知財損失の危険を訴えた。4 月には国家情報会議（National Intelligence Council: NIC）が，千人計画の目標は「米国の技術，知的財産，ノウハウの中国への移転を促進すること」であるとの分析を公表し，

6月には議会公聴会でヒアリングが行われるなど，研究コミュニティにおける中国の活動への警戒感がさらに昂進していった[23]。

研究インテグリティ確保のため外国の影響に対する対応の必要性が高まるにつれて，政府，議会，大学などさまざまなレベルで取組が展開されることとなった。法執行機関，情報機関に次いでこの状況にいち早く対応したのは，研究者コミュニティと距離の近い資金配分機関であった。医学・ライフサイエンス分野の研究を支援し，自らも研究を実施する国立衛生研究所（National Institute of Health: NIH）は，2018年3月にNIHから研究資金を受給している研究者に対し，既存の利益相反報告ルールを遵守するとともに，外国政府や企業との資金的関係について情報開示するよう求めた[24]。さらに8月には米国内の約1万の大学・研究機関に対し，研究者に当該情報開示を徹底させるよう求めた[25]。また，長官の下に作業部会を設置して検討を重ね，NIHは研究コミュニティと連携して監視・検証体制を強化するべきとの提言を盛り込んだ報告書[26]を12月に公開した。

主に大学の基礎研究を支援する全米科学財団（National Science Foundation: NSF）も，外国からの不公正な影響を排除するための取組を段階的に進めた。2018年1月には，研究資金申請者が外国で研究しようとする場合には，その合理性について説明を求めた。4月には，外国籍市民がNSFへ一時出向する研究者（Rotator）として勤務することを禁じた。

軍事技術開発を中心に政府部内で最大の研究開発予算を抱える国防総省（Department of Defense: DOD）については，連邦議会が2018年8月に2019年度国防権限法を成立させた。これはDODに，①国家安全保障に関わる技術情報等の保護，②人材採用計画を含む不当な海外からの影響の制限，③科学工学分野の国内人材育成のための施策等について検討を求めたものである。DODはこれらへの対応の一環として2019年3月，同省所管の研究開発プログラムに従事する研究者に対して，目的，従事率，研究資金額，支援機関，研究期間等，研究プロジェクトの詳細情報を提出するよう求めている。

基礎物理学やエネルギー，核技術分野で大きな研究開発予算を有するエネルギー省（Department of Energy: DOE）は2018年12月，研究協力に関するリスク評価を行うため「科学技術リスク・マトリクス」の導入を提案し，国際研究協力に伴うリスク管理策の検討を開始した[27]。また，2019年1月には，外国の人材獲得プログラムについてDOE職員の参加を制限する方針が示された。

2018年初頭から資金配分機関や議会で，研究インテグリティと研究セキュリティの確保に向けた取組は始まったものの，米中関係を取り巻く情勢は2018年中を通じて厳しさを増した。3月に米国政府が中国の鉄鋼・アルミ製品への追加関税措置を発動すると，中国政府も報復関税を課すなど米中貿易摩擦は激化した。6月には大統領府が，「中国の経済侵略がいかに米国と世界の技術および知的財産を脅かすか」と題する報告書[28]を公表して中国の経済行為を批判した。同じ頃国務省は，科学技術を学ぶ中国人留学生に対するビザ発給を厳格化[29]する措置を発表し，知財保護を目的とした入国管理政策がとられた。10月には，米中新冷戦の開始を予感させると評されたペンス副大統領の政策演説がハドソン研究所で行われた。11月には商務省産業安全保障局（BIS）が，国家安全保障上重要な14の新興技術リストを発表し，輸出管理政策の強化で重要技術情報を保護していく姿勢を明確にした。

米中摩擦が強まり，研究セキュリティ確保の意識が高まる中で，研究コミュニティに大きな影響を与えたのは，司法省が11月から開始した「チャイナ・イニシアティブ（China Initiative）」[30]であろう。これは，中国の知財窃盗を重点的に取り締まるプログラムで，企業秘密の窃盗や経済スパイ活動，中国の海外投資案件に至るまで幅広い事案を対象とするものであった。このイニシアティブにより，米国で活動する研究者が実際に起訴される事例が続出した[31]。一方で，このイニシアティブは，誤認逮捕や不起訴になるケースも相次ぎ，捜査の行き過ぎが指摘されるようになった。

この時期，連邦議会においても中国に対する警戒感が増し，各所で中国の知財窃取問題が取り上げられるようになった。12月には上院司法委員会が，「中国の米国に対する非伝統的スパイ行為に関する公聴会」を開催し危機感を表明，司法省のイニシアティブに期待するとの委員長声明を発表した[32]。2019年2月には，上院国土安全保障・政府関係委員会の常設小委員会が報告書「米国教育システムに対する中国の影響」[33]を発表し，米国の教育機関が外国政府による支援について適切に情報開示していないために中国政府による米国の教育機構への介入状況が把握できていないこと等を指摘した。

政府と議会が，研究インテグリティと研究セキュリティの確保に向けた取組に動き出す中で，研究者コミュニティはどう対応していただろうか。全米の有力大学が加盟する全米大学協会（Association of American Universities: AAU）と全米公立・土地付与大学協会（Association of Public and Land-Grant Universities: APLU）は，2018年秋に研究セキュリティの確保や海外脅威への対応のため各大学がどのような措置を講じているかについて大学にアンケート調査を実施し，40大学から140以上の事例を収集した[34]。2019年4月には加盟大学間での情報共有のため効果的な取組を取りまとめ公表した[35]。「大学における不当な外国の影響とセキュリティ上の懸念への対応」と題する報告書では，外国の人材獲得プログラムへの参加，知財盗用，研究公正の侵害など，大学での研究に干渉する外国の動きに対する懸念を指摘している。

以上のように2017年から2019年初頭に至るトランプ政権前期は，主に中国の人材獲得活動を念頭に，米国のオープンな研究システムへの海外からの脅威への危機感が顕在化し，資金配分機関や一部省庁による個別対応が段階的に始まった時期であった。研究インテグリティ確保のための対策としては，外国の人材獲得プログラムへの参加禁止が検討されるとともに，研究者と外国機関の関係についての情報開示要請によってリスク管理を強化することが試みられた。

3. 研究セキュリティ確保への取組強化（2019～2021年）

2019年から2021年にかけてのトランプ政権後期は，米国の研究インテグリティ，研究セキュリティ対策が加速し，取組が一気に強化された時期といえる。

これまでは各政府機関による個別対応が中心であったが，2019年5月，研究セキュリティ問題に対して初めて大統領府から具体的な動きが出た。科学技術政策局（OSTP）が事務局を務める国家科学技術会議（National Science and Technology Council: NSTC）の下に「研究環境の改善に関する合同委員会（Joint Committee on the Research Environment: JCORE）」が新設されたのである。JCOREは，①安全で包括的かつ公正な研究環境の確保，②研究の厳密性とインテグリティの確保，③研究セキュリティの保護，④公的資金を受けた研究に関る事務負担の軽減を検討するとし，メンバーは，NIH，NSF，NASA

図表 9-2　米国の研究インテグリティ，研究セキュリティに関連する主な出来事②

年月日	米国の研究インテグリティ，研究セキュリティに関連する主な出来事
2019 年 5 月 6 日	国家科学技術会議（NSTC），研究環境の改善に関する合同委員会（JCORE）設置
2019 年 5 月 10 日	全米科学工学医学アカデミー（NASEM）が，国家科学技術安全保障円卓会議を初開催
2019 年 6 月	国務省，ロボット工学，ハイテク製造，航空分野を専攻する中国人の大学院生のビザを従来の 5 年から 1 年単位に短縮
2019 年 7 月 10 日	NIH，海外からの研究支援，海外の関与，金銭的な利益相反について報告するよう改めて要請する文書を発表
2019 年 7 月 11 日	NSF，研究資金源の公開を義務付け，海外人材採用プログラムへの職員の参加禁止を要請
2019 年 9 月 4 日	60 の学協会が米国政府機関に安全保障と科学研究事業とのバランスをとるよう要請
2019 年 9 月 16 日	OSTP ドログマイヤー局長，研究コミュニティ宛に書簡発出
2019 年 10 月 10 日	DOD グリフィン次官，研究公正が外国政府によって危機に晒されているとの懸念を示したレターを発出
2019 年 12 月 11 日	NSF，科学者グループ JASON に委託した報告書「基盤的研究の安全保障」を公表
2020 年 1 月 28 日	ハーバード大教授，中国政府や大学からの報酬に関する虚偽説明で逮捕・起訴
2020 年 5 月 29 日	トランプ政権が特定の中国籍学生・研究者のビザを制限
2020 年 7 月 13 日	OSTP，ガイダンス資料「米国研究事業のセキュリティとインテグリティの強化」を発表
2020 年 12 月 17 日	GAO，連邦政府機関が外国の影響に対処するための政策強化について勧告
2021 年 1 月 14 日	トランプ大統領が「米国研究開発体制のセキュリティ及びインテグリティ強化のための大統領覚書（NSPM-33）」に署名
2021 年 1 月 15 日	NSTC，「米国科学技術研究事業のセキュリティ及びインテグリティ強化のための推奨取組（JCORE Guidance)」を発表

（航空宇宙局），NIST（標準技術研究所），特許庁など主要研究開発機関のトップと，DOD，DOE，国家安全保障会議（NSC）など関連省庁の科学技術担当幹部から構成された。座長にはこの動きを主導した OSTP のドログマイヤー局長（大統領科学顧問）が就任した。

ドログマイヤー局長は同年 9 月には研究コミュニティ宛に書簡を発出し，研究セキュリティ，研究インテグリティをめぐる状況について，「互恵主義・公開性・透明性といった米国が重視する原則を共有しない諸外国によって，米国の研究成果が不正に利用されている」と対策強化の必要性を指摘した。そして，JCOREの具体的活動として，①資金配分機関や研究機関との取組の調整，②公的資金で実施された研究情報の開示要件の確立，③研究機関が他機関と連携する際のベストプラクティスの開発，④研究におけるリスクの特定・評価・管理に関する手法の開発，の4つを推進するとした。

JCOREによる取組は，新しい施策を導入するものというよりは，研究開発活動が多くの機関で多元的に行われている連邦政府全体の調整に大統領府が主体的に関与し始めたものと捉えることができる。政府横断的・統一的なアプローチを志向することによって，各機関の個別の取組が研究コミュニティに混乱をもたらしているとの指摘に対応した側面もあった。

大統領府が連邦政府機関間の研究セキュリティ対策の全体調整に乗り出す中で，各省庁，資金配分機関はそれぞれの対策強化策を打ち出していく。2019年6月にはDOEが，「危険とみなされる外国」の人材獲得プログラムに職員が参加し，当該国政府に科学技術情報を不正に移転することを禁止するとの指令を発表した[36]。以前は禁止を含む参加制限であったが，半年足らずで厳格化された。

DODは2019年10月，研究コミュニティに対し，研究インテグリティが外国政府によって危機に晒されているとの懸念を示したグリフィン研究・技術担当国防次官のレターを発出した[37]。同次官は，研究インテグリティに関する取組は国家的優先課題とした上で，今後は政府全体のアプローチを通じて，科学技術投資に対する適切な統制，重要技術の保護，海外による利用や海外の影響の排除を行っていくことを重視すると言明した。研究コミュニティに対しては，同省関連部署と協力するよう促すとともに，AAUやAPLUなどの大学協会による取組との連携を奨励し，研究コミュニティの自発的な取組の促進にも期待を寄せた。

NIHは2019年7月，海外からの研究支援，海外の関与，および金銭的な利益相反について報告するよう改めて要請した[38]。NSFも同月，コルドバ長官名の書簡を発出して，NSF資金受領者に対し，すべての研究資金源の公開を義務付けるとともに，外国政府の人材獲得プログラムへの職員の参加禁止を要請した[39]。

他方で NSF は，科学技術と安全保障を専門とする独立した科学者グループ JASON[40] に対し，研究リスクの評価と分析に関する調査を委託した。2019 年 12 月に公開された「基盤的研究の安全保障」と題された報告書（JASON レポート）[41] は，外国からの不当な影響という問題は，利益相反の管理を含めた研究インテグリティの問題として捉え直すことで対応できると提言し，この基本的考え方は米国における研究インテグリティ，研究セキュリティの議論に一定の影響を与えたと考えられる[42]。

JASON レポートは，①米国における外国人科学者の価値と必要性，②基礎研究へのアクセスに新たな制限を設けることの負の影響，③利益相反と責務相反の開示を含めるために研究インテグリティ概念を拡張する必要性，④開放性を維持し，グローバル人材市場で成功しながら，基礎研究における米国の利益を守る方法についての学術機関と政府機関間の共通理解の必要性の 4 点を検討課題として挙げた。NSF は翌 2020 年 3 月に報告書の提言を踏まえた回答を公開[43] するとともに，研究セキュリティ確保に向けた戦略策定と実施，他の連邦機関との調整を担当する「首席研究安全戦略政策官」ポストを新設した。

研究インテグリティ，研究セキュリティを確保するために，なぜ利益相反と責務相反の情報開示が重要となるのか。この点について，NSF のカイザー首席研究安全戦略政策官は，以下の 3 点を理由に挙げている[44]。第 1 は，リスクを正しく認識し評価するためには透明性と完全な情報開示が不可欠なことである。第 2 に，開示された情報は，潜在的な利益相反や責務相反を回避するために使用されるため必要となる。第 3 に，開示された情報は，提案された研究プロジェクトを実施する個人やチームの資格を評価するために使用されるので重要となる。

JASON レポートが，大学は研究者の利益相反と責務相反に関する情報開示を徹底することによって研究インテグリティを確保できるとの道筋を示したことは，その後の研究コミュニティによる自律的な取組を促進することにもつながり，大きな意味を持ったといえる。

大統領府と連邦政府各省庁で対策強化が進展する中，連邦議会では，研究セキュリティ確保のための対策論議と並行して，中国の活動に対して警鐘を鳴らす動きが見られた。対策案としてはたとえば，省庁間の取組を調整する作業部会の設置やサイバーセキュリティの強化を目的とした法案が上下両院でそれぞれ提出されている[45]。中国への警戒論としては，上院国土安全保障・政府問題委員会の常設調査小委員会が発表した「米国研究事業への脅威：中国の人材獲得計画」と題する報告書[46]が代表的である。この報告書は，千人計画をはじめとする200以上の人材獲得計画を通じて，自国の経済・軍事的利益のために米国の研究や専門知識を不当に用いていると中国を名指しで批判した[47]。

このような情勢下で，研究セキュリティへの中国の脅威を再認識させる事件が発生した。2020年1月，ナノテクノロジーの世界的権威とされるハーバード大学のチャールズ・リーバー教授が，千人計画からの資金提供等について虚偽報告をしたとして逮捕されたのである。金銭授受や情報漏洩ではなく，外国からの資金提供について情報開示・報告義務を怠り，結果として税金詐欺とされたことが罪に問われた事案であった[48]。また同年7月には，テキサス州ヒューストンの中国総領事館が，科学技術の先端情報を違法収集するための一大拠点だったとして，国務省に閉鎖を命じられた。

研究インテグリティ，研究セキュリティ確保のための具体策について，JCORE傘下の4つの小委員会で検討を続けてきたOSTPは2020年6月，「米国研究事業のセキュリティとインテグリティの強化」[49]と題するガイダンス資料を発表した。研究インテグリティの基礎となる中核的な原則・価値として，「開放性と透明性」「説明責任と誠実さ」「公平性と客観性」「尊重」「探求の自由」「互恵性」「メリットベースの競争」を掲げつつ，研究インテグリティへのリスク（研究責任・倫理的行為に違反する行為，査読・助成金授与プロセスを損なう行為）と国家安全保障・経済安全保障へのリスク（技術力・経済競争力を脅かす研究・資源の隠れた流用）の具体的事例を挙げて，連邦機関の取組例を紹介した。中国の人材獲得計画については，実際に使用されている契約書等を示して問題点を具体的に指摘するなど，大学・研究コミュニティに強く注意を促すものとなっている。

なお，中国の軍民融合戦略を警戒するトランプ政権は2020年5月，入国管理政策で新たな措置をとっている。軍民融合戦略を実施・支援する組織に関係する中国籍の研究者や留学生が，米国に入国することを停止する措置を発表したのである[50]。また8月には，国務省が米国各大学理事会に対し中国の影響について注意喚起も行っている。

トランプ政権の研究インテグリティ，研究セキュリティへの取組の集大成ともいえる政策は，政権末期の2021年1月14日に発表された。「国家安全保障大統領覚書第33号」（NSPM-33)[51]がそれであり，「外国政府の干渉から米政府が支援する研究開発の保護を強化する」ことを目的としている。これは，①外国の干渉からの研究開発事業の保護，②研究開発事業におけるインテグリティ確保，③研究者の事務負担の軽減の3つを目指して，法執行機関と研究資金配分機関との間の協力の強化を求めたものである。

具体的には，外国から米国の研究システムを守るために，改めて研究者の利益相反・責務相反に関連する情報の開示要件の強化・標準化を求める[52]とともに，セキュリティ・インテグリティ強化のための教育とトレーニングリソースの開発が謳われている。インテグリティ確保のための手段としては，連邦政府職員の外国政府人材獲得プログラムへの参加禁止を確認しつつ，各省庁の資金配分担当者に対しては，研究セキュリティに関するトレーニングを受けさせることを，研究機関に対しては，研究セキュリティ・プログラムを策定し運用させることを求めた。事務負担合理化の観点からは，省庁・資金配分機関に対して情報開示プロセス・方法等を最大限標準化するよう指示するとともに，作業の合理化のために研究者のデジタル永続的識別子（Digital Persistent Identifier: DPI）の利用方針を確立すること等が指摘された[53]。

NSPM-33が発出された翌日の1月15日には，NSTCが「米国の科学技術研究事業のセキュリティ及びインテグリティ強化のための推奨取組」[54]を発表した。これは，JCORE研究セキュリティ小委員会がNSCと調整の上作成したもので，NSPM-33を補足するものと位置付けられている。研究機関において実践することが推奨される21の取組項目を挙げており，推奨項目には，利益相反・責務相反に関する組織方針の確立，情報開示要件の標準化，責任ある研究活動についての研究者向け研修の提供，開示要件違反に対する適切かつ効果的な罰則の設定等が明示されている。

政府からの推奨項目を受け止めることとなる各大学はこの時期，連邦政府の資金配分機関や法執行機関との情報共有や連携・協力を進めつつ，学内の意識喚起や制度整備を推進している。科学技術振興機構研究開発戦略センター（2022）が指摘するように，「連邦政府による一連の規制強化に対応して，全米の大学は研究者の利益相反や責務相反に関する情報開示の要請に積極的に協力する動きが見られ，研究インテグリティー・セキュリティー体制を自主的に強化する動きも目立っている」[55]と捉えることができる。

たとえば，ハーバード大学では，研究インテグリティ，研究セキュリティに関する問題は，研究担当副総長室が主に担当している[56]。ハーバード大学は，連邦政府の研究インテグリティに対する懸念を，①査読プロセスにおけるインテグリティの侵害，②研究者による不完全な情報開示，③規制上の要件の不順守，④知財の損失の4つに大きく分類し，これらに関連した学内会議を約20回開催して，大学としての方針を検討したという。検討の結果，ハーバード大学が研究者に開示を要求する情報項目は以下の8点となった。

①技術開発・技術移転関連情報（IPや起業情報，産業界との契約書など）
②協力文書（ラボとの研究協力合意書など）
③他機関における採用通知（業務の詳細，大学業務との比重，給与などの一覧リスト）
④経歴（学歴・職歴，所属，学会等における活動，賞与・表彰などの情報）
⑤その他の現在および結果待ちの支援（助成金や賞与，海外の関与などの一覧リスト）
⑥金銭的な利益相反（大学外からの利益，給与等に関する一覧リスト）
⑦大学外の専門性を伴う活動報告（学外の教育・研究活動，職等のリスト）
⑧研究業績・進捗報告書（業績，出版物，論文，プレゼン発表などの情報）

また，大学協会等の関係団体は，加盟大学の連携枠組みを活用し，事例集やベストプラクティスを共有して各大学の取組を支援している。たとえば，AAUとAPLUは，2019年4月の報告書公表後もフォローアップ調査を行い，各大学が互いの取組事例を共有して効果的な対策を検討できるように支援している[57]。官学の連携を支援する政府関係協議会（Council on Governmental Relations: COGR）や，資金配分機関と大学の連携・情報共有を促す会議体である連邦政府実証パートナーシップ（Federal Demonstration Partnership: FDP）などは，政府の重要施策の解説文書を作成しつつ，定期会合などの場で政府と大学との意見交換・情報共有を図っている[58]。2019年10月にはFBIと大学関係団体の会合の開催など，法執行機関とアカデミア間での情報交換も行われた。

また，大学の動きとは別に全米科学工学医学アカデミー（NASEM）は，「国家科学技術安全保障円卓会議」を立ち上げている[59]。この会議では，連邦政府機関，主要大学，民間企業関係者等が一堂に会して経済安全保障問題を議論している。2019年5月の立ち上げ会合では，経済競争力や安全保障を強化しつつ科学技術国際協力からどのようにして最大限の利益を引き出すかについて意見交換が行われた。産官学の関係者が集まるこの円卓会議は連邦議会でも注目され，2019年12月に成立した2020年度国防権限法には，円卓会議の常設化を求める規定が盛り込まれた（第1746条）。円卓会議はその後2020年11月から2年余りで8回，公開ワークショップも4回開催されている。

2019年以降のトランプ政権後期は，各省庁・資金配分機関の個別の対応が進むと同時に，OSTPを中心とする大統領府が政府部内の全体調整と統合に注力し，研究セキュリティの確保に向けた政府の取組が全体として強化された時期であった。研究セキュリティを守るためには研究インテグリティを向上させることが必要との認識が一般化されるとともに，研究インテグリティを確保するためには，研究者の利益相反と責務相反に関する情報開示が必須との基本方針が確立されたといえる。

4. 研究セキュリティ対策の標準化・合理化（2021年～）

2021年1月20日に発足したバイデン民主党政権は，対中政策の基調をトランプ政権から引き継ぐとともに，研究セキュリティ，研究インテグリティ対策についても前政権の基本路線を踏襲することとなった。しかし，トランプ政権末期に発出された大統領覚書（NSPM-33）について，バイデン政権としても引き継ぐことを明言したのは8月に入ってからであった。

バイデン大統領はまず，政権運営にあたっては科学的公正性（scientific integrity）を重視するという基本的姿勢を示した。就任一週間後の27日に「科学的公正性と証拠に基づく政策立案による政府の信頼性回復に関する大統領覚書」[60]を発表し，オバマ政権の2009年大統領覚書と2010年OSTP覚書を再確

図表 9-3　米国の研究インテグリティ，研究セキュリティに関連する主な出来事③

年月日	米国の研究インテグリティ，研究セキュリティに関連する主な出来事
2021年1月20日	バイデン政権発足
2021年1月27日	バイデン政権，「科学的公正性と証拠に基づく政策立案による政府への信頼回復に関する大統領覚書」発表
2021年2月10日	大学協会からOSTP宛て，NSPM-33とJCORE Guidanceの施行延期を求める書簡
2021年8月10日	大統領府が研究セキュリティと研究者の責任に関するガイダンス策定を開始
2021年9月17日	DARPA，独自の研究セキュリティのリスクマネジメントとして「対外影響対策プログラム（CFIP）」を発表
2022年1月4日	OSTP，「研究セキュリティのための施行要領」を発表
2022年1月11日	OSTP，科学的公正性タスクフォース報告書を公表
2022年2月23日	司法省，「チャイナ・イニシアティブ」の終了を発表
2022年6月13日	G7コーンウォール・サミット，「研究セキュリティと研究インテグリティに関するG7共通の価値観と原則」を発表
2022年6月22日	AAUとAPLU，「研究インテグリティの確保のためのアクション」更新版を発表
2022年6月28日	商務省，アカデミック・アウトリーチ・イニシアティブを開始
2022年8月9日	CHIPS・科学法が成立。各省庁・機関に研究セキュリティ対策を指示
2022年8月31日	OSTP研究セキュリティ小委員会，情報開示基準の簡素化を指示
2022年11月	MIT，中国との関与の方法を探った報告書「大学の中国への関与：MITのアプローチ」を公表
2022年11月15日	GAO，中国などの懸念国への技術移転リスクに関する調査を実施，ICEへ提言
2023年1月12日	OSTP，「連邦政府科学的公正性の政策及び実践のためのフレームワーク」を発表

認し，「利用可能な最善の科学とデータによって導かれる証拠に基づく決定をすることが政権の方針である」と述べた。本覚書は，①科学的公正性に関するタスクフォースを設置して，OSTP局長が09年大統領覚書発出以降の政府の科学的公正性政策の有効性に関するレビューを実施すること，②連邦政府機関は，2009年大統領覚書2010年OSTP局長覚書に従って科学的公正政策が行われるようにすること，③証拠に基づく政策立案を重視し，前政権下での科学とデータに基づく政策決定を妨げる政策や慣行等を見直し改めること，④連邦政

府各機関に主席科学官（Chief Science Officer）とそれに直属する科学公正担当官（Scientific Integrity Official）を置くこと，を主な内容としている。

本覚書は研究セキュリティとは直接の関係はないが，政策過程において科学的公正性を求める政権の姿勢は，研究コミュニティに研究インテグリティの確保を求める政府の方針にも少なくない影響を与えたと思われる。民主党政権時代の覚書に立ち戻って科学的公正政策を点検しようとするバイデン大統領の姿は，2009年の就任時に「科学を本来あるべき地位に戻す」と演説したオバマ大統領を彷彿させるものであり，証拠に基づく政策決定を重視してきた民主党政権の特徴が出ているといえる。同時に，科学の軽視と政治介入が批判されてきたトランプ政権[61]との差別化という側面があることも否定できないであろう。

連邦政府各機関を代表する約50人のメンバーから構成された科学的公正性タスクフォースは2021年5月に設立された。科学的公正性が確保または実施されなかった事例を調査し，連邦政府の科学的公正政策を見直すことをミッションとしており，6月には科学的公正性を確保する方法に関して，パブリックコメントを募集した。

2021年8月，バイデン政権初の研究セキュリティ政策が発表された。バイデン大統領は声明[62]で，トランプ政権が発出したNSPM-33を引き継ぐことおよび同覚書を効果的に実施するためのガイダンスとして「施行要領」を策定することを明らかにした。施行要領は，具体的には以下の3点の必要性を指摘している。

①政府から資金提供を受けた研究者が，研究セキュリティに影響を与えかねない潜在的な利益相反や責務相反に関連した適切な情報を，資金配分機関や研究組織に提供すること

②研究者が情報開示要件に違反した場合，適切な方針に従って，違反に関する情報を政府部内で共有すること

③連邦政府から年間5,000万ドル超の研究開発資金を受けている研究機関は，適切な研究セキュリティ・プログラムを運営すること

なお，研究コミュニティからは，バイデン政権発足直後の2021年2月に，NSPM-33とその「推奨取組」の運用については慎重を期すよう要望する意見

書[63]が出されている。意見書は，AAU，APLU，COGR，米国教育協議会（American Council on Education: ACE），米国医科大学協会（Association of American Medical Colleges: AAMC）の5協会の共同名義によるもので，大統領覚書と推奨取組は利害関係者との協議が十分行われないまま発出されたとし，バイデン政権下のOSTPにおいて，研究コミュニティとの意見交換が行われるまでは実施を延期するよう要望している。研究コミュニティは特に，政府機関によってばらつきのあった情報開示のあり方について連邦政府機関全体で一貫した方針を示すよう求めていた。

AAUとAPLUは，この時期も積極的に活動している。研究セキュリティ問題に関する「原則と価値観」[64]を定める一方で，加盟大学へのアンケート調査と調査結果に基づく検討を継続し，「研究セキュリティと研究インテグリティを確保するための大学の行動」文書を随時更新している（2021年8月，2022年6月，9月）。最新版では，海外からの研究事業への脅威に対する大学の具体的な取組として以下の8点に整理している[65]。

- 組織的な利益相反，責務相反の要件の強化
- セキュリティ上の脅威，機関と政府のセキュリティ要件に関する研究者へのコミュニケーションと訓練の強化
- 学内調整の取組強化
- 研究活動や海外連携のレビューの強化
- 国際協力，契約，海外贈与の審査の強化
- 海外渡航中の研究者の安全対策や保護の実施
- サイバーセキュリティへの取組強化と訓練
- 潜在的脅威の特定と軽減に資する，FBIや関連機関との連携・関係強化

2022年1月，OSTPは作成を予告していた研究セキュリティのための実施ガイダンスとして「米国政府が支援する研究開発のための国家安全保障戦略に関する大統領覚書施行要領」（NSPM-33施行要領）[66]を発表した。施行要領では，連邦政府はオープンで透明性のある科学研究を支援するとの一般原則を示しつつ，NSPM-33は，2021年度国防権限法第223条や1965年高等教育法第117条など関係法令と統合的に実施すること，研究機関における実施にあたっては連邦政府と共同で手続きを決めることなどが盛り込まれ，研究コミュニテ

ィの懸念に応える内容となった[67]。

2022年2月には，司法省の「チャイナ・イニシアティブ」の終了が発表された。同イニシアティブは，一部捜査の行き過ぎなどもあって，科学研究活動に悪影響をもたらしかねないとして批判されており，バイデン政権はガーランド司法長官の下で見直しを進めていた。同時にバイデン政権は，特定民族・人種への差別について注意喚起している。NSPM–33施行要領には「連邦省庁は，民族的又は人種的少数派グループを含む研究コミュニティの構成員を不当に非難したり扱ったりしないよう差別的ではない方法でNSPM–33の規定及び関連する要件を施行しなければならない」と明記するとともに，「研究セキュリティ政策が，世界中から科学者を惹きつける米国の力を低下させたり，アジア系アメリカ人に対する排外主義を助長した場合，米国自身に多くの損害が生じるため思慮深く効果的なアプローチが必要」との認識を示した[68]。

商務省で貿易管理政策を所管するBISは6月，大学の技術輸出管理規制に関する覚書[69]を発表し，米国の大学・研究機関が輸出管理規則（Export Administration Regulations: EAR）への理解を深め，敵対国に利用されるのを防げるように支援する「アカデミック・アウトリーチ・イニシアティブ（Academic Outreach Initiative）」を開始した。このイニシアティブは，機微技術を保護する輸出規制政策の全面的な見直しの一環として立ち上げられた。これは，防衛関連技術やEAR規制対象となる機微技術の研究を行っている大学・研究機関などを対象に，“アウトリーチ・エージェント”が輸出管理対策支援を提供するものである。海外パートナーとの連携で生じる安全保障上のリスクについて大学側に注意喚起を行い，アカデミアにおける輸出規制適用についてトレーニング機会を提供するなどして，技術の不法漏洩，不正輸出を防ぐため協力することが想定されている。

また，2022年8月には連邦議会で，米国の半導体供給能力の拡大とシェア回復を目的としたCHIPS・科学法[70]が成立した。同法は，国産半導体事業強化のため約527億ドルの補助金を投じることや，AIや量子技術などの先端科学研究支援に約2,000億ドルを措置することが決まり世界的な注目を集めたが，同法には研究セキュリティや経済安全保障対応のための施策も多く含まれている。その規定は主にNSF，OSTP，連邦政府研究関係機関の3者を対象とするもので，内容は下表のとおり多岐にわたっている。

研究セキュリティ政策の観点から見るとバイデン政権は，トランプ政権下で始まった研究インテグリティ確保のための基本政策を受け継ぎつつ，政府機関間の調整と方針の統一化，具体的取組の整理・合理化に注力していると見ることができる。大統領覚書 NSPM-33 の施行要領の策定や，CHIPS・科学法に盛り込まれた措置は，いずれも研究セキュリティ施策を効果的に実施することを狙いとしたものであった。2022 年 8 月に OSTP が示した，「情報開示に関する標準化された政策」に重点を置いて「明確性，透明性，公平性を高める開示基準の合理化」を進めるとの方針も，この延長線上にあるといえる[71]。標準化された開示プロセスや開示要件の合理化は，資金配分機関による迅速で正確なリスク評価と研究コミュニティの負担軽減の観点からも重要であると考えられる。

バイデン政権の顕著な特徴として，研究セキュリティのための研究インテグリティとはまた異なる，科学的公正性（scientific integrity）の重視を挙げることができるだろう。前述したように，大統領就任一週間後に大統領覚書を発出したことに加え，1 年後の 2022 年 1 月には科学的公正性タスクフォースが政府の科学的公正政策と実践を包括的に評価した報告書[72]を公表した。さらに 1 年後，就任 2 年目にあたる 2023 年 1 月には，OSTP が連邦政府全体の科学的公正性に関する政策と実践を強化するためのロードマップとして，「連邦政府の科学的公正性の政策及び実践のためのフレームワーク」[73]を発表した。

連邦政府機関・学界・科学コミュニティ・公益団体・産業界などからの広範な意見の提供を受けて作成されたこの「フレームワーク」は，連邦政府機関が科学公正政策と実践の改善に使う重要な要素として，①連邦政府全体のための統一された科学的公正性の定義[74]，②連邦政府機関がそれぞれの政策を策定する際の指針となるモデル政策，③連邦政府機関がそれぞれの政策と実践を定期的に評価・改善するための一連のツールを示している。「フレームワーク」はまた，その実施状況を監視し，進捗を評価するため，NSTC に科学公正小委員会を設立するとともに，すべての連邦政府機関が科学公正担当官を任命し，政府の研究関連機関は主席科学官を任命することを改めて要求している。

証拠に基づく政策形成を重視し，そのために科学的公正性の確保が不可欠と

図表 9-4　CHIPS・科学法における研究セキュリティ関連施策

対象	主題	研究セキュリティ関連施策
NSF	研究セキュリティ政策室，研究セキュリティ主任	NSF に対し，研究セキュリティ政策室の設置を指示。4 名のフルタイムスタッフを配置。政策室は，研究インテグリティを脅かす潜在リスクの特定と対処，研究セキュリティ政策とベストプラクティスの開発，政策と潜在リスクに関する資金受給者へのアウトリーチと教育活動の実施など，NSF の研究セキュリティ政策を調整する。
NSF	オンラインリソース	NSF に対し，研究機関・研究者向けに，最新情報を含むオンラインリソースの開発を指示。
NSF	研究公募	NSF に対し，研究不正や研究インテグリティ違反，有害な研究慣行に関する研究を含む，研究行為と研究環境に関する研究を支援するための資金提供を継続するよう指示。
NSF	権限授与	NSF に対して，研究セキュリティ政策室が，研究開発申請提案と NSF への情報開示内容について，オープンソースの分析・解析ツールの利用を含むリスク評価を行う権限を与える。
NSF	管理情報および身元調査に関する計画	NSF に対し，国家情報長官と連携して，NSF が支援する研究分野で，管理された非機密情報・機密情報へのアクセスを伴う可能性のある研究分野を特定する計画を策定し，当該研究に従事する NSF 職員や受給研究者に情報アクセスを許可する際にデューデリジェンスを実施することを指示。
NSF	孔子学院支援機関への資金提供	孔子学院と契約または協定を維持している機関への NSF の資金提供を制限する。
大学／NSF	海外からの資金援助	教育機関は，毎年 NSF に対し，懸念される外国（中国，北朝鮮，ロシア，イラン，または国務長官が懸念すると判断したその他の国）から直接・間接的に，贈答品など 5 万ドル以上の支援がある場合には報告が義務付けられる。
NSF	研究倫理	NSF に対し，研究開発費を支給する前に，倫理的・社会的な配慮を資金提供の提案の一部として含めるために，助成金提案文書の改訂を指示。
NSF	懸念される個人または団体の禁止	懸念される個人・団体が，新設された NSF 技術・イノベーション・パートナーシップ局を含む特定のプログラムの助成金，賞，プログラム，支援等を受けることを禁ずる。
OSTP	国家科学技術戦略	OSTP に対し，NSTC と連携して，次の 4 年間の国家研究開発目標を達成するための米国の包括的な国家科学技術戦略を策定して議会に提出するよう指示。
OSTP	海外の人材採用プログラムに対する要求事項	OSTP に対し，連邦研究機関向けの海外人材採用プログラムに関する統一ガイドラインの配布と，海外の人材採用プログラムへの連邦政府機関職員の参加を禁止する指針を発表するよう指示。
DOE	研究セキュリティリスク管理	DOE に対し，科学技術リスクマトリックスなど，研究セキュリティリスクを管理・軽減するためのツールとプロセスを開発・維持することを指示。知財損失リスクや国家安全保障への脅威を判断。
GAO/NIST	GAO による NIST 評価	GAO に対し，NIST の研究セキュリティ方針とプロトコルについて調査を要求。
GAO	研究資金会計	GAO に対し，研究上懸念される外国団体に提供される連邦資金に関する調査を指示。
各連邦研究機関	悪意のある海外の人材採用プログラムの禁止	各連邦研究機関に対し，研究助成金提案プロセスの一環として，対象者が悪意のある（malign）海外人材採用プログラムの一員でないことを証明するよう求める方針策定を指示。
各連邦研究機関	契約と協定の見直し	各連邦研究機関は，外国人登用，外国機関への雇用，海外人材採用プログラムへの参加に関する契約や助成金が，機関が支援する活動の能力を妨げ，または機関が支援する活動との重複を生じさせると判断された場合，助成対象者の変更・解任，助成額の削減，助成の一時停止・終了を開始できる。
各連邦研究機関／OSTP	研究セキュリティ研修の必要条件	連邦研究機関に対し，政府資金受給研究者が研究セキュリティ訓練を修了していることを証明する要件を策定するよう指示。OSTP に対し，大学が研究セキュリティ訓練プログラムを開発するためのガイドライン作成を指示。
各連邦研究機関	無差別	各連邦研究機関は，1964 年公民権法にしたがって，人種・民族・国籍に基づいて個人を標的としたり，差別したりしないような方法で政策と活動が実施されることを保証する。
	研究における責任ある行動研修	ポスドク研究者・教員向けの研究における責任ある行動に関する研修について，2007 年米国 COMPETES 法を改正し，潜在的な研究セキュリティ脅威の認識を高める研修や輸出管理・開示・報告義務に対応する。
	情報共有分析組織	大学や研究者が，研究セキュリティを損なう不適切で違法な取組を特定するのを支援するため，研究セキュリティ・インテグリティ情報共有機構を設立する。

出典：Chips and Science Act（H. R. 4346）から筆者作成。

するバイデン政権の政策は，研究セキュリティを守るために研究インテグリティの確保が必要としてきたこれまでの文脈とは異なる，「もう一つのインテグリティ」の重要性を示している。

5. 米動向の特徴と今後の課題：効果的なリスクマネジメントの模索

これまで素描してきた米国における研究セキュリティ，研究インテグリティをめぐる動向の特徴と，今後の研究セキュリティ政策の課題について確認しておきたい。米国の特徴としては，以下の4点を挙げることができるだろう。

第1に，近年の米動向は，2018年頃の研究セキュリティ問題の顕在化を受けて資金配分機関など一部政府機関や大学での個別対応が始まり，2019年半ばからホワイトハウスが主導・調整する官学連携の取組強化期を経て，2021年以降は研究セキュリティ対策の標準化・合理化と実効性の確保に焦点が移ってきたという大きな流れが確認できる。

第2に政策の内容面では，研究セキュリティ確保のための有効な手段として，研究者の外国との関係に関する利益相反・責務相反の管理を中心とする研究インテグリティ強化策が追求された。米国のオープンな研究システムを守るとの観点からは，輸出管理の強化や入国管理制限，法執行機関による摘発なども実施され一定の役割を果たしたが，一方でそれらの規制措置は国際連携の機運を削ぎ，研究者コミュニティを委縮させる効果ももたらした。オープンで競争的な研究システムを維持しつつ安全保障ニーズにも応えるためには，大学・研究コミュニティが自律的に自らの研究インテグリティの向上を図り，その取組を政府が誘導・支援する形が一般的となった。

第3に，研究インテグリティ確保に向けた，大学・研究コミュニティによる自主的積極的な姿勢が一貫して見られた[75]。ハーバード大学をはじめとする多くの研究大学は，研究セキュリティ・研究インテグリティ担当部署を設けて，大学経営幹部が陣頭指揮をとった。AAU，AALUなどの大学団体は，研究セキュリティへの懸念が生じ始めた初期の段階から，各大学における取組状況をヒアリングし情報共有を図るなど，大学における自主的な対策の検討・実施を支援した。COGR，FDRなどの政府と大学コミュニティをつなぐ境界団体が，官学連携強化のためのさまざまな支援活動を行っていることも研究インテグリティ施策の実効性確保に貢献していると思われる。また，NSF からの委託調査という形ではあったが，科学者集団である JASON グループが，研究インテグリティ概念を拡張することで研究セキュリティ問題に対応できるという基本路線を示したことは，NSF のみならず連邦政府機関の政策形成に影響を与えた。

第 4 に，研究セキュリティ政策においては，トランプ政権とバイデン政権は違いよりも共通点が多いことが指摘できる。米中対立の基本構造と対中警戒感が大きく変化していない状況下で，バイデン政権は大統領覚書 NSPM-33 をはじめとするトランプ政権の基本政策を引き継いだ。利益相反・責務相反の管理を徹底することで研究インテグリティを強化するとの路線はバイデン政権にも受け継がれ，より実効性あるリスクマネジメントを実現するために，各種管理手法の標準化や合理化が検討されている。

今後の研究セキュリティ政策の課題については，以下の 4 点を指摘したい。第 1 は，連邦政府各機関の取組の標準化・統一化をさらに進める必要性である。米国では，連邦政府各機関が，それぞれが担当する分野の研究開発について，基礎・応用研究から技術開発に至るまで一気通貫で所管するという分権的な研究開発システムとなっている。研究開発予算も，DOD，NIH，DOE，NASA，NSF などをはじめ 10 以上の省庁に振り分けられている。この分権的な科学技術政策体制が，研究セキュリティ施策の実務面における統一的な手法・プロセスの導入を妨げており，研究コミュニティに混乱と非効率をもたらしているとの批判が根強い。OSTP が中心となって各省庁間の政策調整を進めると同時に，政府説明責任局（Government Accountability Office: GAO）も，関連省庁にたびたび勧告[76]を行い，研究セキュリティ施策の標準化・合理化を促しているが，一層の推進が必要であろう。

第 2 に，利益相反・責務相反管理を中心とする研究セキュリティ政策は原則，政府の公的資金を受給した研究者を対象にしており，米国の研究開発の大半を占める企業部門には及ばないということである[77]。米国の官民合わせた総研究開発投資は 6,560 億ドル（2019 年）であるが，産業部門が 4,640 億ドルと 7 割以上を占めており，連邦政府の研究開発予算は 1,390 億ドルに過ぎない[78]。研究開発投資の大半を占める民間企業，企業所属研究者にも，研究セキュリティ，研究インテグリティの観点から配慮と行動を求める必要がある。

第3に，効果的なリスクマネジメント手法の確立が急がれていることである。村松（2022）が指摘するように，研究セキュリティ強化のための手段としての利益相反・責務相反の管理は，情報開示の第1段階と，開示された情報を基にリスクを評価する第2段階に大別される。情報開示の方法や開示プロセスについては，手続きやフォーマットの標準化・統一化・合理化が進んできたが，リスク評価については実効性ある判断基準や手法の開発が課題となっている。

リスク評価の判断基準については，連邦政府の中では国防総省の国防高等研究計画局（Defense Advanced Research Projects Agency: DARPA）が2021年に「対外影響対策プログラム」[79]を公表している。海外からの不当な影響による利益相反・責務相反の可能性を評価する基準として，①外国の人材獲得プログラムへの参加，②米政府のエンティティリスト掲載機関との関係，③外国機関からの資金援助，④リスクの高い外国機関との関係の4つの判断基準を掲げ，リスクの程度に応じてVery High，High，Moderate，Lowの4段階の格付けを行うとしている。

大学における注目すべき取組としては，マサチューセッツ工科大学（MIT）が，MITと中国の関与のあり方を検討した報告書「大学の中国への関与：MITのアプローチ」[80]の中で，「的を絞ったリスク評価と管理による選択的な関与（selective engagement with targeted risk assessment and management）」を推奨している。「連邦政府の政策は，どんなによく練られたものであっても，大学レベルで行われる効果的な行動の代用にはなりえない」として，研究セキュリティのリスク管理における研究責任者（PI）の主導的役割と責任の明確化や，教職員から成る専門委員会の設置など，MIT独自のリスク管理プロセスを開発する必要性を提言している。リスク評価については現在，各組織・大学が案件ごとに判断している状況であるが，今後は官民の経験が共有・蓄積されていくものと予想される。

第4の，そして最大の研究セキュリティ政策上の課題は，国家・経済安全保障と，オープンで協調的な科学研究環境との間に適切なバランスを見つけることである。米国の研究コミュニティは，とりわけこの論点を重視してきた。

2019年9月には国内の60の学協会が，関連政府機関に対して安全保障と科学研究事業のバランスを取るように要請し[81]，米国芸術科学アカデミー（American Academy of Arts and Sciences）は，国際科学技術協力の重要性をたびたび訴えている[82]。

研究とセキュリティのバランスについては米国政府自身も強く自覚しており，2021年1月の「施行要領」には，「オープンな国際共同研究の利点とリスク」を認識した，「バランスのとれた，リスクに基づいたアプローチ（A balanced, risk-based approach）」[83]が必要と謳っている。具体的にどのようにバランスをとるかについて「施行要領」は記載していないが，「このアプローチは，特定されたリスクに見合った保護措置の適用を目指すもの」としており，特定リスク案件ごとに適応した対応が必要になるであろうことを示唆している。

このことは，全米科学工学医学アカデミー（NASEM）が報告書「合衆国の技術優位を守る」[84]の中で提言した内容とも問題意識が共有されており興味深い。NASEM報告書は，重要技術をリストアップして制限を設けるという従来のアプローチから，協調的なリスク管理（coordinated risk management）に基づくアプローチに移行すべきとして，「誰がどの技術をどのように利用しようとしているかをまず特定し，その結果生じるリスクに対処するための戦略を定義する」アプローチの開発を提言している。そのために技術専門家が，インテリジェンス，法執行，国防の各部門の専門家と協働する必要性を主張している。

なお，国際科学技術協力については，国によって研究分野の強みや戦略が異なるため，共同研究など協力のレベルも国と研究分野によって大きく異なることが多い。したがって，研究セキュリティへのアプローチも，協力の目的と対象分野，方法に応じてカスタマイズした対応が求められるだろう。ジョージタウン大学安全保障・新興技術センター（CSET）は，「研究セキュリティと権威主義的政権による研究開発の利用に対する懸念に応えるため，民主主義諸国の間では，研究・技術の主要分野での協力を強化し，機微な分野での協力を縮小することが望まれている」と指摘しつつ，研究セキュリティと国際協力に対する「画一的なアプローチ（A one-size-fits-all approach）」は効果的ではないと警鐘をならしている[85]。

おわりに：安全保障と開かれた科学研究のバランスを求めて

経済安全保障が重要政策課題となる中，米国はこれまで輸出管理の対象外であった基盤的研究成果の国外流出を防止するため，研究セキュリティ確保のための取組を精力的に推進した。研究セキュリティは，米国研究システムにおける研究インテグリティの向上を通じて確保するという手法が採られた。研究インテグリティは，研究コミュニティの自律性と自助努力の尊重を基本としつつ，研究者の外国との関係に関する利益相反と責務相反を管理することによってその向上が図られた。

トランプ政権下で始まった各種の研究セキュリティ，研究インテグリティ強化策はその多くがバイデン政権でも継承され，国家・経済安全保障ニーズへの対応とオープンな研究システムの維持という，両立が難しい目標間の適切なバランスを求めて，試行錯誤が続いている。

2023年を迎えても米国では，外国，特に中国からの「不適切な影響」に対する警戒感は根強い。2022年9月には，DOE傘下のロスアラモス国立研究所の科学者が中国から長年にわたってリクルートされ，研究・技術情報が流出していた可能性を指摘する報告書[86]が公表され話題になった。11月にはGAOが移民税関執行局（ICE）に対し，中国への技術移転リスクを管理するためのデータベースの整備を勧告した[87]。連邦議会では2023年1月，下院に「米国と中国共産党間の戦略的競争に関する特別委員会」を設置して対中対策を広く議論することが決まるなど，米中対立の構造の中で経済安全保障政策が議論されていく基本構図に大きな変化は見えない。

一方，冷戦期の米ソ関係と異なり，米中両国は経済面だけでなく学術的にも相互依存関係にある。米国は，海外研究者との協力関係が研究競争力の基盤の一つであり，全論文に占める国際共著論文の割合は46.6%（2020年）[88]に上る。国際共著論文において米国の共著相手国は1位中国（27.4%），2位英国（14%）であり，中国側から見ても1位米国（44.5%），2位英国（11.6%）となっている[89]。また，2021年に米国の大学院で博士号をとった留学生は17,285人だが，うち6,148人（35.5%）は中国人で最多である[90]。近年では，米中対立とコロナ禍の影響で，共著論文，博士号取得者とも減少傾向にある[91]が，米中両国は2大研究大国として互いを必要としている。

米国の研究システムの最大の強みは，国際競争力ある大学・大学院の質の高さと，それに惹きつけられて米国にやってくる世界中の優秀な人材にある。研究セキュリティと研究インテグリティを確保しつつ，オープンで競争的な研究システムを維持することは，両立が困難な政策課題であるが，避けて通ることはできない。国家・経済安全保障と，開かれた科学研究の間に適切なバランスを見つける作業は，今後一層精力的に取り組まれ，実務レベルで具体的な経験が蓄積されると思われる。その作業はまだ始まったばかりである。

【参考文献】

CISTEC 事務局（2020），「JASON 報告書『基盤研究の安全保障』について（概要）」*CISTEC Journal*, No. 188, 2020.7.

Gallo, Marcy E.（2022）, *Federal Scientific Integrity Policies: A Primer*, Congressional Research Service, 2022.11.9.

Melissa Flagg, M. and Arnold, Z.（2021）, “A New Institutional Approach to Research Security in the United States: Defending a Diverse R&D Ecosystem”, *CSET Policy Brief*, 2021.1.

NSF（2019）, JASON report “Fundamental Research Security”, 2019.12.11.

OECD（2022）, Integrity and security in the global research ecosystem, 2022.6.22;（日本語仮訳）「グローバルな研究エコシステムにおけるインテグリティとセキュリティ」『OECD 科学技術産業ポリシーペーパー』130 号，科学技術振興機構研究開発戦略センター，2022 年 11 月。

PwC あらた有限責任監査法人（2022），『研究インテグリティ（Research Integrity）に係る調査・分析報告書』（令和 3 年度内閣府委託調査事業）2022 年 3 月。

明谷早映子（2022），「米国における研究のセキュリティ・インテグリティマネジメントの最新動向」『研究技術計画』Vol. 37, No. 1, 2022 年。

科学技術振興機構研究開発戦略センター（2020），『オープン化，国際化する研究におけるインテグリティ』2020 年 10 月。

科学技術振興機構研究開発戦略センター（2022），『オープン化，国際化する研究におけるインテグリティ 2022―我が国研究コミュニティにおける取組の充実に向けて―』2022 年 5 月。

兼原信克（2020），「科学技術と安全保障　民生技術の管理・育成が急務」『日本経済新聞』2020 年 4 月 10 日。

小林信一・細野光章（2020），「大学におけるデュアルユース技術開発とガバナンス―日米比較から—」『研究技術計画』35 巻 4 号，2020 年。

瀧澤和子（2022），「米国における技術流出防止のための研究者への規制」『変化する国際環境と総合安全保障』2022 年 3 月 25 日。

手塚沙織（2022），「米中間の高度人材をめぐる攻防と技術覇権の行方」『CISTEC Journal』2022.7, No. 200, pp. 166–174。

日本学術会議（2022），「『研究インテグリティ』という考え方の重要性について」2022 年 7 月 22 日。

村松哲行（2022），「研究インテグリティー　関係者の連携不可欠」『日刊工業新聞』2022 年 6 月 10 日。

元橋一之（2021），「経済安全保障とイノベーションは両立するか」『外交』Vol. 68, Jul/Aug. 2021。

渡部俊也（2021），「米大学で浸透する自主管理　『外国の影響』にどう向き合う」『週刊東洋経済』2021 年 6 月 26 日。

【注】

1　内閣府「研究活動の国際化，オープン化に伴う新たなリスクに対する研究インテグリティの確保に係る対応方針について」，2021 年 4 月。

2　内閣官房「国家安全保障戦略」，2022 年 12 月，p. 27。

3　科学技術振興機構研究開発戦略センター（2020）; 小林・細野（2020）;　PwC あらた有限責任監査法人（2021）; Gallo（2022）。

4　National Science and Technology Council, “NSPM33 Implementation Guidance”, 2022.1, p. 24.

5　National Research Council, “Integrity in Scientific Research”, 2002; National Academies of Sciences, Engineering, and Medicine, “Fostering Integrity in Research,” 2017.

6　科学的公正性については，米政府各省庁はそれぞれ独自に定義している。Gallo（2022）参照。近年の定義統一化の試みについては後述。

7　Gallo（2022）.

8　米政府の定義は以下。「利益相反：個人又はその配偶者や扶養家族が，研究の設計，実施，報告または資金調達に直接かつ重大な影響を与える可能性のある重大な金銭的利害，又は金銭的関係を有している状況。」「責務相反：個人が複数の雇用主または他の事業体の間で，相反する責務を引き受ける，または負う状況。」NSPM33 Implementation Guidance, p. 22.

9　全米科学アカデミー（NAS）は 1982 年，報告書「科学コミュニケーションと国家安全保障」（Corson レポート）を発表し，オープンな科学研究と国家安全保障をバランスさせた管理の重要性について提言した。科学技術振興機構研究開発戦略センター（2020），p. 20。

10　The White House, National Security Decision Directive 189 (NSDD–1899,

1985.9.21.

11　NSDD–189 には「基盤的研究とは，科学・工学分野における基礎的・応用的な研究で，通常その成果が科学コミュニティで広く公開され共有されるものを指し，通常その成果が専有または国家安全上の理由により制限されるクローズドな研究や産業界での開発・設計・製造・製品の使用とは区別される」と規定されている。

12　全米科学理事会（National Science Board: NSB）は 2018 年 10 月，NSDD–189 を「強く再確認する」との声明を発出している。

13　内閣府「国力としての防衛力を総合的に考える有識者会議」報告書，2022 年 11 月 22 日。

14　日本学術会議（2022）。

15　兼原（2020）；小林・細野（2020）；令和 4 年版防衛白書，p. 444。

16　NASEM（2022）.

17　中国は「認知領域」も戦場とする「智能化戦争」を想定しているとされる。令和 4 年版防衛白書，p. 44。

18　OECD（2022）, p. 12.

19　FBI, “Preventing Loss of Academic Research”, 2015.6.

20　“Wary of Chinese Espionage, Houston Cancer Center Chose to Fire 3 Scientists”, *The New York Times*, 2019.4.22; “Scientists with ties to China ousted from US cancer center amid fears of foreign influence”, *CNN*, 2019.4.25.

21　The White House, “National Security Strategy of the United States of America”, 2017.12.

22　FBI, “China: The Risk to Academia”, 2018.3.

23　Defense Innovation Unit Experimental（DIUx）, “China’s Technology Transfer Strategy”, 2018.1.

24　NIH, “Financial Conflict of Interest: Investigator Disclosures of Foreign Financial Interests”, 2018.3.30.

25　具体的には，①知的財産の流用，②査読者による保秘義務違反と第三者機関への情報・技術流出，③ NIH 助成金を受けている研究者が他機関から資金や給与を得ていることを公開しない等の不正の懸念があるため，政府機関からの調査協力に応じるよう依頼した。NIH, “Statement on Protecting the Integrity of U.S. Biomedical Research”, 2018.8.

26　NIH, “ACD Working Group for Foreign Influences on Research Integrity”, 2018.12.

27　DOE は，国家又は経済安全保障上の影響を考慮する場合に追加的な保護措置が必要と思われる重要な新興研究の分野を特定している。DOE, “Unclassified Foreign National Access Program”, 2021.

28　“How China’s Economic Aggression Threatens the Technologies and Intellectual Property of the United States and the World”, Office of Trade and Manufacturing

Policy, White House, 2018.6.

29　国務省は，ロボット工学，ハイテク製造，航空分野を専攻する中国人大学院生のビザを従来の 5 年から 1 年単位に短縮した。

30　DOJ, “Attorney General Jeff Session’s China Initiative Fact Sheet”, Department of Justice, 2018.11.1.

31　研究インテグリティに関連して起訴された事例は，①中国系研究者の学術スパイ関連容疑，②中国人民解放軍関係者のビザ詐欺関連容疑，③千人計画参加者の情報不開示に大別することができる。科学技術振興機構研究開発戦略センター（2020), pp. 31–32。

32　US Senate Committee on the Judiciary, “Grassley on Chinese Espionage”, 2018.12.12.

33　US Senate Committee on Homeland Security and Governmental Affairs, “China’s Impact on the U.S. Education System”, 2019.2.17.

34　講じられている措置としてはたとえば，セキュリティに関する大学全体の認識の構築，学内広報による周知と情報共有の徹底，外国からの贈与，助成金，契約，および連携に関する再検討，データ保護とサイバーセキュリティの強化，政府の輸出規制要件に合致した政策およびプログラムの実施などが挙げられた。

35　AAU, “Actions Taken by Universities to Address Growing Concerns about Security Threats and Undue Foreign Influence on Campus”, 2019.4.22.

36　DOE, “DOE O 486.1, “Department of Energy Foreign Government Talent Recruitment Programs”, 2019.6.7.

37　DOD, “USD（R&E）Letter to Academia”, 2019.10.10.

38　NIH, “Reminders of NIH Policies on Other Support and on Policies related to Financial Conflicts of Interest and Foreign Components”, 2019.7.10.

39　NSF, “Dear Colleague Letter:Research Protection”, 2019.7.11.

40　JASON は，主に科学技術の軍事分野への応用について政府に助言する科学者の独立組織で 1960 年に設立された。長年 DARPA と密接な協力関係にあったが，近年は非営利組織 MITRE が運営している。

41　NSF（2019). 日本語での内容紹介は，CISTEC 事務局（2020）；科学技術振興機構研究開発戦略センター（2020), pp. 25–26 参照。

42　渡部（2021）は，JASON リポートは研究インテグリティを確保するために米大学で従来から行われてきた「自主管理を追認したものと考えてよい」と指摘している。

43　NSF, “National Science Foundation Response to the JASON Report ‘Fundamental Science and Security’”, 2020.3.

44　Rebecca Keiser, “Research Security and Responsible Internationalization”, 2022.5.22.

45　“H.R.3038 - Securing American Science and Technology Act of 2019”; “S.2133 - Secure American Research Act of 2019”.

46　“Threats to the U.S. Research Enterprise: China’s Talent Recruitment Plans”,

2019.11.

47 この時期，民間でも中国警戒論が見られた。代表的なものとして，Hoover Institution, “China’s Influence & American Interests”, 2019.8.

48 リーバー教授は，チャイナ・イニシアティブ下で起訴された2人目の研究者となり，税金詐欺などの罪で2021年12月に有罪評決，2023年4月に自宅軟禁6か月の判決を受けた。

49 OSTP, “Enhancing the Security and Integrity of America’s Research Enterprise”, 2020.6.

50 The White House, “President Donald J. Trump Is Protecting America From China’s Efforts To Steal Technology And Intellectual Property”, 2020.5.29.

51 “Presidential Memorandum on United States Government-Supported Research and Development National Security Policy”.

52 2021年1月に成立した2021年度国防権限法は，連邦政府の研究開発助成への応募者に資金提供元の開示を求めることを資金配分機関の責務と規定した（第223条）。

53 The White House, “President Trump Takes Bold Action to Strengthen the Security and Integrity of America’s Research and Development Enterprise”, 2021.1.

54 National Science and Technology Council, “Recommended Practices for Strengthening the Security and Integrity of America’s Science and Technology Research Enterprise”.

55 科学技術振興機構研究開発戦略センター（2022), p. 27。

56 以下の情報は，ハーバード大学のアラ・ターマシアン博士（チーフ・リサーチ・コンプライアンス・オフィサー）への科学技術振興機構ワシントン事務所によるインタビューにもとづく（2019年11月1日実施）。

57 AAU, “University Actions to Address Concerns about Security Threats and Undue Foreign Government Influence on Campus”, 2020.5.

58 COGRの取組については明谷（2022）参照。

59 NASEM, “National Science, Technology, and Security Roundtable”.

60 The White House, “Memorandum on Restoring Trust in Government Through Scientific Integrity and Evidence-Based Policymaking”, 2021.1.27.

61 Gallo（2022）は，トランプ政権下の科学への政治介入事案として，ハリケーン「ドリアン」の進路予測問題（2019年）や，COVID19パンデミックに関する疾病管理予防センター（CDC）への介入問題（2020年）等を挙げている。

62 The White House, “Clear Rules for Research Security and Researcher Responsibility”, 2021.8.10.

63 “National Security Presidential Memorandum 33（NSPM-33）and NSTC JCORE “Recommended Practices for Strengthening the Security and Integrity of America’s Science and Technology Research Enterprise”, 2021.2.10.

64 AAU, “Principles and Values to Guide Actions Relevant to Foreign Government

Interference in University Research”, 2021.5.18.

65　AAU, “Actions Taken to Address Foreign Security Threats, Undue Foreign Interference, and Protect Research Integrity at U.S. Universities”, 2022.9.

66　NSTC, “Guidance for Implementing National Security Presidential Memorandum 33（NSPM–33）on National Security Strategy for United States Government-Supported Research and Development”, 2022.1.

67　他に，①情報開示の要件および標準化，②デジタル永続識別子（DPI），③情報開示違反の結果，④情報共有，⑤研究セキュリティ対策等について規定されている。NSPM–33 施行要領については邦語文献では瀧澤（2022）が詳しい。

68　The White House, “Guidance for U.S. Scientific Research Security That Preserves International Collaboration”, 2022.1.4.

69　DOC, “Academic Outreach Initiative”, 2022.6.28.

70　Chips and Science Act（H.R.4346）.

71　The White House, “An Update on Research Security: Streamlining Disclosure Standards to Enhance Clarity, Transparency, and Equity”, 2022.8.31.

72　NSTC, “Protecting the Integrity of Government Science”, 2022.1.

73　OSTP, “A Framework for Federal Scientific Integrity Policy and Practice”, 2023.1.

74　「フレームワーク」が示した「科学的公正性」の政府統一定義は以下。「科学や科学的活動の実施，管理，結果の利用，およびコミュニケーションにおいて，専門的実践，倫理的行動，および正直さと客観性の原則を遵守することである。包括性，透明性，不適切な影響からの保護は，科学的公正性の特徴である」注 73, p. 8。

75　渡部俊也東大教授は，「米国ではアカデミアの自主性を重んじる立場から，大学は法令があろうがなかろうが，インテグリティー（健全性）を管理すべきだという考えが強い」と指摘している。「大学研究機関への規制『国際交流の萎縮を懸念』」『朝日新聞』2021 年 12 月 12 日。

76　GAO, “Scientific Integrity Policies: Additional Actions Could Strengthen Integrity of Federal Research”, 2019.4; GAO, “FEDERAL RESEARCH: Agencies Need to Enhance Policies to Address Foreign Influence”, 2020.12.

77　Flagg and Arnold（2021）.

78　AAAS, “Federal R&D Budget Dashboard”.

79　DARPA, “Countering Foreign Influence Program”, 2021.9; DARPA, “Countering Foreign Influence Program（CFIP）Frequently Asked Questions（FAQ）”, 2022.5.12.

80　MIT, “University Engagement with China: An MIT Approach”, 2022.11.

81　“Multisociety Letter on Foreign Influence”, 2019.9.4.

82　“America and the International Future of Science”, 2020.12; “Global Connections: Emerging Science Partners”, 2022.1.

83 NSTC, "Recommended Practices for Strengthening the Security and Integrity of America's Science and Technology Research Enterprise", p. 4.

84 NASEM, "Protecting U.S. Technological Advantage", 2022.9.

85 Center for Security and Emerging Technology, "Research Security, Collaboration, and the Changing Map of Global R&D", 2021.6.

86 Strider Technologies, "The Los Alamos Club: How the People's Republic of China Recruited Leading Scientists from Los Alamos National Laboratory to Advance Its Military Programs", 2022.9.

87 GAO, "CHINA: Efforts Underway to Address Technology Transfer Risk at U.S. Universities, but ICE Could Improve Related Data", 2022.11.

88 文部科学省科学技術・学術政策研究所『科学技術指標 2022』2022 年 8 月。

89 文部科学省科学技術・学術政策研究所『科学研究のベンチマーキング 2021』2021 年 8 月。共著データは 2017〜2019 年の平均。

90 NSF, "Survey of Earned Doctorates".

91 「米中の共著論文，先端 8 分野で最大 25% 減…科学研究でも分断加速」『読売新聞』2022 年 11 月 6 日。

索　　引

カ行

サ行

タ行

執筆者紹介（執筆順，＊編者）

鈴木一人（すずき　かずと）*
東京大学公共政策大学院教授・地経学研究所長
英国サセックス大学博士課程修了。2000年から筑波大学国際総合学類准教授，2008年から北海道大学公共政策大学院准教授・教授。2013年から2015年までは国連安保理イラン制裁専門家パネル委員。2020年から東京大学公共政策大学院，2022年から地経学研究所長。内閣府宇宙政策委員会委員，日本安全保障貿易学会会長，国際宇宙アカデミー正会員，国際問題研究所客員研究員なども兼任。専門は国際政治，国際政治経済学，科学技術と安全保障，安全保障貿易管理，国連制裁など。

佐藤丙午（さとう　へいご）
拓殖大学海外事情研究所所長・国際学部教授
岡山県出身。防衛庁防衛研究所主任研究官などを経て，2006年より拓殖大学教授。一橋大学法学研究科修了（博士・法学），ジョージワシントン大学政治学部（M.A.），筑波大学第一学群人文学類卒。専門は，国際関係論，安全保障論，軍備管理軍縮，アメリカ政治外交。

石川正樹（いしかわ　まさき）
日揮ホールディングス（株）常務執行役員
東京大学法学部卒業，米国カリフォルニア大学バークレー校政治学大学院からM.A. in Political Scienceを取得。1985年通商産業省（現経済産業省）入省。同省で通商戦略，経済安全保障政策，貿易管理政策，産業政策，産業技術力強化政策等に携わり，経済産業省貿易管理部長，防衛省防衛装備庁審議官，経済産業省貿易経済協力局長を歴任。貿易経済協力局長（2017〜2019年）時には，省内に新設された経済安全保障政策検討チームの初代チーム長を務めた。2022年から現職。経済産業省において取りまとめた政策文書として，産業構造審議会通商政策部会報告書「新興国市場開拓に関する課題と対応〜新興国の市場創造に向けて〜」（2012年7月），同審議会産業技術分科会基本問題小委員会報告書（2010年5月）等がある。

西脇　修（にしわき　おさむ）*
前政策研究大学院大学特任教授，経済産業省貿易経済協力局戦略輸出交渉官
東京大学法学部卒業（法学士）。タフツ大学フレッチャー法律外交大学院修了（MALD）。博士（政策研究）。通商産業省（現経済産業省）入省。貿易経済協力局安全保障輸出管理国際室長，通商政策局通商機構部参事官（ルール），同参事官（総括担当）等を経て現職。専門は，国際関係論，国際政治経済学，通商政策論，経済安全保障論など。著書に『米中対立下における国際通商秩序　パワーバランスの急速な変化と国際秩序の再構築』（文眞堂，2022年），『国際通商秩序の地殻変動』（共編著，勁草書房，2022年），『経済安全保障と半導体サプライチェーン』（共編著，文眞堂，2023年），ほか多数。

土屋貴裕（つちや　たかひろ）
京都先端科学大学経済経営学部准教授
慶應義塾大学環境情報学部環境情報学科卒業。一橋大学大学院経済学研究科修士課程修了。防衛大学

校総合安全保障研究科後期課程卒業。安全保障学博士。在香港日本国総領事館専門調査員などを経て，2019年より現職。専門分野は，公共経済学，国際政治経済学，安全保障論など。著書に，『現代中国の軍事制度：国防費・軍事費をめぐる党・政・軍関係』（勁草書房，2015年），『米中の経済安全保障戦略：新興技術をめぐる新たな競争』（共著，芙蓉書房出版，2021年），『習近平の軍事戦略：「強軍の夢」は実現するか』（共著，芙蓉書房出版，2023年）ほか多数。

中山智弘（なかやま　ともひろ）
科学技術振興機構研究開発戦略センター企画運営室長／フェロー
博士（工学）。民間企業で研究員として勤務した後，科学技術振興機構入職。内閣府（総合科学技術会議事務局），内閣官房 国家戦略室政策参与，内閣官房政策企画調査官，JST経営企画部次長ののちに現職。現職の他，文部科学省技術参与，文部科学省ナノテクノロジー・材料委員会委員，防衛装備庁 技術顧問，防衛装備庁安全保障技術研究推進委員，日本工学アカデミー理事，等を兼務。著書に『元素戦略　科学と産業に革命を起こす現代の錬金術』（ダイヤモンド社，2013年）ほか。

鈴木和泉（すずき　いずみ）
科学技術振興機構研究開発戦略センターフェロー
政策研究大学院大学SciREXセンター専門職，NTTデータ経営研究所シニアコンサルタント等を経て現職。これまでに科学技術イノベーション政策，SDGsと破壊的・インクルーシブイノベーション，介護ロボットの開発・実証・普及等，科学技術の社会実装に関するプロジェクトに従事。現在は，経済安全保障と新興技術の調査分析に従事。法学・政治学修士。

長島　純（ながしま　じゅん）
アジア太平洋安全保障研究センター（DKI APCSS）客員研究員
筑波大学大学院修士課程地域研究科卒（欧州安全保障）。防衛大学校（29期生），ベルギー防衛駐在官，統幕首席後方補給官，情報本部情報官，内閣審議官（危機管理，国家安全保障局），航空自衛隊幹部学校長などを歴任。専門は，新領域（宇宙），欧州安全保障，先進技術戦略。主な著書に，『台湾有事のシナリオ：日本の安全保障を検証する』（共著，ミネルヴァ書房，2022年2月），『デジタル国家ウクライナはロシアに勝利するか？』（共著，日経BP，2022年7月），『ウクライナ戦争と激変する国際秩序』（共著，並木書房，2022年11月）など。

齊藤孝祐（さいとう　こうすけ）
上智大学総合グローバル学部准教授
筑波大学第三学群国際総合学類卒業。筑波大学大学院人文社会科学研究科国際政治経済学専攻修了，博士（国際政治経済学）。横浜国立大学研究推進機構特任准教授等を経て，現職。専門は国際政治学，安全保障論。
主要著作：『軍備の政治学』（白桃書房，2017年），「デュアルユースの政治論―科学研究と安全保障はいかに向き合うか―」（川名晋史・佐藤史郎編『安全保障の位相角』法律文化社，2018年），「イノベーションエコシステムの拡大と投資規制―『安全保障』をめぐる価値対立とその変容―」（『国際安全保障』第49巻第1号，2021年）など。

北場　林（きたば　しげる）
科学技術振興機構アジア・太平洋総合研究センター企画運営室長
慶應義塾大学法学部政治学科卒業，同大学院修士課程修了，英国エセックス大学大学院博士課程単位取得退学（国際関係論）。民間シンクタンク勤務等を経て2006年より科学技術振興機構。STSフォーラムプログラムオフィサー（出向），研究開発戦略センターフェロー，ワシントン事務所長等を経て現職。
著書・論文：『躍進する新興国の科学技術』（ディスカヴァー・トゥエンティワン，2011年），『主要国の科学技術情勢』（丸善プラネット，2012年），“The Rise of Science and Technology Diplomacy in Japan,” *Science & Diplomacy*, Vol. 2, No. 1（March 2013), “Japan’s Science and Technology Diplomacy,” in L. Davis and R. Patman, eds., *Science Diplomacy: New Day or False Dawn?*, World Scientific Publishing Co. Ltd., February 2015（いずれも共著）ほか。

経済安全保障と技術優位

2023年8月25日　第1版第1刷発行

編著者　鈴《すず》木《き》一《かず》人《と》
　　　　西《にし》脇《わき》修《おさむ》

発行者　井村寿人

発行所　株式会社　勁《けい》草《そう》書房

112-0005　東京都文京区水道2-1-1　振替　00150-2-175253
（編集）電話 03-3815-5277／FAX 03-3814-6968
（営業）電話 03-3814-6861／FAX 03-3814-6854
理想社・松岳社

ISBN978-4-326-30329-8　　Printed in Japan

＊落丁本・乱丁本はお取替いたします。
ご感想・お問い合わせは小社ホームページから
お願いいたします。

https://www.keisoshobo.co.jp